非虚构文学 —想象一个真实的世界—

TRANS-EUROPE EXPRESS

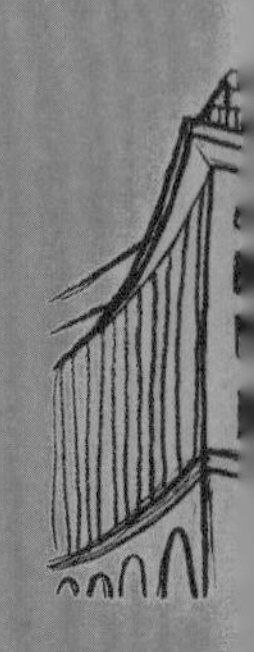

横跨欧洲的快车

Tours of a Lost Continent

[英] 欧文 · 哈瑟利 · 著

金毅 · 译

中国社会科学出版社

图字：01-2019-5260号
图书在版编目（CIP）数据

横跨欧洲的快车 / （英）欧文·哈瑟利著；金毅译. — 北京：中国社会科学出版社，2021.4

书名原文：Trans-Europe Express: Tours of a Lost Continent

ISBN 978-7-5203-7384-5

Ⅰ.①横… Ⅱ.①欧…②金… Ⅲ.①城市文化—研究—欧洲 Ⅳ.①G150

中国版本图书馆CIP数据核字（2020）第194857号

出 版 人　赵剑英
项目统筹　侯苗苗
责任编辑　侯苗苗　高雪雯
责任校对　韩天炜
责任印制　王　超

出　　版　中国社会科学出版社
社　　址　北京鼓楼西大街甲158号
邮　　编　100720
网　　址　http://www.csspw.cn
发 行 部　010-84083685
门 市 部　010-84029450
经　　销　新华书店及其他书店

印刷装订　北京君升印刷有限公司
版　　次　2021年4月第1版
印　　次　2021年4月第1次印刷

开　　本　880×1230　1/32
印　　张　14.5
字　　数　286千字
定　　价　69.00元

中文版自序

欧洲与非欧洲

本书写的是欧洲的建筑与城镇规划，是在这片大陆西北角的一座岛上写就的。如果不是英国人，往往会对我们普遍使用“大陆”[1](continent) 一词来指代不是英国的那部分欧洲感到惊讶，鉴于此，我在本书中使用的“大陆”一词有必要略加解释。在《横跨欧洲的快车》一书写作期间，英国在政治上非常具有戏剧性。自 2010 年保守党执政以来，近十年的“紧缩”政策造就了广泛的贫困以及一种破败混乱的公共空间；苏格兰独立公投几乎让这个地区从联合王国分离出去；工党在 1997—2010 年执政期间变得越发右翼，但在杰里米 · 科尔宾的领导下，又突然转向左派社会主义路线，在 2017 年几乎就要赢得大选；而英格兰和威尔士的大多数选民（不包括苏格兰和北爱尔兰）在 2016 年选择了脱

[1] 在本书中，continent 一词通常被翻译为“欧陆”。（本书脚注如无特殊说明，均为译者注。）

离欧盟，这对本书而言最为重要。2021 年我写作这篇序言时，在 2019 年大选中溃败的工党恢复了原状，但其他几件事都还在不断变化。英国现在完全脱离了欧盟，当下新冠疫情死亡人数居全球最高。

《横跨欧洲的快车》就是对这一过程中的一种干预，只是干预的方式对任何事件都没有特定作用。本书是从社会主义左派的角度写成的，对于欧洲联盟这个想法也深为赞同，但对欧盟当下运作的方式却表示反对，比如当前处理难民的方式，硬塞给南欧以维持德国支配整合欧洲经济的紧缩政策。这让我鲜有朋友，因为批评欧盟被视为内在就是“脱欧”，而赞美欧盟内在则是“留欧”。本书其实两者兼有。首先，本书称赞了 1945 年以后和 1968 年以后特定的欧洲都市主义，认为它们有潜力成为一个平等、可持续、“后碳”未来的样本。本书将欧洲现实的不同方面结合起来，从而创造了某种欧洲的梦想空间，包括富有吸引力且安全的公共住宅，舒适的多元文化主义，自信的建筑，流动且基本上无车的真实的公共空间，基于有轨电车、地铁和公交车的廉价且密集的公共交通，并为骑自行车和徒步提供便利，工人权利，以及贫富之间在空间和收入方面的差距缩到最小，保护历史建筑和城镇景观，但与接受现代设计结合在一起。当然，在现实中这些都只是以碎片化的形式存在，而不能在哪个地方同时出现。但在英国，这些要素绝大多数都不存在，这也是写作本书的动力的来源。

无论是从政治上还是从历史上讲，将“欧洲”确立为一种标准，并且用它来测量不是“欧洲”的其他地方都是个危险举动。欧洲就是反常的。经过十八、十九世纪的殖民，或者说通过寄生于世界其他地方并将它们吸干，欧洲变得异常富裕，随后欧洲在北美的殖民地延续了这样的事业。欧洲是通过最骇人的手段——奴隶制、大屠杀、肆意的剥削——来实现富裕的，但与此同时，欧洲又将自己树立成文明和启蒙美德的典范。这些做法仍在影响着我们。因此，在面向中国读者的这篇序言中，我必须陈明本书中什么是我半想象的典范“欧洲”，而什么不是。

简单来说，本书是把一个有着公共空间和公共产品的“欧洲”，与盎格鲁－撒克逊式的强硬资本主义对立起来，所谓强硬资本主义，主要是基于英国及说英语的前英国殖民地，包括爱尔兰、美国、澳大利亚、加拿大和新西兰，这是私有化的、由汽车支配的“非欧洲”。这些国家有着许多特点，它们都有自己的伟大建筑与城镇景观，也各有伟大的城市，但没哪个国家在对公共交通、住房和社会服务的投资方面，能与战后的欧洲大陆相比，无论是“资本主义”的西欧还是“社会主义”的东欧。当然，也有一些国家，特别是英国、澳新和加拿大，曾在1945年以后建设过福利国家，但1979年以后，又迅速将其拆毁，只留下惩罚性的、删减后的遗迹和残余。所以在“盎格鲁－撒克逊”领域内的大多数城市，你只能找到更劣质、更冷酷但更贵的住房，更多汽车，更多监控，更多栅栏和道钉，无论是在约克还是纽约，在新南威尔士还是南威尔士，都比马德里、慕尼黑和米兰更多。

本书没有讨论其他类型的“非欧洲”。尽管我没去过非洲、南非和印度次大陆的城市，所以不能对此置评，但我还是对东亚城市有些体验，尤其是上海、南京和首尔。我在这些地方发现的，

与本书中作为我梦想世界的“欧洲”和写作本书所要反对的“盎格鲁 - 撒克逊”世界都不相同。与那些连接得最好的欧洲城市，比如柏林、慕尼黑、马德里、莫斯科、巴黎、布拉格、鹿特丹、斯德哥尔摩或者维也纳相比，中国城市所拥有的公共交通标准都

要高得多，当然比英国、美国和澳大利亚的好更多，拿来比较简直荒唐。在我的体验里，中国城市的公共空间中汽车更多，但它们要供数量上比它们多得多的行人使用。与欧洲大部分地区一样，都市生活明显是发生在外面的，这与北美不同。

但历史建筑往往遭到残酷对待，更醉心于把历史建筑并置，而不是加以原样保留。2010年代在1920年代的上海石库门边建起高层住宅小区，1960年代在首尔17世纪的孔庙旁建造巨型建筑，在1930年代南京总统府的传统中国园林不远处建起美式摩天大楼，都同样典型。富裕与贫困之间的落差，在首尔不那么明显，但在上海就非常显著，监控与门禁社区变得非常普遍。最常见的是，在这里接受现代性更有信心，高层建筑、霓虹灯与空间戏剧无处不在，某些更静止的欧洲城市可以带着纯粹的乐趣加以借鉴——东亚当代的城市景观，明显不是基于当下很流行的一种观点，即都市主义的高峰在19世纪某个时期的欧洲到来了，一切都因其而更美好。

所以在你开始阅读之前请注意，本书绝对不是要作为一种警告，企图告诉你一旦偏离欧洲会发生什么，但它绝对是要对追随美英模式提出警告——自1979年以来，这种模式已经带来了大量不幸以及大量难以直视的建筑与城镇景观，而除了极少数人的富裕之外，它也没能带来什么明显的回报。

当我们在法兰克福上火车时，W说：“我说什么来着？这是公共空间。公！共！这就是说你脑袋以外的地方。”他指着我的头：“这是私人。”然后向外指着世界：“这是公共。”

W是这种划分的一位伟大支持者。W常说，废除了公共与私人的划分，你就废掉了文明。他满足地到处看看。—他说：“你看欧洲多么安静。这里是文明的，不像你。”

W说，欧洲令他更文雅、更好，使他得到了提高。他说，就是这些公共空间。在德国，公共空间是如此安静。如此平静。

——拉斯·伊耶 (Lars Iyer)，《欺骗》(Spurious)

目　录

| 导言 |

一座欧洲城市是什么样的？

英国脱欧公投结束后不久，我造访了南安普顿。这是英格兰南海岸一座中等规模的港口城市。令我感到意外的是，“脱欧”阵营竟在这座城市占了上风，得票略超过五成，与全国总体的结果几乎一样。我冒雨走到大洋村，这里的建筑建成于20世纪80年代中叶，原址是这座城市码头区一小部分荒废的区域。与利物浦、布里斯托或伦敦的类似建筑不同，这组建筑仍在使用。在此之前，这里曾是建于20世纪40年代末的大洋码头，也是供豪华旅行者们使用的最新设计——对他们而言，南安普顿就是希斯罗机场的某种不太直接的前身，但令人忧伤的是，大洋码头被毫不犹豫地拆除了，取而代之的是尽头路一端的一组内向的斜顶建筑群，以及被停车场包围的办公楼群，看起来是后现代风格，此外，还有远郊区的美式电影城和一座购物中心。这座购物中心正是20世纪80年代至今在市中心建造的、围绕汽车设计的大卖场式购物中心之一。然而这座购物中心仅存在了不到20年便被拆除，随之建起的是一排密度极高、带有木板路的“奢华住宅”，这些公寓紧紧挨在一起，以便榨取每一寸土地的地租。如果你在地图上看这组建筑，会发现这里是一个半岛，深入南安普顿湾，也就是通往索伦特海峡的一个河口。但是在公众可以抵达的任何地方，都没法看见河口。在这里，高级住宅区的设计师成功创造出了那种你通常会在郊区——比如27号高速公路上的阿斯达附近——找到的与外界隔绝的空间，这实在是令人惊讶。只有在一个地方，你能向外望见大海，并进而注视大海之外的世界。那是一个很难找到的角落，要透过一个标有“仅限住户”的栅栏。透过大门也可以看到，但就只能看个大概了。

南安普顿，大洋村，通往帝国的门户

1997年，这里有一栋名为港口之光的新建筑投入使用。我还能记起当时令人兴奋的场面。这栋建筑颇为典雅，面向海湾而非停车场，最重要的是，在它身上笼罩着某种欧洲感，就像供大众观看的带有字幕的艺术电影，此外，它还满足了我和我朋友们贪婪的消费欲。后来我意识到，这是一系列建筑中的一栋，这种建筑通常位于水岸，是不列颠都市空间“欧洲化”的先驱。布拉德福德可能成为一座意大利的山城，盖茨黑德可能成为新的毕尔巴鄂，索尔福德会变成鹿特丹一样外向型的城市，谢菲尔德则可以仿效巴塞罗那来塑造自己的公共空间。但这些城镇大多数的市民都投票支持脱欧。到底是出了什么问题呢？

要回忆 20 世纪 80 年代英国的主流建筑是如何孤立、如何沉闷已经很难了。是的，诸如罗杰斯[1]、斯特灵或福斯特等建筑师，的确建成了一些建筑奇观，或者至少是具有原创性的建筑，还有，可能也的确有必要对 19 世纪建筑作某些考察。但那十年间，直到 20 世纪 90 年代末的都市改造计划，都面临财政困难，而且这些计划是反城市的，其特点是有尽头路、低矮的仿维多利亚式办公室、没完没了的地面停车场。它们都是基于一种偏执、不愿与人来往的“可防御空间”的观念。这种哲学的拥趸，既有左派的地方政府，也有拥护撒切尔主义的开发商。令人震惊的是，大洋村的建筑师并不认为有必要为了住户或者游人而突显出南安普顿湾上的桥梁、船只和筒仓，但在那个时代，这是常规操作。在索尔福德码头、利物浦内城、伦敦的码头区，或者沿着布里斯托的漂浮港，你都能找到类似的东西。这与同时期的欧洲建筑对比非常鲜明。在欧洲大陆上，对现代主义的反思随处可见，无论东西南

[1]　罗杰斯：即理查德·罗杰斯，英国建筑师，代表作有著名的“千年穹顶”。

北，都对现代主义美学及“空间中的街区”（blocks-in-space）的规划路径做出了反应，但这些反应极少采用英国的办法。与此相反，在柏林的ISA、马德里的帕洛梅拉斯、社会主义时代晚期的里加、巴黎的近郊区、斯德哥尔摩的南城区，这种反应都转向了19世纪的城市街区（city-block）结构：建筑底层有商店和咖啡馆，上面是住宅，中间则有精心规划的半开放式庭院。最终的产物兼具现代性与都市性，而非战后意识形态意义上的“现代主义”。

在20世纪90年代的某些时间节点，以工党人为主的英国政治人物都注意到，英国的规划师和建筑师热切地向欧陆城市学习借鉴。他们造访了巴塞罗那和哥本哈根，那里涌现了上千家路边咖啡馆，勇敢地矗立在微雨的街角。为了模仿弗朗索瓦·密特朗的重大工程，艺术委员会获得了国家彩票公司那些不那么光彩的收入支持，慷慨资助诸如南安普顿的“港口之光”这类项目。这座由布雷尔·弗雷·费希尔设计的建筑，在20世纪80年代，已经弃用这种风格，转而采用了现代性风格。略带航海风格的玻璃、钢铁、木头向外伸，供大众观看，这是这座城市里一栋非常少见的为了“文化”而建造的新建筑，不然这片区域就要建成汉普郡的一座巨型郊外购物中心了。在许多其他地方，这样的建筑你可能都不会多看上一眼，但在这里，它却似乎展现了某种另类的城市。我能肯定，许多人会对他们那里在“新工党”时期建造的那些更为有名的文化建筑作出同样的评论，那些建筑可能造成了巨大的灾难（有许多此类建筑，比如曼彻斯特的乌必斯，西布罗米奇的公共中心（The Public），谢菲尔德的国家流行音乐中心，不到十年，这些建筑全都关闭了，并转投与艺术关系不大的新用途）。在本书写作之时，新的高层豪华公寓已在大洋村的另一侧拔地而起，讲述着为什么这种愿景会被拒绝。

1992年，企鹅出版社与工党共同出版了《新伦敦》（*A New London*），这是时任影子内阁艺术与媒体大臣的马克·费希尔及理查德·罗杰斯合作的成果。这本书里的几乎每一页，都把英国破败的街道和小气的新开发项目，拿来与欧陆的例子做对比，它

欧洲风格的大洋村

们代表着开放、干净和实验性。这就是罗杰斯的都市任务力量（Urban Task Force）计划在1997—2000年完成所有事务的蓝图，他们作出了“都市复兴”的承诺。而在这份1992年的宣言里，两位作者就已经意识到了在巴塞罗那奥运村里规划的社会住宅项目，会因为出资结构的原因而无法实现。但罗杰斯之流却忽视了，就在20世纪90年代，在《马斯特里赫特条约》的柔性新自由主义统治下，欧洲也变得越来越像英格兰了，私有化、削减公共投入——只不过是以更缓慢、更温和的方式实现，在此过程中维持着某种程度的质量管控和秩序。新工党治下的新“欧洲”从来就没流于表面，没能真正深入日常生活，没有深入到公共住房和郊区，唯一深入的时刻，就是公共住房被拆除、为一些更有“雄心壮志”的东西让道时。如果曼彻斯特市中心变成了一个更廉价、更多雨、由私人融资主导的巴塞罗那，其郊区和卫星城会顽固地局部保持着20世纪80年代的英格兰风貌，有着购物中心、远郊住房、垃圾工作，但抹去了必要的其他选择。彩票资助的艺术中心从未取代、也不可能取代熟练工作、有保障的住房和一种有奔头的感觉。在英国，对于“欧洲”的体验仅属于少数幸运者。我与众多寄居伦敦的人一样，对脱欧派们许诺的那个英国感到非常惊恐——排外、偏执、封闭、糟糕的怀旧和残酷。但在这个国家的大多数地区，这种景观却从未走远。

那次去南安普顿，我和我妈妈产生了激烈的争论。我妈妈就是这个国家54%的投票脱欧的民众中的一员。她在国家医疗服务体系工作，不过却没有被脱欧阵营躲躲闪闪的承诺说服。他们承诺，一旦完成脱欧，“我们”用在“欧洲”身上的钱，都将投入国家医疗服务体系。她并不愿看到任何人被驱逐出境，也不想看到对移民的控制。但她却不能容忍为了在欧盟这个“老板俱乐部”里保留成员资格而投票，尤其是在看到欧盟对希腊所做的一切之后，在她的记忆里，希腊的财政部部长将欧盟的所作所为形容为“财政水刑”，她所知道的并不完全准确，却相信欧盟那些把财务平衡奉为圭臬并支持“竞争”的法条，会让左派的任何计划都变得不再可行。我过去没有、现在也并未被这些脱欧的理由说服，我仍然相信，无论如何，左派还会需要欧盟这个超级国家，而且不仅仅是考虑到历史上，愤怒的小型民族国家涌入这个次大陆。也就只有几个国家会像英国一样，留在欧盟之内，社会环境会比脱离欧盟更为公正，很显然，这一点现在已经被证实了。但就我自己的回应而言，其内核却缺乏理性。我想留在欧盟只是因为建筑。此前一年，我曾接受《建筑师杂志》(*Architects' Journal*)的委托，撰写关于处于脱欧公投准备阶段的当代欧洲城市的文章。这类城市，有许多规模与南安普顿相若，也拥有类似的历史与经济状况。但我还没在欧陆上看到类似大洋村的东西。在欧洲的绝大多数地区，一座具有文化多样性的中世纪城市，如果有着多样的有趣建筑遗产、两座大学、一群富有和受过良好教育的市民(南安普顿拥有这一切），那这座城市就不会想建类似的东西。

在欧洲大陆上，我从没见过哪个规划会失败得如此彻底，把大海的自然财富和城市历史统统浪费掉，令视觉完全萎缩，会带着野心勃勃的庸俗感忽视掉城市的质量。即便不是因为大洋村廉价的高层建筑所代表的“水岸升级”，我也会持这样的观念，如果不是因为制度性渗透，以及到法国、低地国家、西班牙、德国、波罗的海诸国旅行如此便利，我们大概只能看见这些观念很少的一部分，居住在城市而不是拙劣模仿的乡村所带来的便利，会在这里逐渐成为通则。在不少地方，我都能强烈感觉到“啊，这里是欧洲，而且这里更好”。比如里昂的“岛屿区”，也就是罗讷河和索恩河汇流处的码头区，现在是成排优雅的现代公寓建筑，既有时尚的公共空间，也有设计得很好的购物中心，这一点令人震惊；在萨格勒布市中心，马蹄形的公园绿地环绕着 19 世纪末兴建的建筑，这些建筑没那么壮丽了，不过程度刚刚好；的里雅斯特的海滨就像南安普顿的某种对立面，水岸的所有东西看起来都挺好。这个名单还可以列很长。

我可以为英国的城镇提出一种关于“欧洲城市”的复合描述，以便囊括相关范例的各个方面，总的来说这个时代缺的正是这样的东西。

有些东西，在德国、奥地利、斯堪的纳维亚、低地国家、西班牙、意大利、法国，甚至波兰和爱沙尼亚等各个国家已经成为

里昂的大洋村

日常，只是程度各有不同，把这些东西集中到一起，会发现需要一种这样的住房体系，在这个体系中，财产私有不再占主导地位，体面的社会住宅已经普及，便宜又容易获得，关于建筑讨论的生动文化，早已不再囿于“传统与现代主义”这乏味的两极之间，运营城市公共交通的不再是那些嘎吱作响的私人巴士，而是一张整合的公营网络，包括地铁、郊区铁路、有轨和无轨电车，停靠点、车站和车厢都设计得极好；收入要相对平等；应对去工业化，应该以研究和训练为主，而非去技能化、用临时工作来代替；严格执行同树与自然的整合；自行车道成为基本配置，在城市中心区应禁止汽车驶入，其他地方也得严格限制；免费的教育体系，全面的儿童保育，全面的医疗保健；对于过去的建筑，应该加以保护，而不是保持保守主义态度；去中央化的地方政府系统，无论是铁路电气化还是新建轨道交通线，地方性城市和区域都不需要向首都摇尾乞怜；能够在街道与空间自由流动，从而使得散步成为一种乐趣，而不会为围栏、道钉或者监控所阻。以上混合选择，是由莱茵鲁尔区、里昂、波尔图、塔林、博洛尼亚、华沙、莱比锡、马斯特里赫特、哥本哈根和赫尔辛基等地的众多小元素构成的。这还没有考虑前述国家的都市性中不那么有吸引力的各种东西，比起伦敦、伯明翰或曼彻斯特，它们与多元文化主义的关系可能不那么舒服，较高的失业率，还有这些国家各自“中间路线”政客的一些可怕的妄想，他们居然会觉得英国文化中的放松管制、滥用公共领域等，在某种程度上是值得效仿的。然而，当你将欧洲作为典范——即便你只是为了把它与英国、美国或者其他对立面的做法并置——你就会发现自己已身陷有着漫长而声名狼藉历史的例外论之中了。在那些被列入了“最宜居城市”列表上的地方，一旦你冒点风险多走走，你就会发现这个大洲的另一面，发现城市的另一面。“欧洲”城市并不只是“社会性城市”，密度高、历史丰富、平等、干净、可以步行、由公共交通主导，它也是“民族国家”的城市，这是一种欧洲的发明，它使得全世界的国家都开始重塑自身形象，或者被迫重塑形象。

■ 致它们各自的雅典

欧洲核心区域的各个国家，对于“它们”的起源地以及文明终结之地，都会各自编出一套带有种族主义色彩的说法。对法国人而言，“非洲自比利牛斯山而始”；对英国人而言，“东方佬来自加莱”；对出身科隆的西德总理康拉德·阿登纳来说，亚洲大草原始于易北河，这就使得柏林也成了亚洲深处的城市。从地理意义上讲，欧洲并不像亚洲、非洲或南北美洲那样，是边界清晰的大陆，彼此在物理意义上截然不同，欧洲其实是虚构的。它只是亚洲西部的一块形状奇怪的突出物，严格意义上讲更像是次大陆。它的边界毫无意义：乌拉尔山是欧洲所谓的东北边界，但却没什么意义，那只是一带浅丘，两侧的苏联工业城镇星罗棋布。事实上，在历史上，这道边界一直在德涅斯特河与伏尔加河之间持续变动，直到19世纪才被确定在了乌拉尔山。诸如博斯普鲁斯海峡或直布罗陀海峡这样的南部边界虽然更纯粹，但当然也是政治性的界定。因为瑞士这个正好位于富裕的西欧正中的国家，还有挪威，以及在你读到这本书时可能还包括英国，都不属于欧盟，所以也很难用“欧盟”来描述欧洲。欧洲委员会的范围要更广一些，它包括了土耳其和俄罗斯，这两个国家有欧洲最大的两座城市（拥有1400万居民的伊斯坦布尔和1200万居民的莫斯科；伦敦以850万居民位居第三，不过也远远落后；圣彼得堡有500万人，居第四；柏林有350万人，英国脱欧之后，柏林会成为欧盟最大的城市，居于第五，又落后更远），不过毫无疑问的是，这两个国家的主体分别是位于“亚洲的”安纳托利亚和西伯利亚。地理与政治可能也会以有趣的形式脱节：欧洲委员会排除了白俄罗斯，因为白俄罗斯保留了死刑，假如乌拉尔、葡萄牙、冰岛和博斯普鲁斯真是欧洲的四角，那么这个大洲的中心可能位于白俄罗斯或者立陶宛，取决于这条线具体怎么画。有人声称欧洲的边界是高加索山，这座山将俄罗斯和伊朗分隔开来。但这条边界南边属于亚洲的地方，还有三个欧洲委员会成员国——格鲁吉亚、亚美尼亚和阿塞拜疆。欧盟甚至包括了塞浦路斯，这个国家与大马士革的距离要远小于与雅典的距离，比安卡拉更偏东，遑论伊斯坦布尔。现在，不仅仅是以色列，连澳大利亚都在欧洲电视网之内了（当然，这两个民族国家也是由欧洲人建立的）。

把这些国家包括进传统界定上的欧洲之中，会让人明白这不仅仅是个地理问题，也是政治问题，事关某种“共享的历史”。直到现在还漂浮不定的欧洲起源迷思，实际上是“希腊–罗马”的遗产在黑暗时代之后，逐渐成为我们所知的欧洲。这是一种理性的文明，在法律面前人人平等，技术先进，建筑在数学意义上非常精确，推崇个人主义的文学，以及现实主义的艺术。其基础可以追溯到希腊城邦将自己界定为波斯“蛮族”的对立面，不过实际上后者是一个更强大、更富裕的国家，拥有更权威主义的政府体系，但今日的欧洲和希腊罗马世界的关系却极为模糊，这两个世界集中于地中海的两岸，比起英国与西班牙这样的帝国边缘来，北非和“中东”对这个世界更为重要，也发达得多，富有得多，遑论完全位于帝国疆界外的地方，诸如德国大部以及斯堪的纳维亚各国。西欧建筑有一种常见叙事，这个叙事尚未被反对“历史的辉格派诠释”的人所撼动，这是一个易于解释的进步叙事：罗曼式建筑，或者我们所说的罗马式建筑，有弧形的拱门、不尖锐的塔，以及沉重的石头；有各种变体的哥特式建筑，有宽大的彩色窗户、“燃烧的线”般的窗饰，以及让它直立起来的拱顶结构；文艺复兴时期的建筑是对罗马建筑理性和秩序原则的重新发现；巴洛克式建筑则是将这些原则加以篡改和扭曲；新古典主义建筑，古希腊时期的“纯粹”建筑成为新的典范；折中主义建筑，主要是在 19 世纪，将上述建筑形式的一部分或者全部加以混合或重组，跌跌撞撞地要创造一种新形式。随后是现代主义，这个时期，借用工程和抽象艺术中的美学，创造出了一种全新的西方范式以供出口，随之出现了 57 种现代建筑的变体——野兽主义、高技术、解构主义等。更戏谑的叙事会给这些新的变体腾出更多空间——对 19 世纪浮华的喜好没那么具有说教性，或者强调工业建筑被忽视的角色，再或者强调后者对美国的影响，无论是 20 世纪前二十年以来对摩天大楼的各种追求，还是购物中心和郊区的蔓延。

伴随这种叙事而来的，是逐渐发展的有意识的城镇规划，按照这种规划，城市应该形成一个和用于货物及交通流通的机器一样的装置：它是被塑造出来的，而不是在前代的基础上逐渐浮现出来的。随之而来的是这样一种观念，即这种城市中的建筑应该作为一个连贯整体的一部分来规划。这种观念本质上讲并非不真实，但通常却忽视了直到现代早期，在大多数时候，东地中海区域都要比西北欧洲更富有、教育程度更高、更“文明”，这一点反映在伍麦叶或者奥斯曼建筑的复杂和精巧结构之中，无论是哥特时期还是文艺复兴时期的泥瓦匠和建筑师都很清楚这一点。与此类似，经过精密计算的正规方场、任何规划和重新规划的城市，在伊斯法罕或者撒马尔罕都能找到，甚至比佛罗伦萨和罗马的类似建筑要更早。但“欧洲建筑故事”总是从希腊–罗马的成就开始，讲到它们的多次重新发现，而君士坦丁堡 / 伊斯坦布尔圣索菲亚大教堂的巨大穹顶就可能会、也可能不会被包含在其中。对希腊–罗马成就的重新发现，第一次是在 9 世纪，那时查理曼大帝将政治稳定带回了西欧，在

古典主义：雅典，赫菲斯托斯神殿

哥特式：林肯大教堂（Lincoln Cathedral）

文艺复兴式：卢布林，科诺普尼卡宅第

巴洛克式：基辅，圣安德鲁斯教堂

这之后发展出来的“罗曼式”建筑（尽管这种建筑也是对当时仍在拜占庭帝国使用的某种现存罗马传统的模仿，拜占庭帝国在建设拉韦纳和伊斯坦布尔时，也使用了这种风格）；此后，哥特式奇怪地半路杀出，然后才是文艺复兴时期对罗马“真正”的重新发现，再然后是在 18 世纪的法国、德意志和英国，希腊传统在“学术意义上”的回归。

有这样一个存在了好几个世纪的观点，我们已经颇为熟悉，因此哪怕仅仅是要重新评估这种观点有多么奇怪，都会非常困难，那就是：历史混合物是一种完全现代的建构，它是伴随欧洲的科学、技术和军事创新才出现的，正是这些创新，使得欧洲以极端残忍的方式开始了对世界其他地区的支配。在 19 世纪之交，诸如慕尼黑和布达佩斯等位于原来罗马帝国遥远边疆的城市，以及柏林、圣彼得堡或者爱丁堡等完全位于罗马帝国幅员之外的城市，都基于它们自己的理解、基于对废墟的研究、基于公元前 5 世纪雅典建筑的样子，进行了彻底重建。将这一点体现得最为古怪、也最为美丽的，可能是爱丁堡。直到现在，一些建筑传统主义者仍然沉迷于现代性之前的建筑是当地的、地方的、“本地的”这样一种观念，但在这座苏格兰的首都，这种观念将会遭到反驳，而且是以极其壮观的方式。在爱丁堡，高耸的房屋、散发着恶臭的小巷乱糟糟地纠缠在一起，而赋予它们的历史，又被像数学图形一样展开的城镇扩展所补充，那些精确的排屋和高楼由装饰图形

新古典主义：柏林

现代主义：柏林，森林山庄

表现主义：杜塞尔多夫，音乐厅

野兽主义：俄斯特拉发，ČEZ 运动场

点缀，这些图形，是在阿提卡或者爱琴海地区发掘出来的，或说是从被丢弃的碎石构件中借来的。在爱丁堡，电气时代公共建筑的设计，是按照2000年以前奴隶社会的工法，那些工法是为了用石头来模拟木质建筑。

这种观念最后又被强加回雅典自身了。几个世纪以来，雅典都是奥斯曼帝国内一个信仰希腊正教的区域性小城市，不仅土耳其权力和文化的中心不在雅典，就连希腊文化、艺术和权威的中心，在很长时间里都被转移到了现在叫萨塞洛尼基的萨洛尼卡和伊斯坦布尔，以及更远的亚历山大和特拉布宗。19世纪20年代，有了英国、法国和俄国的军事援助，希腊的大部分地区从奥斯曼帝国独立出来，三国的军事援助是出于某种历史浪漫主义与冷酷的地缘政治的结合，首都原来在那普良，这是人们实际居住的中心，也是独立斗争的中心，新独立的国家将首都迁到了雅典这座一度重要的地方性城市。英、法、德的考古学家们洗劫了雅典卫城，把艺术品作为战利品带走。英国建筑师詹姆斯·"雅典人"·斯图尔特是最早发表这座城市废墟相关描写的人，他曾付钱给一个真正的雅典人，让他把自己住的房子拆了，因为这座房子挡住了他正在画草图的一栋神庙废墟，这是一幅鲜活的图景，让我们看到层层积淀、有着日常生活的"真实"存在的城市是如何被破坏，从而为过去荣耀的幽灵让路的。"雅典人"斯图尔特之流的活动，会成为巴黎、伦敦，特别是慕尼黑和柏林进行重新规划时的范本。

希腊独立后，新的民族国家邀请了德意志贵族的一支来当希腊的皇室；德意志建筑师们基于他们对雅典新发掘的纪念性建筑所做的严格诠释，设计了新雅典的市政建筑：新的学院、国家博物馆、国家图书馆、锡塔玛广场上的皇宫（现在是议会），等等。几个世纪以来，希腊的正教基督徒都自称“罗马人”，现在却象征性地用回了他们传统的名字：希腊人（Hellenes）。

毫无疑问，对于现代希腊人而言，如此卓越的历史应该成为他们荣耀的来源。更有甚者，欧洲那些用科学武装起来的新兴国家，拥有了以前所未有的精确程度来进行建造和测量的能力，而这些国家却也是希腊建筑的拥趸，尽管他们将这种形式称为新古典主义。威廉·布莱克是对此持反对态度的评论家，他认为：“希腊式只是一种数学形式，哥特式才是居住形式。”这种道理也可以用来解释对理性主义的虔诚反对，至少在一开始，这种反对使得哥特建筑在北部欧洲的复兴获得了力量：希腊建筑不仅是异教徒的建筑，也是一种吝啬而审慎的设计形式，适于工坊与棉纺场的时代。但为了确保雅典新古典主义的和谐，需要进行大量的清除工作。在希腊独立之前，这已取得了一定的进展，这倒不是通过“雅典人”斯图尔特式的房屋拆除，而是独立战争期间炮击的结果，并且绝大多数炮击，都是英国外交官埃尔金爵士为了将帕特农神庙打碎并偷走。但除此之外，新独立的希腊政权颁布命令，从古典时代结束以来，卫城旧址上积累的所有建筑都必须清除。不仅因为卫城旧址上堆满了仓库和其他不可接受的日常事物，奥斯曼人使用过这些建筑也是一种侮辱：比如，帕特农神庙被改建成了清真寺，中间建起宣礼塔。旧时市场（Agora）所在的市中心，大部分地区后来的全部生活痕迹都被抹去了，以发掘出关于这个市场的更古老、更深层次的痕迹，苏格拉底、伯里克利等人都曾走过这个市场，并在此展开辩论。

希腊投机客和发展商随后在这些区域周边建起了一个更可爱而适度的新古典主义城市。比起爱丁堡或圣彼得堡等北方雅典来，这座城市没有那么多执拗的直线，也没那么宽阔；到 20 世纪，这周围又建起了一个密度很高且冷漠的混凝土城市。这种建设造成

雅典大学

的结果是，在现代雅典，仍然残存着奥斯曼遗产的许多碎片，它们引发了一种认知上的不协调。莫纳斯蒂拉基地铁站是 1895 年建成的一座新古典主义阁式建筑，在它的对面则是 1759 年设计的泽斯塔拉基斯清真寺。如果你坚信历史文明应该存在某种连续性，而非有着众多突然的现代断裂，那么这栋建筑就代表了雅典“真实”的近期历史，这是一座小巧但具有吸引力的建筑，拥有一个大穹顶和围绕着它的三个小穹顶，以及一条尖拱柱廊。很明显，其设计和结构承自帕特农神庙和圣索菲亚大教堂，但随着时间流逝，城市的重要性降低，其风格也更趋向民间。有人认为这才是“真实的”雅典，而古典的雅典只不过是文物学家的赝品，这难免引发愤怒和嘲笑，因为清真寺不过是表现了土耳其占领者的殖民建筑，殖民者们试图抹去这座城市“真正的”建筑以及“真实的”文化。直到现在，殖民者所造就的“历史”景观还需要被极端小心地加以维护。在我写作的时候，卫城是一个装备有高科技的地方，有起重机、门架以及一大堆科学家，以维护这个伯里克利治下建造、由卡利特瑞特所设计的城堡。德国记者曾谴责说，他们不得不帮助懒惰而热衷享乐的希腊人（事实上在欧盟，希腊人的工作时间是最长的）摆脱困境，最近他们又说，这些人其实不是“真的”希腊人，只不过是一些奥斯曼 - 阿尔巴尼亚的变异群体，他们碰巧占据了同样的地区，使用同样的语言——德国媒体对此必须格外谨慎，因为希特勒就曾认为日耳曼人才是古希腊人的真

泽斯塔拉基斯清真寺

正后裔。

这些界定和清除雅典的举措可以有效提醒我们，尽管欧洲在其自我界定之外存在着“他者”——最明显的是中东，远东比较模糊，而更晚近、也更现代的是美利坚合众国的野兽主义——他者还存在于中东欧，只是染上了共产主义色彩。在希腊、俄罗斯、乌克兰和罗马尼亚，这是“东”正教的家园；还有特别是巴尔干地区，同时浸染在奥斯曼、正教和共产主义之中。这就使得要中性地使用“欧洲”一词变得极度困难——任何一种界定，都多少会带些种族主义或殖民主义的色彩。在参观某个地方，而这个地

维护卫城

方又不满足前述标准的时候，我总是会难免得出结论："这可不是会在欧洲发生的事情。"有时这种感觉令人兴奋，比如19世纪的那不勒斯，在国王维多利诺·艾曼努尔统治之下，曾多次尝试修建一条穿越城市的大道，并为此拟定了很多规划和选址，这些规划之间存在着冲突；又或者20世纪70年代日本建筑师丹下健三主持规划的高层中央商务区，却门可罗雀，以失败告终。大道、商务区与房屋密度很高的城市构成了令人兴奋的对比，在这里，房屋被塞进按照古希腊式进行规划的网格状中心，投机性住宅区推推搡搡，仿佛是随机上了山。"非欧洲"可以作为伯明翰或者布里斯托等地混乱状况的总结，在这些地方，规划乔治－希腊式的“改善”、巴黎式的“集团街道”以及勒·柯布西耶的“辐射城市”等众多努力，皆因为贪婪和腐败而搁浅。这造成了混乱，你完全可以自己为这种混乱拼凑一种解释，只是你得不介意在这一过程中遇见最廉价、最糟糕的城镇景观。

那不勒斯，高密度中的空白

在基辅，你也会有类似的感觉。基辅曾是苏联时代建造的一座有秩序、有轴线的城市，现在，历经前所未有的腐败，基辅已经转变为一座野蛮商业的多层次大都市，在基辅的市中心，每一座地下通道和地铁站都被扩展成了一个不连贯的地下购物中心，可以被归类为奢侈品精品店地下通道、西方品牌地下通道，还有供人们售卖中国小商品或进行二手交易的场所。在其他地方，“非欧洲”的问题可能完全不是某种建筑的问题。比如说在圣彼得堡，其建筑的尺度和高度、其街道的宽度、滨河的步道，都与巴黎或斯德哥尔摩相若，但你能在其他城市找到的便利的街头生活，在圣彼得堡则要少得多，取而代之的是一种热衷于汽车的文化，在其他城市可能堆满自行车的地方，在圣彼得堡则会停满汽车。一个咄咄逼人的庸俗政府，将一些西欧大都会所鼓励的包容与便利，视为衰败的“同罗巴”[1]的另一个面向。

圣彼得堡：在本该是自行车的地方都是汽车

[1]　同罗巴 (Gayropa)：作者用“同性恋”(Gay) 和“欧罗巴”(Europa) 组合成该词，这里权译为“同罗巴”。

不过有些时候，当你在一些试图让自己更有欧洲感的地方，也会产生“非欧洲”的感觉。我能想到的其中一个是贝尔格莱德，它是这样一种组合：“柏林式”的低层时髦街区和仓库将被清除，再建起由阿联酋投资的、基于“可步行”和“可持续”原则的摩天大楼街区。通常你会意识到，你所在的这个地方不太能弄清欧洲是什么样，因为这里有太多以“欧洲”命名的地方：基辅的欧洲广场、明斯克的欧洲酒店、索非亚的欧盟地铁站等；这并非巧合，一方面是因为这些国家的国家建设通常从未结束，另一方面它们也不断从过去中寻求可利用的资源。对于媒体上的“东部”以及外交部各局处而言，乌克兰或白俄罗斯没能成为“正常的欧洲国家”，肯定是因为它们还没成为真正的“国家”，而要达成这一点，必须找到民族主义最纯粹、最具煽动性的形态，通常还得疏远邻国人，团结那些忠诚的人。近期，乌克兰经历了欧洲广场革命（Euromaidan），这是乌克兰总统被迫拒绝与欧盟的联合协议之后的一次群众暴动，拒绝协议被认为是让乌克兰失去了一个机会，效法诸如波兰等国，从“第二世界”迈入“第一世界”。这当然是乐观的看法，因为签约国还包括约旦、阿尔及利亚和埃及，但协议也没能让这些国家奔向和平与繁荣。俄罗斯在之后对克里米亚和顿巴斯的军事行动造成了一个意料之外的结果，那就是将乌克兰的历史拽回了 20 世纪 40 年代，一帮恶毒且不受欢迎的极右翼游击队占据所谓的中央：既然他们并非苏联，那很明显，肯定是欧洲的。与此相反，在白俄罗斯，要兜售欧洲等有关文明的观念非常困难。正如白俄罗斯的自由派安德烈·廷科所言："直到最近，一个普通的白俄罗斯人还会先把欧洲的'文明化使命'和'希特勒是解放者'的海报联系起来。对于一个在奥斯维辛的纳粹死亡集中营里未经麻醉就经历了截肢实验的人来说，要将欧洲性与文明等同会非常困难。"只有真正的欧洲国家，比如英国，一个500年来都很富裕的帝国，才有选择把自己不当成"欧洲"的特权。对于欧陆的所有人来说，我们用"大陆"来界定欧洲的其他地区，一直以来都是很可笑的。

鉴于欧洲的历史，还有另一个欧洲的城市迷思可能更令人惊讶，即欧洲是一个独特的多文化大陆。就语言的多样性，以及诸多民族国家挤在这片次大陆上而言，可能的确如此，尽管其基础通常是明确或者不明确地把每一个国家拟合进一个有边界的格子里。在欧洲的历史古城，多元文化通常都是令人忧伤的存在。在的里雅斯特一座朝向码头的广场，詹姆斯·乔伊斯狡黠的塑像对着来往的女子暗送秋波，一座帕拉第奥式天主教堂与一座拜占庭式塞尔维亚正教教堂遥遥相对，这些"西方"与"东方"的形式，通常被认为会相互抵消，在这里却得以与彼此的对立面互为补充，周围的街道被规划得宽广，能照顾到行人，使用得也很好，这种城镇景观造就了流畅而令人愉悦的感觉，才形成了前述互为补充的局面。就在广场后面的建筑，高耸着一栋带洋葱头的宣礼塔，看似清真寺，但其实并非如此。这是一座天主教堂，呈现出一种奇怪的实验性，是意大利法西斯时期令人惊讶的折中主义建筑文化的产物。而在这个居于中央的港畔空间更外围，则是欧洲最大的犹太会堂之一，这是一座大到惊人的方形建筑，是对犹太人群体荣耀与存在的辩护，尽管这个群体在欧洲遭到持续迫害。会堂旁是一座格外美丽的建筑，用作斯洛文尼亚社群的文化中心。这是哈布斯堡王朝晚期理性化新艺术运动中的一次实验。在本书中提及的其他城市，诸如利沃夫和萨塞洛尼基，你也能轻易找到类似的多元文化主义（或多元忏悔主义）标志。但所有这些标志，

的里雅斯特：帕拉第奥式与正教式

都只是一种消失的多元文化主义，因为真正的东西，大多数已经被民族主义、战后的“人口转移”，特别是大屠杀所摧毁。20 世纪后半叶的历史在当时还具有多元文化性，经过这段历史之后，这些城市变得高度同质化。的里雅斯特有多元文化的建筑；不过除了近期引起了不太合适的恐慌的移民，当代的里雅斯特并不是多元文化的。

现在，要在柏林、巴黎、鹿特丹、布鲁塞尔、斯德哥尔摩和伦敦等地，你才能找到真正存在的多元文化主义，这些多元文化主义至晚可以追溯到五十年前，虽然它们在都市生活更为微妙的节理上造成了巨大的影响，但在建筑上留下的证据要少得多，尤其是在“高级建筑”和永久性建筑上。就此而言，我写作本书时所处的伦敦东南部的伍里奇，就是一个很好的例子。这里原本有两家 20 世纪 30 年代建造的装饰艺术风格的电影院，尽管过去长期被用作游戏厅，但近期却被改造成了西非福音派的教堂。从某种意义上讲，这的确很适合：旧的伍里奇谷仓有一座礼堂，这是由流亡的俄罗斯剧院设计师西奥多·科米萨耶夫斯基在哥特式市政厅和大教堂上的即兴创作，利用廉价材料与完美空间才能完成。现在这里则是埃彼尼泽楼，即基督信仰圣所大教堂。左近有一栋阴沉的砖造新古典主义“祈祷箱”，这是在 19 世纪初为异见派新教徒建造的，现在则是锡克教谒师所。唯一一个作为新多元文化主义直接产物的新建筑，是格林尼治伊斯兰中心，又名普拉姆斯特德清真寺；这是一座褐红色的砖造建筑，有一个看似草率的金色穹顶，其沉闷而俗气的设计，是由两种建设传统交融形成却不太有启发性的产物。而在其他地方，连这种交融的启发性都没有。瑞士投票反对其城镇景观中的巧克力盒子被宣礼塔破坏。晚至20世纪前十年，希腊大部分地区还是一个伊斯兰帝国的殖民地，却对要在城市景观中重新纳入伊斯兰建筑设置了多重禁令：前文提到的泽斯塔拉基斯清真寺，现在是一个民间艺术博物馆，其宣礼塔早就被拆除了。

■ 欧洲的一些首都

有人认为，巴黎发展出了一种对自身多元文化主义的极度焦虑。作为一个寄居伦敦的人，我形成的一些偏好，使得我在去法国首都的几次旅行中，都感觉疏离而沮丧。你能在伦敦市中心找到的不同时代、不同建筑时刻、矛盾的形式、有关城市规划的冲突观点（尽管这种观点是被乔治时代一种根本性的理性主义网格所支撑），一开始似乎在巴黎消失了，取而代之的是一种强制性的、由石灰石建造的投机性新巴洛克风格，在几十年的时间里被匆匆建造起来。大型的公共建筑，甚至包括可怕的卢浮宫等，往往浮夸而缺乏优雅。而法国首都最令人沮丧之处在于，它从保守派和政治激进派那里获得了连续不断的称赞。保守派会爱这样一座城市，你在城里走好几里路都看不见一座 20 世纪的建筑，这座城市对现代性和多元文化主义持严格的保留意见；对政治激进派而言，法国首都的革命史，包括 1789 年、1848 年、1871 年和 1968 年等冗长枯燥的段落，意味着他们可以享受这些极为考究的布尔乔亚街道，还可以打趣说，他们真正在享受的，是一帮四处打劫的工匠和卖淫者，曾经在现在是老式的奢侈商场楼顶，拉起红旗。比起伦敦来，巴黎的生活质量令人羡慕，但也就仅此而已。

在来巴黎之前多年，我就已经读过有关这些地方的文字，但当我第一次来到巴黎时，还是为其中呈现的断裂感而惊异。徜徉在玛黑区那些 18 世纪的小巷，我只会感到很困惑，因为我眼中所见，与圣詹姆斯与贝尔格莱维亚那些更无聊的街角看起来很像，这地方怎么就能在全球历史上变得很重要，并且本身还很有趣呢。同时，奥斯曼巴黎这些风格统一的街道，还让我想起了莫斯科那些斯大林式的大街，最好不过就是格拉斯哥有高楼的街道，这两者都远不像巴黎一样备受推崇，也都不会被远方的人视为浪漫。实际上我觉得这令人心烦：白色的大街上满满的都只有白人，行道树被修剪得很齐整，留出军事手段设置的应急防火区，令人害怕的多元文化郊区在周边形成一整圈。连轨道交通系统也是依据阶级和种族来进行区隔的：区域快线网（RER）系统服务的是 1000 万居住在巴黎都市区的普罗大众，而地铁系统才是服务 200 万“巴黎”居民的。得走到蓬皮杜中心，才能大为释怀，它是一种现代艺术与旅游罕见混合的原型，这种混合后来塑造了泰特现代美术馆。对于这些把戏来说，罗杰斯与皮亚诺的宏伟建筑就像长舒一口气，像是为现代性、开放性与行动所做的辩护，也是对在有装饰的外立面上所做的强调性工作的辩护，我能开心地盯着这些外立面看上好几个小时。

风格统一的巴黎，通往先贤祠

当然，我渐渐意识到这也是夸张。在巴黎的北部和东部，这种压抑的城市景观就向更宽松的空间打开，特别是当你走过了共和国广场，就其多样性与活跃度而言，墨尼尔蒙当、贝尔维尔、拉维莱特完全可以与白教堂和德特福德等媲美，最令人惊讶甚至震惊的还是在城市景观里找到的。你只要在这里简单找找，就能发现一些甚至非常卓越的现代主义建筑，通常要么是在工人阶级的巴黎一度处于统治地位的法国共产党留下的遗产，诸如奥斯卡·尼迈耶设计的奢华的未来主义风格的法共总部大楼，或者像弗朗德尔的器官（Orgues de Flandre）那样的住宅区，那是混凝土侵入无穷无尽的石灰石中间喷出来；要么是弗朗索瓦·密特朗的"大型工程"计划的遗产，比如位于拉维莱特那个伯纳尔·屈米设计的新构成主义主题公园，美妙却有瑕疵，极富魅力却已过时，其呈现的是1980年关于三维城市、行人道路，以及参差不齐的彩色碎片的一种观念，就好像生活在第4频道的旧台标里。不过，巴黎/郊区的分裂强到令人难以置信，还会被巴黎人激进主义的陈词滥调所强化。楠泰尔是20世纪六七十年代建起的郊区，就在拉德芳斯这个新的高层商务区附近，在1968年的"革命派"看来，楠泰尔非常可怕。革命派中有不少人就读于楠泰尔那些呆滞的大学，那时候，围绕这些大学的是住着来自北非移民的棚户区。2014年夏天，我去那里走了走，要去爱劳塔，已故艺术批评家罗伯特·修斯将这个住宅区称为"社会伤疤的组织"。这片住宅的确像异想天开——管状的高层建筑，洞开的窗户像奶牛身上的斑点一样，涂成绿色、黄色和蓝色，顶部有小小的金字塔，人行道用鹅卵石装点上小圈或小丘。有好几个人扶着婴儿车，坐在周围聊天、抽烟喝酒，他们绝大多数是有马格里布或者南撒哈拉血

巴黎东北部的弗朗德尔的器官

统的移民第二代、第三代甚至第四代，他们自在随意，极不像恼人的巴黎人那副“看我，我在享受我们的传统咖啡馆文化”的嘴脸。成群的学童在人造的小丘上纵跃玩耍。这是在巴黎市区很少见的工人阶级生活，但因为这样的地方和类似的地方，都是“计划国家”的遗存，是凯恩斯式资本主义的整合奇观的遗存，也是戴高乐－斯大林式政府对经济的控制的遗存，所以通常自然捍卫它们的人，往往不得不鄙视它们，转而喜爱拿破仑三世和奥斯曼男爵为避免革命而建造的那些街道。

楠泰尔的社会伤疤的组织

有许许多多类似的城市，在欧洲，它们都饱受赞誉。其中一座是威尼斯。威尼斯的人口在减少，这种糟糕的城市疾病，常见于底特律和克利夫兰等地。威尼斯成了一个梦幻群岛，流连此处的主要是游客，而绝大多数威尼斯人早就搬到了梅斯特雷和马尔盖拉。这不仅仅出于历史保护的考虑，也因为威尼斯正在下沉。另一座在视觉上广受称赞的城市是圣彼得堡，其城区是按连续的历史弧线逐渐向外变化的：启蒙时代专治的完美城市位于正中，外面是一圈 19 世纪的工业城市，再外层是一圈构成主义和斯大林主义的都市实验，再然后是用预制构件建造的高楼。在圣彼得堡的瓦西里岛，你几乎能看见过去300年欧洲在建筑领域曾发生过的所有事情，从曼彻斯特式纺织工业的红砖厂房，到勃列日涅夫时代在运河沿岸建设的棱角分明的野兽派塔楼。你很难在同一个地方找到它们，而是在不连续的不同区域。阶级割裂在这里没有那么突出，事实上，即便到最近，郊区那些集中供暖的大规模装配式建筑，都比市中心19世纪建设的细分公寓要更舒服。

将“巴黎”视为一种方法，应用到不同类型的城市，比如伦敦与柏林等，最为有益。德国首都历经折磨的历史，造就了格外丰富的建筑与空间，每一场重要的建筑与规划运动，都力图在这里做出最好的作品，而且通常是在市中心，但明显缺乏连贯性、缺乏视觉上的静止和典雅，就空间而言，刺激太多了，远非巴黎可以匹敌。自20世纪90年代，尤其是柏林墙倒塌以来，这座城市在社会民主派的城镇规划师汉斯·司迪曼的带领下进行了重塑。这场重塑是基于试图复制这座城市200年前曾有过的原则，那是有像申克尔一样伟大的古典主义者的时代（“亚洲大草原上的雅典”），长期以来一直强加于巴黎之上。建筑高度必须一致，窗户的形状也必须一致（不得有现代主义者们的带状窗户！），必须贴上一些至少看起来像石头的东西。过去五十年间，柏林作为某种非官方的欧洲时髦之都的成功，做到了资本主义城市力图去做的事情（那就是，鼓励房价上涨，以及中产阶级专业人士迁入），但除了司迪曼的同质化努力之外，还因为迁入者偏爱受到战争以及现代主义创伤的区域，诸如腓特烈斯海恩、中心区和克罗伊茨贝格。对于一个像这样有着庞大土耳其裔人口的城市，要宣称其活跃的政治左派、艺术与音乐先锋派，都必须尊重18世纪的建筑原则，自然有悖常理。

有悖常理但影响深远。近年来，伦敦接受了类似的原则。如同一些捍卫者所指出的那样，正是这些原则拯救了柏林，使之不至于沦为一座像伦敦和曼彻斯特一样最糟糕、最丑恶的水滨雅痞城。正因为这种对比日渐明显，英国首都也要发明出一套自己的新原则来，于是规定乔治式的窗户比例、平顶、砖石墙砖。在大洋村和萨福德码头之流所代表的不经规划、不经协调的“盎格鲁－撒克逊”方案之后，这种乔治式图景一扫过往，就变得令人不那么意外了。在英国当代的城市里，也就只有伦敦，突然充满了开发商们廉价但认真的对现代阿姆斯特丹、现代柏林和现代波尔图的愿景。国王十字中心就是一个例子。这个区域紧邻欧洲之星终点站，你能快速前往布鲁塞尔、阿姆斯特丹、欧洲迪士尼和巴黎。麦克克里诺－拉文顿公司开发的房子是荷兰式的，在一片德国表现主义的崎岖高楼间，用有纹理和图案的砖叠装饰得极为复杂。在其旁边，大卫·齐普菲尔德设计的办公楼群带有柱廊，又是意大利理性主义风格的，冷淡、通风、精确。斯丹顿·威廉斯设计的中央圣马丁则是西班牙或葡萄牙的古典式现代风格，那是荒凉但仍有阳光的滨水广场上一个严肃的混凝土方块。在本书中，你

与罗马交叉的国王十字中心

将能找到它们的起源。

佩里·安德森对欧盟这个机构做出了带有同情的批评，而且不是整体性的批评，他认为欧盟是“布尔乔亚们最后一项伟大成就”。无论是就其构想的宏大程度，还是其机构的复杂性，安德森的说法在一定程度上是事实，但从更大程度上说，欧盟是任意地组织起来形成的一个极不浪漫、也受到严格限制的专家治理集团。

如果是这样，那我们就要力图从欧盟的城市里，发现一些城市规划和协调性建筑群的天赋与活力，在诸如慕尼黑、爱丁堡、罗马、佛罗伦萨、圣彼得堡、巴斯等城的建造过程中，所有伟大城市景观的形成，都源于有关视觉规划与组织的启蒙传统，与资本主义对地产投机和寻求地租的操作这两者之间一种愉快的交叉。

自 20 世纪 90 年代以来，欧洲的城市景观都对此很感兴趣，尤其是要在海外营销自己的时候——造访毕尔巴鄂、巴塞罗那、阿姆斯特丹、罗马和柏林的游客，除了要去看历史，也要看过去 20 年出现的现代建筑群，新的滨河街区、古根海姆美术馆、摩天大厦天际线、圣地亚哥·卡拉特拉瓦设计的桥梁与火车站。我们将在本书中遇见的地方，大多是人类的重大成就，我很少在近期建筑里找到乐趣，但我很乐意对它们称赞一番。

不过有这么两座城市，它们不是“欧洲城市小游”的热门目的地，但又能说明为什么欧盟在兜售自己时困难重重。布鲁塞尔是欧盟政府机构所在地，而法兰克福则是欧盟金融力量的大本营，这两座城市并不以风景见长，更有甚者，欧盟要通过创造一种建筑图景来激起某种认同的努力，在这两座城市都彻底失败了。在法兰克福，欧洲中央银行的前面竖起了一座巨大的欧元标志雕塑，这样的举措实在太粗俗，即便放在美国的首都（想想在华尔街街头摆一个巨大的美元符号雕塑），也是极拙劣的东西。即便如此，法兰克福还是明确拒绝了巴黎、慕尼黑和马德里那样将摩天大楼摆在城市郊区的商务区规划。这当然令城市颇具活力。火车站是一座可怕的钢构大教堂，与汉堡和科隆的类似，和柏林的火车东站也接近，就是一座喧闹的飞机棚，与圣潘克拉斯和约克火车站没太大不同，甚至要更粗糙、尖锐、毫无感情。外面的街景也很独特。有一次，我去这座欧盟的金融之都，住在一个大型土耳其人街区里一家由俄罗斯人经营的酒店，离摩天大楼群也不远，我走过去时发现一件有趣的事，红灯区就在中央商务区旁边，这不可能只是巧合：韦斯滕德大街 1 号是美国的科恩·佩德森·福克斯（KPF）事务所为德国中央合作银行设计的，就在这管状竖井一样的大楼外面，是“美国西洋景”。

尽管这座城市看起来有点像美国，却是依靠公共交通运转的，有设计得很漂亮的德式电车、地铁与市郊铁路网络。摩天大楼和伦敦金融城一样，挤在每条路上，缺乏规管，却恰恰造就了一种参差不齐且不稳定的美学，这是柏林和慕尼黑的规划师们竭力避免的。其影响在于，金融力量与那种令欧洲城市具有独特之处的精细保护及教条式总体规划是难以并存的，需要另一种类型的城市来弥补这个间隙。从美因河另一岸的施泰德博物馆附设的咖啡馆就能清楚看到，其效果多少有些单调，大量玻璃苍白地勾勒在铁灰色的天幕上。伦敦也一度抗拒这种天际线发生在自己身上——诺曼·福斯特事务所设计的法兰克福商业银行，是基于已经被拒绝的一版城市规划。这早已过去，但为了确保处在圣保罗

新－新法兰克福

大教堂的视线保护区以外，伦敦的摩天大楼被迫建得造型古怪，相比之下，法兰克福金融力量的建筑，就缺乏这样自以为高人一等的玩笑：这里的高楼冷酷无情、毫不浪漫。不过你如果坐地铁到罗莫斯塔德，就会发现城市的另一面，那里是“新法兰克福”的根据地。这是魏玛共和国的一项现代主义实验，当时，社会民主派试图将其重新规划成一个社会机器。

旧－新法兰克福

主建筑师恩斯特·梅曾参与过工艺美术运动[1]，并在英国工作过。尽管有点奇怪，但这些区域看起来就像威森肖、贝肯特里或者两次世界大战之间西米德兰地区建起的那些郊区。1925 年以降，梅提出了一系列花园城郊区的方案，并且用福特制批量生产的办法，运用流水线和钢筋混凝土将它们付诸实施。就像英国一样，这些区域也以低层、供单个家庭居住的带花园建筑为主，和莱奇

[1] 工艺美术运动 (Arts and Crafts)：19 世纪下半叶起源于英国的一场改良运动，是在工业革命以后大批量工业化生产和维多利亚时期烦琐装饰造成设计水准下降的背景下，希望复兴中世纪手工艺传统的一场运动，内容包括强调手工艺，反对机械化批量生产，反对矫揉造作的维多利亚风格，提倡哥特式和其他中世纪简朴风格，提倡自然主义风格和东方风格等。代表人物有约翰·拉斯金、威廉·莫里斯等。

沃思、韦林花园城、汉普斯特德的花园郊区是表亲。不过与同时段英国建起的花园城郊区或别墅式地产不同，它们的建筑形式完全不向历史让步，全是方块、直角、平顶——缺乏早已存在的情感。如果你现在去“新法兰克福”，你可以参加一个名叫“社会民主前进之路”的旅行团。德国的金融力量能对希腊、西班牙、葡萄牙和意大利的政策下命令，而在它的天际线上，你就能看见那条前进之路最终将在哪里结束。新新法兰克福是跨国金融力量的所在地，这是由一个社会民主派的政府所运作的，但它却立法反对其他政府实施社会民主计划的可能性。

布鲁塞尔甚至更古怪。历史上，布鲁塞尔就是一个深具布尔乔亚色彩的城市。它太过布尔乔亚了，以致暂居于此的马克思和恩格斯都对欧陆这片工业化程度最高的区域能否变得具有革命性感到绝望，也正因为如此，这里成为欧盟和北约总部最佳的所在地——一座德语与法语世界交会处安全的大都市，直到最近，布鲁塞尔的安全感才被内城莫伦贝克的一小撮恐怖分子撼动。在将布鲁塞尔打造成欧盟之都的过程中，伴随着比利时政坛的语言与派系混乱，欧盟意外地打造出一座高度多样而复杂的奇怪城市。在这一过程中，在首都已经普遍存在的离奇状况被正面放大了。这可能有悖直觉，因为布鲁塞尔通常被认为是一个城市规划的灾难——早在20世纪60年代，就出现了“布鲁塞尔化”这么个词，用来形容历史城镇景观被未经规划的投机性办公区所破坏。但除了我们将谈及的强化城市作为王国首都的少许努力之外，这座城市基本上是未经规划的，受市民的奇想支配，这多少会让我想起英国。欧洲之都这些激进的布尔乔亚建筑，也引发了零星的努力，要让城市变得不那么布尔乔亚，要在无数的投机性联排房屋中间，找到与劳工运动的历史有无数联系的建筑。

比利时的街道看起来与英国、德国和法国的街道极为不同，这并不是因为轻视一致性，而是因为颁布了一项法令，让重复其他的房屋事实上变得不合法，更因为比利时建筑师不顾后果地彼此提出诉讼。你看到的独栋房屋和楼房的阳台都不一致，你也看

布鲁塞尔郊区

不到什么装配式建筑，因此就看不到重复。你大概会天真地以为这会造成观念过于多样，事实却并非如此，在诸如斯哈尔贝克和莫伦贝克等较为贫困的区域，同样的建筑，可能会在正常的楼房或排屋的砌砖细节上略有一些差异。即便是最好的状况，布鲁塞尔街道表现出了明显的独特性，也无非是细枝末节和点缀的区别，而不是什么根本性差异。几乎所有房子，都是三层或者以上的联排房屋和公寓，没有花园，紧靠街道，除了风格的标准、设计、阳台的位置和表面的材料之外，就没什么实验性的做法。所以尽管布鲁塞尔看起来完全没有巴黎那类“大欧洲城市景观”，但布鲁塞尔的街道也是很布尔乔亚的，因为有太多卖弄式的个性化，却没有什么是真正不随波逐流的，也没有什么是真正革命性的。不过如果你不把这些建筑当作背景，而是供欣赏的东西，那这倒不是什么坏事——有太多东西可看了。

19 世纪晚期的实验性建筑有各种叫法，在英国和法国叫新艺术（Art Nouveau），在西班牙和俄罗斯叫现代主义，在奥匈帝国叫分离主义（Secession），在德国叫新艺术（Jugendstil），而布鲁塞尔则是这种建筑最早“发明”出来的地方。在布鲁塞尔西部富裕的地区，比如科盖尔博格大教堂周围，随便一条典型的街道就能证实许多历史学家都有过的一种观念，即新艺术只是一种廉价而无用的建筑，是通往现代主义之路上的一条歧途。在这里，随处可见缠在一起的铁饰、装饰性的瓷砖、平板玻璃窗和古怪突出

现代城市

的山墙。20 世纪 20 年代以来，新艺术转向了不那么缠绕的线条，后世称之为装饰艺术（Art Deco），不过那时候通常称之为现代建筑或者现代主义建筑。这样的改变仍然是小细节上的——门道前、阳台边、古怪的小装饰——不过这时候，线条变得更为清晰，材料则明显是高技术的，用钢和混凝土，以及瓷板和铬等现在已经过时的材料。这些建筑引人入胜，但其建筑师费尔南·波德松、安托万·彭普和约瑟夫·迪翁格勒等人在比利时以外全然不为人所知。要弄清楚现代主义作为一场运动，与这种风格上的操作有何不同，可以从叫作现代城市的住宅区入手。这个住宅区是 20 世纪 20 年代的设计，极为讽刺的是，领衔的设计师是一个叫维克多·布尔乔亚的人。尽管规模更小，但“现代城市”是恩斯特·梅在法兰克福的建筑作品的前身。新法兰克福是政府性的住宅，而现代城市则是由一个左翼的住房合作社开发的。这里有重复，但是以更含蓄、也更友善的方式重复的。它保持了美学连续性，也建有许多花园，布鲁塞尔过去和现在都没多少花园。这一点很奇怪，因为这是一个现代主义的作品，它不像与之相反的风格一样青睐房顶有花园的家庭住宅。

20 世纪 50 年代，这个住宅区的中央又加上了一座布尔乔亚的纪念碑。我还想提醒你一下政治问题，这些街道被命名为“合作路”和“进步路”这样的名字：合起来就是朝进步前行。

布鲁塞尔是一座局部之城，一座碎片之城。这可以是彻彻底底的碎片，不带任何令人不悦的添加物——在参观这座欧洲之都时有一个关键的时刻，那就是在工作日走过街道，你会出乎意料地发现，在大广场这个整片次大陆上巴洛克风布景最多的一处地方，在其夺目光彩之中，行会的大楼们包上了奢侈的山墙、垂花饰和浮雕。尽管它完完全全是巴洛克风格，却不是卢浮宫、德累斯顿和罗马那种巴洛克，这些地方创造出了一种基于远景、强调与轴线的全新空间与权力概念，布鲁塞尔的大广场就只是一个中世纪的广场，按照“当代风格”加以重建，所谓“当代”，是 1699 年。大广场的其中一个建设机构是比利时工人党。维克多·霍塔是这座城市最著名的建筑师，他也是该党党员，为党设计了人民堂，这是当时为共产国际建造的金属纪念碑，能够容纳各种各样的活动，包括社会主义活动与音乐会，以及布尔什维克和孟什维克之间的争论会议。这座建筑在 20 世纪 60 年代被拆除，不过其铁饰的一些碎片被保留了下来，最终用于一座地铁站的装饰。在霍塔的建筑里，新艺术不再是改良主义，而具有了真正的革命性，在这里，玻璃和钢搭建起了一个新世界，而不是像在学院派建筑里仅仅作为装饰，机械制作的装饰以其不合常理的曲线与排列，力图与自然一较高下。讽刺的是，人民堂拆毁之后，却掀起了一场活跃的保护运动，尽管新艺术的公共建筑很少正常发挥作用，但为了保护这些建筑，布鲁塞尔成立了一个机构来修复它们，并将其改造成博物馆（这些博物馆的选择令人好奇）。霍塔设计的一家百货公司被改造成了一家卡通博物馆，保尔·圣特努瓦精彩的老英格兰百货公司被改造成了乐器博物馆。设计于 1930—1932 年的社会主义报纸《人民》报的总部，现在是阿斯图里亚的政府办公大楼，旗帜就插在以前插红旗的地方。

就在布鲁塞尔，20 世纪重要的问题就是布尔乔亚与无产阶级之间的张力、法语与荷兰语之间的张力、作为比利时的首都与作为跨国机构首都的张力——但令布鲁塞尔变得富裕的国际活动，则往往无视这些矛盾。在伟大欧洲之都的叙事中，启蒙的资本主义规划与 20 世纪的社会改革，似乎成了仅有的塑造过这座大城市的力量。作为一本只关注欧洲城市的书，其问题在于，要追溯欧洲城市如何达成它们所是的样子，你必须努力寻找。所以就布鲁塞尔而言，一个值得记住的事实是，这座首都是建在大屠杀之上的。其最为荣耀的岁月，就建筑而言，是从 19 世纪晚期到 1940 年，这个小小的国家曾经掌管着现在是刚果民主共和国的地方，在利奥波德二世统治下，最早在那里存在着一个政权，最直接的特点就是制度化的种族灭绝，动机仅仅是为了开采这个国家的自然资源来充盈国王的私人财富，丑闻爆发后，又改成了让这个国家及其首都走向富裕。欧洲人在刚果的所作所为，就其范围、规模和残忍程度而言，暴力程度堪与红色高棉的柬埔寨和纳粹德国相比。这是历史上最大规模的屠杀之一，而布鲁塞尔既有以其命名的街道，也有大屠杀纪念碑，似乎对这样的事实全然无动于衷。比起比利时人对刚果人的压迫，比利时人对比利时人的压迫要差得很远很远，但布鲁塞尔却无疑是这样一座城市，标出其天际线的，正是利奥波德二世及其更加布尔乔亚的手下们的野蛮，具体而言就是他的政府在“上城”所建设的司法宫。上城的这一部分，完完全全就是建造在下城上方的，数以千计的贫民窟住户因之流离失所。你可以乘电梯到下城，下城附着在宫殿滑稽的躯体之上，不过好在它缺乏礼仪。

在关于利奥波德二世的研究《国王股份公司》（*The King Incorporated*）一书中，尼尔·阿舍森指出，利奥波德二世将刚果改造成一座可供不断攫取的藏尸所，一个公开的动机是为了布鲁塞尔的美化，要将这座城市从过去破旧的贸易之城，转变为越来越接近巴黎的现代城市，有石灰石铺就的宽阔大道、用于艺术和科学的大型公共建筑、大型的公园与花园，当然，还有大型的凯旋拱门。时至今日，这些东西仍然只是插入了由比利时的土地利用和投机模式所造就的混乱局面里，而不是像在巴黎一样成为城市景观的决定性注脚。不过还是有两处格外突出：司法宫，以及可以从旁边的一个观景平台上远远看见的科盖尔博格大教堂。1905 年，利奥波德二世为教堂奠定了第一块基石，它原本规划要成为全世界最大的教堂。现在，它仍是欧洲最大的教堂之一，但其设计却几易其稿，到 20 世纪 30 年代仍未封圣，最终于 1969 年，按照建筑师阿尔贝・冯・于菲尔的一个畸形的修改方案建成。这是一座有团状拱顶的洋葱头状鼓起的庞然大物，更像是拜占庭式而非哥特式，近乎哥谭市。通向教堂的是一条堂皇的仪式性道路，当然，这条路也以利奥波德命名，有必要指出，在伦理意义上，这条路大致相当于通往法兰克福摩天大楼的道路被命名为阿道夫・希特勒街，或者通往莫斯科国立大学的大道被命名为斯大林街。

另一个加在布鲁塞尔天际线上的标点位于北郊的海塞尔——20 世纪 30 年代末由约瑟夫・冯・内克设计的展览楼，它像一座未来主义的建筑，有用图形和装饰物点缀的钢制支柱，这像是 19 世纪的美学没有真正中断才会发展出来的东西。要是在其他地方，它都会是一座势不可当的建筑，但它在天际线上的位置，却因为它那个庞大的钢铁邻居原子球塔而黯然失色。这座表面光滑的雕塑在字面意义上体现了技术统治权——你的真正的原子，已经准备好为了电力以及/或者核战争而分裂，这令人荒谬的兴奋——看见一个大为夸张的铁晶体，在房屋和公寓街区上方几百英尺的地方升起，仿佛这样的东西很正常，仿佛我们都应该生活在原子里。在它前面是一座迷你欧洲，这是一座主题公园，里面将欧洲的纪念碑缩小、做成电子动画，有几个是为欧洲腹地的国家所建的，每一个都代表一个近期加入欧盟的国家。比起城里的欧盟行政中心来，这是一幅更好的欧盟图景。事实上，布鲁塞尔的天际线上尽管有许多建筑是令人深为不快的力量的产物，但唯一不吸引人的，就是“欧盟区”内欧盟本身的建筑。贝尔莱蒙大楼无害的曲线越是正常，议会大楼在镜玻璃现代性与美术轴线之间左支右绌的后现代主义就越是令人困惑——这些谈得越少越好；这个机构的总部就建筑而言，是被一种令各方都不会满意的妥协所界定的，尽管这可能才是恰当的。可能这也是为了追求最好。延续布鲁塞尔自身关于纪念碑的历史，它本应是一座用64年才建好的巨型大教堂，一座建在坟堆上的阴森森的新巴洛克风宫殿，或者一个巨大而傻得可爱的符号。但与之相反，它却是外交区内一组陈旧的办公楼群，矮得甚至都不会在天际线上出现——有可能你从欧洲之都的一头穿越到另一头，还没注意到欧洲政府的所在地。

帝国主义与现代的布鲁塞尔

而就在欧盟区的边缘，你会注意到利奥波德二世的凯旋拱门，以及大型建筑，这都是在折磨与屠杀的进程中建造起来的。在欧盟区的核心，是一个叫作利奥波德空间的广场。

本书写的是建筑与城市，但也会写到过去和现在造就它们的力量。目前已经很明确的是，本书把建筑与城市规划视为一种承

载很多的事物，从中我们可以轻易解读欧洲历史的复杂性。就艺术与文学而言，这种方法可能不可行，需要更多正当性论证，但奇怪的是，就建筑而言，这样做则会相反。本书绝大部分将采纳一个相反的论点，即当一座建筑建成之后，谁建造了这座建筑与他们意图通过建筑表达什么就没关系了——这与 D. H. 劳伦斯所说的“不要相信讲故事的人，要相信故事”有异曲同工之妙。这样的观念很多。20 世纪有关城市与建筑的思考，尽管被不公正地指责为各种各样荒谬的罪过，真正应该被指责的是其奇怪的道德主义，这常常造成可怕的后果——某个穷人居住的贫民窟，肯定就很脏、很丑陋、必须被摧毁。更普遍地说，19 世纪新哥特主义关于道德与建筑的观点，现在甚至不那么荒谬了：哥特建筑使那些心存疑虑的群体更接近上帝。

与此类似的是，许多可怕而残忍的贯穿欧洲的运动，还残存着痕迹。去欣赏奥古斯都、亨利八世、斯大林、希特勒、墨索里尼、利奥波德二世、帕默斯顿勋爵的建筑，并不会让你变成奴隶制的捍卫者、斯大林主义者、法西斯主义者或帝国主义者。不过如果你把这些元素都抽取出来，把建筑视为仅仅是一种形式，那么就会失去大量令这些建筑变得有趣的东西，以及设计师们的动机。你可以把一座哥特式教堂纯粹视为匠人和结构工程师们的作品，就算如此，你也可以部分体验到这座建筑为何而造，但泥瓦工们会对你的反应倍感困惑，因为他们自认为自己的作品是敬献给上帝的，是为了使自己更接近上帝。从中，你可以深入了解他们所生活的文明，以及艺术、建筑和信仰在其中扮演的角色。形式并不会渗透价值与政治，但价值与政治却是某种特定的形式被选择的原因之一，而这些原因有必要严肃以对。本书本质上写的不是欧洲建筑，而是关于这样一种形式的观念是如何形成的，关于如何从建筑空间中解读欧洲历史。人们看待城市与建筑的方式当然不止这一种，而我的观察也绝不是最标准的——相反，这些都很主观，而且可以讨论。

在后文中，关于“欧洲”的定义介于欧盟与欧洲理事会之间——因此包括了塞浦路斯与俄罗斯，但不包括土耳其、格鲁吉亚、亚美尼亚和阿塞拜疆。我相对武断地把欧洲分成了几个不连续的区域，部分是为了避开西欧与东欧，以及近期的北欧与南欧的划分。相反，我把不同的地方列在六个准地理标题之下。绝大多数是基于城市所朝向的水域：大西洋、地中海、波罗的海和北海，一个是基于“中欧”这个政治概念（这里大致是指德意志和奥匈帝国的疆域），最后一个是巴尔干半岛。之所以这样，是要跳脱出冷战时期的划分，这种划分将地理距离很近的地方（比如芬兰与俄罗斯之间、保加利亚与希腊之间、撒克逊与巴伐利亚之间）变成了高度军事化的边界。我自己的界定本身可能就不太精准——马德里离地中海远得很，无论在地理意义上还是政治意义上，默兹河－莱茵河欧洲区并不直接面对大西洋——但我这样做的目的，是要将地理上接近但历史又极为不同的区域放在一起，以便瓦解这些地方自我讲述的故事，以及各个民族国家所讲述的有关其自身的神圣不容侵犯的故事。

在各个标题下，我试图各选择一座城市作为这片（次）大陆特定角落的代表，通常是一种“欧洲”与“欧洲价值”的观念靠近另一种的地点。这些城市包括了几座首都、几座港口、几座工业城市、两座卫星城——其中一座还是跨越国界的，一个村庄，还有一座被联合国巡逻墙分割的城市。这些城市绝大多数都在欧盟之内，不过也有一些不是——“北塞浦路斯”的北尼科西亚、乌克兰的利沃夫、俄罗斯的维堡、马其顿的斯科普里、挪威的卑尔根，在你读这本书的时候，可能还包括英国的赫尔河畔金斯顿。我尽量将单篇写得短些，主要取决于地理范围而非细枝末节，这就意味着，许多篇目可能就是个截面，是我去往以前没到过的地方时的第一印象——因此，比如关于维堡，就只是泛泛了解，只需要一天你就能走通这座城市；其他一些，比如马德里，必然就只会集中在一座巨型城市某些特定的方面，要是写整座城，那轻而易举就可以写成一本书。有些城市因为有朋友住在那里，所以非常了解——比如罗兹、斯德哥尔摩和都柏林——有些城市，我受邀去做了个讲座，而大多数城市只是我认为可能有趣。这些短篇你可以用任何顺序来读，不过我还是希望你先读这篇导论，最后读最后一章。

| 1. |
大西洋

■ 勒阿弗尔，诺曼底的混凝土曼哈顿

在南安普顿成长的岁月里，我一直醉心于这样一则知识：在法国某地，有一座我家乡的“姊妹城”，就好像家族里从未谋面的一个外支。我们有一座以勒阿弗尔命名的钟楼，而他们则有一座以我们命名的码头。尽管缔结姊妹城市的过程并不总是很精确（比如谢菲尔德与顿涅茨克、杜塞尔多夫与雷丁，这些城市之间可能毫无相似之处），但这两座城市却是真正的近亲：历史上都因为靠近首都而成为贸易中心与工业城市，被炸成碎片之后又重建成“混凝土丛林”，通常只是开车前往其他地方的途经之处。在重建进程中，两座城市都标榜自己的集装箱码头和大量剩余的空间。因此拿这两座城市做个比较，就会很有趣，就像伊安·奈恩的《足球城镇》（*Football Towns*）故事的一个联盟杯版本。在这两座颇具可比性的、富裕且有历史联系的北欧城市之间，哪一座的城镇规划、建筑和公共空间更胜一筹呢？同类城镇在法国北部与英格兰南部，又会有怎样的区别？

第一回合是火车站的较量，勒阿弗尔轻松取胜。南安普顿中央车站结合了一个经过简单维修的 20 世纪 30 年代的流线型现代篷阁，以及 20 世纪 60 年代无趣的办公建筑。勒阿弗尔的车站则结合了 19 世纪的钢铁玻璃大厅，以及一个有明显新古典主义风格的大厅，屋顶镶有玻璃砖，墙上则嵌有很具格调的城市与港口

地图。在南安普顿中央车站外，你会看到一片被轰炸的区域，这是全英最具野兽主义风格的建筑群，大型的市郊零售棚，以及各个时代建造的可怕的投机建筑，看不见清晰的通往市中心的路径。而在勒阿弗尔车站外，你会看到一个整合得非常好的电车体系，一座优雅的新酒店，以及一条通往市中心的直线，都清楚显示在路标上。这条直线的第一段是斯特拉斯堡大街，路边是非常普通的帝国式浮夸建筑，后面则是低矮的红砖公寓。还有一些有趣的小型市政建筑，它们迎来了新租户——弧形海湾上方有一栋两次大战之间建设的大厦，在顶上你能看见“中国海运”的字样。然后你会发现一些不同的东西。边缘笔直的公寓街区，有一些较低的临街楼房包围着一座高楼，底层是商铺，都是用强化混凝土雕凿而成，处理时有各种各样的纹理，或平滑或粗短，几乎全是金色。重复的窗户模组都是严格垂直的，就像乔治式的排屋一样。当然，许多都取决于你对这种模块的观点，因为几乎整个市中心都是按照模块建起来的。

用佩夫斯纳和戴维·劳埃德的话来说，南安普顿重建成了一座“中东城镇……要是有规划控制和波特兰石的话”，与勒阿弗尔作出非凡的决定，将自己重建成一座理性化的钢筋混凝土曼哈顿比起来，南安普顿就是一个不那么吸引人的对照物了。

1944 年，勒阿弗尔这座诺曼底地区最大的城市几乎被盟军完全摧毁，重建工作委托给了奥古斯特·佩雷，他设计了主要市政

南安普顿码头

建筑，并且与自己的弟子雅克·图尔南、雅克·普瓦里埃、皮埃尔-爱德华·兰贝尔等人一起发展出了混凝土模块这一学科，直到20世纪50年代末，这一学科仍然统治着这座城市。至今仍以此界定。斯特拉斯堡大街通往市政厅广场，这与当时其他的西欧城市都不一样。当时这个广场据称是欧洲最大的广场，宛如一块极端整齐又刻板的几何拼图。站在市政厅的石阶上看，花园的阶梯下降到一系列精心安排的池塘，里面是棕色的死水，在水里，你能看见一些完全一样的高楼，像阅兵场上一样步伐整齐，这是城市这一区域的标志。市政厅本身与市中心的其他部分一样，用了一种独特的式样，在那时极不时髦——纪念碑性、模块化，用最可爱也最精心料理的混凝土建成，与最好的琢石一样精细而又温暖。长椅、街灯、人行道等街头设施，大多还在那里，也同样牢固。新的电车线路已经融入了背景，曼彻斯特人在评价他们的城市铁路时，可能会加以参考。

勒阿弗尔的市政厅广场

这个重建的市中心被列入联合国教科文组织的世界遗产名录，鉴于其极高的质量与彻底的执行力，勒阿弗尔成为世界遗产实至名归，但 20 世纪 50 年代的建筑批评家们可能会希望这一荣誉被授予开放、自由的考文垂或者鹿特丹，而不是勒阿弗尔的落后混凝土美学。荷兰与英国的重建工程所具备的开放性、非正规、多层次和步行区域备受推崇，而勒阿弗尔残存的古典主义，以及呆板、严格按照网格进行的规划，在20世纪50年代则很不受欢迎（不过即便在20世纪50年代，勒阿弗尔也比南安普顿更好）。从市政厅开始，主街就变成了福煦大街，这种对称性一直要到双子塔才终止，在那里，路两边是对称的有商店与咖啡馆的几个广场，这种对称性甚至会让你怀疑你现在是在铁幕的哪一侧，但又是以非常不具苏联性质的匠人手艺塑造出来（佩雷兄弟的署名通常是“建设者”而不是“建筑师”）。

某年春天，我第一次探访这座城市（之前可能从这里出发前往其他地方过），城里下着雨，混凝土通过道路与栏杆，组织成了某种精心安排的网格，看上去完美无瑕。对大多数战后的现代主义者而言，都缺乏一堂课程，讲授混凝土作为一种材料的属性，这也阻碍了佩雷的学生，比如厄诺·戈德芬格。从今天在建筑领域发生的情况来看，佩雷的勒阿弗尔其实非常时髦，是被诸如瑟吉森·贝茨和瓦勒里欧·奥加提等当代建筑师们所尊敬的先驱，而且这个先驱被忽视了，这些建筑师也青睐一种相似的关于材料和比例的学科路径，是在古典主义与现代之间某种类似的妥协。就其躯壳而言，混凝土总有一点冰凉，但又最令人神清气爽，风格宛如凉水拍在脸上。走过这些塔楼之后，你会意识到它们的背后是一片非常普通、非常简陋的小海滩，而这条大轴线也缩小为一条更长的折中主义步道的一小部分，仿佛它们都是梦一样。至少不像在南安普顿那样，在这里你可以很容易走向水边。这里是法兰西住宅区，由乔治·康迪利按照野兽主义风格所设计，是唯一一个不受佩雷影响的主要住宅区。这是一组不对称、相互连接的大厦，沿着绿地一直伸展，类似公园丘和阿姆斯特丹的比尔梅的一个小表亲。这片住宅看上去很富有，有凝灰石建成的入口大厅，完全向公众开放，这令人惊讶，但讽刺的是，尽管这位硬核的现代主义者总是喜欢原材料，保持“刚发现”时的状态，但在这里却用了更平滑、拥有机制美学的大理石、钢铁与玻璃来覆盖，而不是佩雷派自豪展示的混凝土（或者实际上就是温德安庭的百叶窗式混凝土，这是南安普顿的一处更具野兽主义风格的住宅区）。

法兰西住宅区，从布列塔尼轮渡码头看过去

圣约瑟夫教堂塔楼内部

在重建工程的这些代表作品，以及无数的推销文学和纪念品兜售的背后，是佩雷设计的圣约瑟夫教堂，这座教堂围绕着一座位于中央的多边形柱体建成，柱体由彩色玻璃点亮，远远看去就像一座被掏空的、建于两次世界大战之间的摩天大楼。走进去，第一眼就会令人感到振奋与震撼，沉重的混凝土支撑着开放的高塔，塔上是闪着光的抽象彩色玻璃。第一感觉会引发敬畏，但多逗留一会儿，你就会发现这座塔楼建造得非常理性，彩色玻璃安装得特别精确，就像遵照了某种运算法则，混凝土的细节则坚硬无情。考文垂大教堂是不如这座教堂有感染力的。对面是市中心最萧瑟的区域：简陋而佝偻的小型混凝土公寓。就在市政厅背后，佩雷的弟子亨利·科尔伯克设计的圣米歇尔教堂，看起来可能都要更为温暖，更有热情，他将老师对混凝土的熟练掌握，与更有表现力的野兽派形式结合在了一起。

回到佩雷的轴线上，会碰见商业水塘。在一头，巴黎街的宏大柱廊可以通向深具超现实主义风格而又不协调的最早的勒阿弗尔大教堂，佩雷学派的高窗式模块，正是基于此形成的，但似乎对粗俗的巴洛克与哥特式细节的扩散并不以为然。走过大海与马尔罗博物馆，是由工程师让·普鲁韦设计、有着整齐细节的透明玻璃画廊，里面陈列着19世纪与20世纪的收藏上品，尽管与南安普顿的同类画廊相比，多样性略显不足。在水塘边，有一个三角形的临水广场，向下通往奥斯卡·尼迈耶设计的沃尔坎，这是一座建有图书馆、表演空间以及其他许多场所的社会浓缩器，即便是在极端天气里也能正常使用。这种会合并不容易。尼迈耶设计的多层建筑，带有两道相交的弧线，外形几乎没有窗户，覆以白色底灰，虽然有机，却非常抽象，会让人想起冷却塔，也可能让人想起老练的登徒子垂涎的女性躯体的某些部分。就其形式与气质而言，这与佩雷的作品相去甚远——对佩雷而言，混凝土是遵守严格法则的带有纹理的网格，而对迈尼耶而言，混凝土是一种石膏，建筑师想出什么样子就可以塑造成什么样子。令人惊讶的是，这组对立面会形成某种令人愉快的同盟，但又完美地彼此抵消。英国唯一能与勒阿弗尔一较高下的只有泰晤士河的南岸，快别提南安普顿了！

沃尔坎

水塘另一边是一组庞大而无趣的办公楼群——红瓷砖、玻璃，就像在拙劣地模仿詹姆斯·斯特灵——更远处则是经过重新开发的码头。这里栏杆设置得很矮。尽管两座城市都有经过重新开发的码头区，以及一个正在运作的码头，但正如我们所见，令人遗憾的是，南安普顿的大洋村是以汽车为中心的。在把开放作为目标这一项上，勒阿弗尔即将成功得分——虽然比南安普顿和利物浦更好，但比起鹿特丹和汉堡，勒阿弗尔还是要差一些。经过一条作为次干道的道路，你就会来到沃邦水塘的开阔地。两边都是大而无趣的准现代建筑，以及一个无比长的码头原初结构，它们被改造成了一座购物中心。这无穷无尽的钢铁玻璃空间，内部被非常机智地改造成了一个大胆不使用空调的购物长廊，侧面则是一个粗糙的停车场，及一条破落的通道，也不比大洋村类似的建筑好多少，但不得不承认要比西码头好一些，那是 20 世纪 90 年代末，由南安普顿大学设计的一座灾难性的超级大卖场。对面是码头浴场，这是建筑师让·努韦尔的贡献，《有生之年非看不可的 1001 座建筑》(*1001 Buildings before You Die*) 一书会把他称为

让·努韦尔，偶像建筑师

“偶像”建筑师。里面是一个方形的池子，上面覆盖着一个极为迷人的至上主义结构。外面却是毫无特色的棚子，只有一些小小的方形开口，透过这些开口，有时你能看见浴池和一闪而过的躯体：有趣的建筑、灾难性的都市主义、一块沉默的厚板，上面空空如也，却在其开始规划人口增长前，就把生命从荒凉的后工业地点吸走了。

地面停车场、内向规划、形式平庸的新公寓，这些都不会告诉你在码头浴场背后，就是主要在19世纪完成的街区。那片区域破败而粗糙，更容易让我想起纽波特，而非南安普顿。尽管不太容易，但从那里能通向第三个，也是最有趣的一个水塘，顿巴斯尔码头。在这片区域，景观与建筑是故意不呈现感情的，并用于工业用途，包括阿莫尼克+马松的斜顶模块建筑，这些建筑采纳了棚屋的节奏，以及坚硬的废墟景观，展现的景象是起重机、筒仓以及运作中的码头的烟囱。

英国进行水岸更新项目的记录非常不堪——一些花哨的建筑师，建造了一些有趣的建筑，却与工人阶级聚居区糟糕地结合在一起，填进去一些乏味的公寓，鉴于勒阿弗尔的这片地区与英国的更新项目如此接近，佩雷规划的市中心居然如此优雅，更关键的是，对人文关怀和保护的投入如此慷慨，就更令人惊讶了。就其规模、清晰度、严谨的逻辑以及对细节完全一丝不苟的关注而言，这座重建的城市的确是一项巨大的成就，但它就是毫不容情的。我发现持续重复混凝土模块的确非常优雅，但当你意识到它压倒了一切并且有些古板的时候，你才会意识到勒阿弗尔是很艰难的工程。一切都嵌套在一起，每一道栏杆，都是沿着它后面的建筑经过精心计算的。你可能会怀念考文垂那种更诙谐、更友善的城市美学，那里有马赛克，有墓地，水平和风格也富于变化。在世界遗产名录上，联合国教科文组织本应给它们都留出位置；我怀疑20世纪50年代建起的勒阿弗尔之所以备受推崇，也有名得多，原因之一可能是20世纪50年代的考文垂被滥用和破坏了，而法国城市近期的历史要更接近当下的“最佳实践”：街道设置有逻辑，都在同一个水平上，有一种较为平庸的秩序和礼仪感。在对20世纪五六十年代先锋派都市主义的所有批评中，最有道理的就是分区，一个区域用作购物，一个区域用作生活，一个区域用于休闲，一个区域用于工作，如此这般。而佩雷的规划运作得这样好，一个原因就是其分区极为松散：与战后英国的市中心不同（在出现于1997年之后、以“都市复兴”为名的种种仓促甚至有些歇斯底里的努力之前），晚上6点之后这里不会归于沉寂，也不会被购物中心开发商们短暂的喜好所轻易滥用。它源自一种非常法式的环境，由一个戴高乐主义的政府资助和一个共产党主导的市政当局执行——两者都具有统制性。鉴于两座城市的城市规划史如此不同，真正出人意料之处在于，那些无人在意的当代空间却非常类似。

我坐船回家。船驶离南安普顿码头，码头的标志性建筑就是佩雷学派的两座理性主义的大厦。从甲板上望去，我感到非常嫉妒。这座仍在使用中的码头，到处是带钩的绳索、火车、集装箱，在任何一座21世纪港口都是这样，没有差别。至少在法国那座毫无特色的姊妹城市就是这样。船继续向朴次茅斯驶去。

■ 比起柏林，更像波士顿：都柏林

玛丽·哈尼曾担任爱尔兰共和国的企业部长，她一度带着明显胜利的语气声称，爱尔兰的首都“离波士顿比柏林还近”。如果不从地理而是从文化上讲，这的确颇有道理，但这仍免不了成为一种故作姿态的政治宣示。比起爱尔兰海对岸那个曾经的帝国主义统治者来说，爱尔兰的暴力程度要低很多，但在最近几十年里，爱尔兰都是一个高度新自由主义的国家，而且更应该被视为一个“盎格鲁－撒克逊式”经济体，而非一个“社会市场”经济体。爱尔兰曾是金融危机前期的一个中心，就其对金融危机的反应而言，爱尔兰的政治分裂更接近南欧，民众投票强烈反对紧缩政策，共和党与爱尔兰统一党等传统执政党，以及作为他们传统盟友的小党工党都近乎崩溃，大量选票流向了新芬党和其他几个极左翼政党，他们还组成了一个类似激进左派联盟（Syriza）的同盟。2010年，我第一次造访都柏林，那时危机刚刚爆发，还未深入，街上满是示威的讽刺性贴纸和横幅。与其他深受危机打击的地方，尤其是与波罗的海地区不同，爱尔兰并没有安安静静地采取紧缩措施。

对于一个英国游客来说，都柏林像一个熟悉的密友，远比勒阿弗尔来得亲近。从机场到车站，到处都能看见20世纪30年代以来向郊区蔓延的半独立住宅与小屋，对于任何一个熟悉西米德兰或者南汉普郡的人来说，这些景象会引发一种带有忧郁但温暖的喜悦感。但再多走会儿，一切又都僵硬了起来，变成长而低矮的维多利亚式街道。这倒没什么特别的希望，但当你随后下车时，你会置身于一座乔治式城市，其秩序与优雅令人印象深刻。一条街接一条街都是方砖的景象，特别像玛丽勒本那些冷漠而富裕的上流区域。在爱丁堡，当地偶然拥有的石料与地质，造就了古典样品簿上一个明显的“地方”诠释（毫无疑问，这也一定程度上是因为苏格兰不像爱尔兰那样曾是殖民地），都柏林与爱丁堡不同，这里的建筑可以是英式的。其理性与严格的程度，都与布卢姆斯伯里和托斯特斯有着紧密联系；给一个人这几个地方的照片各一张，蒙上街名让他辨认，结果可能会很有趣。帕内尔广场、蒙乔伊广场和菲茨威廉广场都显得是上流阶层出没之地，以至于当你在帕内尔广场的一角发现一家新芬党的书店，大概都会略感惊讶。与它们所效法的伦敦的广场不同，现在这些广场中央的绿地几乎都是面向公众的。

这种建筑非常可爱，现在已经成了城市名片的一部分，以至于很难想象有人会对它们怀有敌意；但晚至 20 世纪 60 年代，一些著名的政客还在欢庆为了抚平历史的创伤而拆除乔治式排屋。毕竟这些房子是作为少数群体的盎格鲁 – 爱尔兰清教徒的房子，他们统治这座城市和这个国家极端无情，尤其是北侧，许多房子被进一步分割成了小公寓，到 20 世纪早期，它们沦为了骇人的房子。还有一些修辞性的纠正，是后殖民时期的更名：拉特兰广场

帕内尔广场上可怕的美

改名帕内尔广场，女王广场改名皮尔斯广场。尽管乔治时代的遗产，一部分没法在帝国的中心复制——都柏林以有几条这样的街而自豪，那里有奇怪的东西，比如乔治时期的单层排屋和传统小屋。一些更好的新建筑被安排在了乔治式的网格中，比如苏格兰建筑师班森和福赛斯的国家画廊，突出的花岗岩网格致密的网眼，严格遵守 18 世纪所确定的秩序与屋顶轮廓。

就像英国本身一样，在 21 世纪早期，爱尔兰也转向了内城的迅速重新开发。爱尔兰评论家们有时认为，都柏林这座城市没什么有关内城高密度住宅的经验，对此也不喜欢。从某种程度上讲，这令人困惑，因为无论其他地方怎么样，就规划内城的住房而言，乔治式的都柏林是一个极好的例子，但在后乔治时期，除了一些分散的工业建筑和两次世界大战期间得体的市政住宅，就没什么能证明严格的连续性。这些街区有长长的露天平台与砖质立面，它们是共和党那帮完美的民粹主义者们当中“左”翼的产物，也与红色维也纳以及伦敦郡议会等一些当代工程极为相似。在被称为“凯尔特之虎”的发展时期，在人类发展与生活质量指数上，爱尔兰有好几个指标都超过了英国，这一阶段，一座线型城市沿着利菲河逐步形成。（被公认有些贵族色彩的）乔治式街景非常鲜明，但在其之后，最清晰的对比之一就是相对的凄凉。这种街景里穿插着一些空间，它们名义上是面向大众的，实际上却相当冷淡、相当不友善。这些街区似乎什么都没占据，而且绝大多数似乎没建完，是介于废地和广场之间的某种空间。从任何一种理性的意义上来说，这些空间可能都是失败的，但当我 2010 年和 2012 年到访这些地方时，却觉得这些地方既安静又阴森，就像一个你可以随心所欲加以填充的空白。无处不在的政治性宣传语在这种寂静中制造出了一点噪声。有些是反对里斯本条约的，认为该条约旨在剥夺民主权利，并把组织权利写入法律；有的反对非农产品市场准入（NAMA），这是爱尔兰那些欠债的金融机构想不断涌入的“坏银行”；还有一些是在反对共和党与工党的政客，那些标语将所有问题的矛头都指向他们。

我第一次去都柏林时，参加了一个徒步旅行团，其广告上写

集团住宅

的是“繁荣还是破产，一次另类的自助之旅”，组织者是艺术家爱丝琳·奥伯恩，旅途会穿过一些银行空间和河畔升级空间。其中一些空间是成立很早且已经开始衰败的机构，它们是因廉洁与自我规管而积累起声望的，现在却没法提供这些东西了。就建筑而言，这包括爱尔兰银行原址的 18 世纪早期古典主义，到 20 世纪 70 年代由山姆·斯蒂芬森设计的爱尔兰中央银行，这是近乎野兽主义的建筑，甚至带了点俄罗斯的构成主义风格，上层悬在顶上，下面则留出了一个宽大、敞亮并且通常设有门禁的空间。沿河徒步向上游走很远，终点是爱尔兰银行的新总部，看起来就是一个被沉睡的起重机群包围的空荡荡的钢铁框架。

沿着利菲河看过去，目光难免会被集装箱码头所吸引，而前景则是大片的住宅与办公楼（多少是一种日耳曼式、冷淡的仿现代风格），就建在码头旁边，好像提醒大家这座机械奇观值得一看，而不该藏得远远的，或者无视它。这离码头实在近得惊人，但我怀疑，这是危机之前疯狂的土地投机，而非出于对海运美学有某种特别的兴趣，才造成了这种近距离。都柏林可以在任何地方开工建楼，在所有地方建楼：一座规模接近柏林的城市，人口仅是其三分之一。因为利菲河河道僵直，近乎运河，就像一条人造水道而非自然形成，狭长且笔直，所以几乎总能看见码头。即便是在受保护的乔治式市中心，你还是能在距离不远的地方看见发电站与集装箱起重机；在利物浦与伦敦，外港则为默西河与泰晤士河的曲线所遮避（在伦敦，还因为距离很远所以看不见外港）。

就建筑而言，都柏林的码头区堪称典型，它代表了一种国际性现象，当时曾被描述成“更新”（regeneration），其实更应该被界定成在后工业城市重建原来工人阶级的空间，通常都会佐以“世界级”建筑、“标志性”建筑、“地标性”建筑的称号，它们就是为了吸引游客而设计的。与其他大型建筑相比，这些建筑显得更有品位，没有流行的先锋派塑形与时尚碎片化的证据，国际金融服务中心使用了粗鲁的再造石料和大量绿色玻璃，令人完全不知所措，赫然耸立在河边的那一组被称为“金丝雀侏儒”

（Canary Dwarf）的金字塔状建筑也是如此。金融资本要在都柏林展现其存在与支配地位并没有什么更微妙的手段，但即便是在繁荣时期，这里也没建起摩天大楼。“侏儒”这一组挤在一起的小塔就是一个典型例子，可以说是“摩地大楼”（groundscraper）。都柏林仍然是一座低矮的城市，最主要的高层地标包括自由大厅，以及爱尔兰 T&G 公司总部使用的有条状窗户的办公楼群。奥康奈尔街摆了一座高大的钉形雕塑，似乎是要为一座从未建成的高楼占一个位置。

金丝雀侏儒

海关大楼与国际金融服务中心

在河边有两座建筑，是从乔治时代的殖民地首府到凯尔特虎这一段时期最具代表性的建筑，自由大厅就是其中之一。两座建筑都设计成具有原创性的现代主义风格，没有复古姿态，也没有表现主义的自我。经过了 20 世纪 70 年代的炸弹袭击，两座建筑都把原先透明的薄玻璃，换成了厚厚的镜面玻璃。另一座建筑是中央汽车站，据称是 20 世纪都柏林最好的建筑，唯一可能的竞争对手是阿伦茨·伯顿和克拉勒克为三一学院设计的伯克利图书馆。中央汽车站建于 1945—1953 年，名义上的建筑师是迈克尔·斯科特，他是现代运动在爱尔兰的传教士，但人们普遍认为其真正的

中央汽车站

操刀手是威尔弗里德·坎特维尔和凯文·洛奇，后者随后渡过大西洋，与埃罗·沙里宁一起工作，并继承了他的实践。现在我们还能遇见他。

坎特维尔在都柏林的作品，类似贝特洛·莱伯金在伦敦设计的皇家节日大厅——一座带有喜庆气氛的现代主义公共建筑，满是马赛克图案、豪华的材料，还有任性及喜庆，与严格和直线的互动。这是一座精妙的建筑，展示出了现代建筑可以成为的样子，但在都柏林，绝大多数都不是这样。不过伯克利图书馆则是一种很不一样的野兽风格——兼有野兽主义与古典主义，在混凝土框架里砌入了沉重的花岗岩石块，还有像气泡一样的玻璃窗。尽管一座建筑是色彩与奇思妙想的爆发，而另一座建筑则是各种喜怒无常单色结构，紧实且咄咄逼人，但两座建筑就其细节处理的质量与智慧而言，都值得赞赏。

五年前，爱尔兰银行大楼搭起了光秃秃的框架（有海量的公共资金注入这个出现债务拖欠情况的银行，这座建筑终将完成），也就划下了“都柏林码头区”的边界。这些供公司使用的空间，现在还残留着斑驳的工业痕迹，就像一大片散乱的装饰，却意外造就了一种景观，你越是走近其中心，就越会觉得它奇怪，将这些斑点逐渐擦除掉，造成了一种更彻底的怪异景象，类似伦敦皇家码头含糊而又分散的扩展。皇家码头不同于金丝雀码头，它从来就没有发展得很好，也从来不太坚持，这种失败之感同时造就了一种具有可能性的想象空间。当你稍稍接触都柏林码头区发展机构已经决定大力发展的（用冒犯的规划术语而言的）“公共领域”时，那种超现实主义还会强化——那是加迪夫巷上一个有趣的广场，不知道这个地方有多少是出于偶然。广场的边界是一组矮矮的蛇形木栅栏，上面刻着一首叙事诗，照明系统还有几处裂开，这就意味着诗中所谓“你肚子里的蝴蝶”，可能不过就是你神经系统里的几伏特。它们围绕着一片沙坑、攀爬架、几棵棕榈树，以及一座维多利亚时代的工厂烟囱。周围所有的办公楼群看起来要么是闲置的，要么就是半成品，要么没建完就闲置了。

在没人能看见的地方，古怪就藏起来了。闪亮的展品还在继续：圣地亚哥·卡拉特拉瓦、玛莎·施瓦兹和丹尼尔·李博斯金的更新项目圣三一，创造出的东西与他们在其他地方创造的并无二致。玛莎·施瓦兹的广场带有高高的光柱，已是最具原创性。李博斯金继续滑向自我模仿。这里，他设计了一座剧院两翼的办公楼。办公楼的墙面就是基本的帘状，切片非常任意，不为别的，只是要提醒你“这是丹尼”，剧院居于正中，那压碎的多边形和中庭一样深。这可能是关于战争和独立一类的东西，主要是因为埃蒙·德·瓦莱拉曾在河畔筒仓里躲避过，或者之类的原因。然后就是曼纽尔·埃利斯·马特乌斯设计的酒店，朝向一个种满棕榈树的广场，大概是要营造出建筑师的祖国葡萄牙的感觉。这种泛欧姿势不幸被一种拙劣的细节所破坏：就像在英国一样，当代爱尔兰建筑的特点也是建筑上惊人的节俭、廉价和漫不经心，鉴于它们要用作“奢华公寓”和“绝佳办公室”，这就令人格外疑惑。在都柏林码头区发展局的办公室里，模型还展示着U2塔，这是诺曼·福斯特一个被搁置的计划，这个大魔头曾自己预演过，在室内戴墨镜，不为顶层纳税。都柏林码头区鲜明的国际主义的确值得赞赏，但从某种意义上讲，在任何地方都可以这样建，就在这条路上，从圣殿酒吧区走出来的人们穿着矮妖的衣服——这是拒绝媚俗地迎合游客。他们就是为了那些大人物的名字，为什么不呢？毕竟这是一座首都。问题在于，那些大人物明显对都柏林没有特别兴趣，或什么依恋之情，这在卡拉特拉瓦和李博斯金的作品中表现得尤为明显，他们根本没费吹灰之力。但这可能意味着一些本地建筑师（或者以前是本地的建筑师），比如凯文·洛奇还可能做出更好的东西来。

码头区的李博斯金和马特乌斯

在河的另一岸，靠近萨缪尔·贝克特桥（如果贝克特知道这座桥以他命名，他可能会在都柏林待更长时间？）的地方，被洛奇返乡建造的会议中心占据。搬去美国之后，洛奇与埃罗·沙里宁合作，后者独立完成了一些绝佳的巴洛克式现代主义建筑，但令人遗憾的是，他的返乡之作只是一个巨大的斜桶，其他地方都避免造出如此庸俗的东西。就在旁边，由海关大楼码头大厦改造而成的一座购物中心已经失败了，它又是这一系列已经失败的空间里最安静、最空旷的一个地方。这些闲置空间曾经是或者曾经可能是零售“单位”，它们的广告都带有一种独特的绝望倾向。甚至连这里的监控都变成了“合乎环境的”，设计它们就是为了与这里曾经有过的工业保持一致。监控俯瞰着绝对空无一物的地方。

■ 默兹河－莱茵河欧洲区

欧盟的人口学家喜欢划出一些“欧洲区”（Euroregions）来，这是一种跨越两个以上国家的集合城市区。对岛民而言，这是个很难的概念。默兹河－莱茵河欧洲区便是其中一个，集中了位于三个不同国家、说着三种不同语言但几乎连绵的三座城市。德国的亚琛、荷兰的马斯特里赫特，以及最大的一个，比利时法语区的列日。三座城市都在高铁线上，所以你要从其中一座冲到另一座，比从伦敦的西南跨越到东南还方便，两两之间的距离也就 20 分钟。要理解富裕的欧洲腹地，这些地方必不可少，不仅仅是因为他们地理上的枢纽位置——三座城市都在不同国家、不同军队之间几易其手——也因为建筑的独特，证明彼此接近其实很假。还因为一个重要的条约是在此签署的。

远早于布鲁塞尔，亚琛就被认为是第一个泛欧首都；据说在德国以外，它的法语名字更有名，即艾克斯拉沙佩勒。这是查理曼帝国的首都，建立在拉丁文明与其日耳曼毁灭者相遇之所，查理曼大帝委托在此建造了一座建筑，这是罗马帝国覆灭以来，在西北欧建造的第一座主要建筑：帕勒泰恩礼拜堂，建于 790—814 年：他去世几个世纪之后，神圣罗马帝国的皇帝也是在亚琛加冕。查理曼发明的欧洲观念，与我们今日的认知并无不同：法国和德国作为核心（对于罗马人而言，北非与西亚的重要性远高于北部边境的这些地区），你可以声称帕勒泰恩礼拜堂奠定了“欧洲”建筑的基础，但这可能是凭空想象。帕勒泰恩礼拜堂深具东方风格，是一座拜占庭式教堂，你可能会在萨塞洛尼基或者基辅，而不是慕尼黑和巴黎找到类似的建筑。只有这个八边形有穹顶空间的一部分，以及上方将光线导入阴暗的教堂内部的开口，是从原始建筑上保留下来的，但其拘谨的氛围，更像是希腊风格而非德国风格。镀金马赛克是魏玛共和国时期基于一幅略图做的仿品，这幅略图是 19 世纪晚期德意志帝国为了宣示自己作为欧洲的中央之国，开始修复这座教堂，刮去了古典时期的添加层后才露出来的。如图所示，这幅修复的马赛克很漂亮：图中显示了最早的卡洛林结构，并注有文字“上帝之城”（CIVITAS DEI）：条顿的罗马。

如果这是一座在莱茵兰仿造的伊斯坦布尔，后来添加的部分就完全是北欧风的，因此亚琛大教堂是一座由两个截然不同部分组成的建筑。14 世纪的唱诗班席是一座极高的多色玻璃大厅，向上延伸出去并有规律地搏动，尽管帕勒泰恩礼拜堂怒气冲冲地瞪着，唱诗班席还是情绪高涨。正因为如此，即便是以中世纪的标准来说，亚琛大教堂作为添加的部分也很生硬。帕勒泰恩礼拜堂的八边形就附着在这最具哥特风的唱诗班席上，18 世纪又给礼拜堂加上了有奇怪小面的拉伸穹顶。连接文艺复兴礼拜堂非常随意。19 世纪那次修复将帕勒泰恩礼拜堂还原成了最初的样子，但连接的部分安然度过了那一次修复；教堂的玫瑰窗曾经标榜资助人，

上帝之城

却被重塑成了普鲁士王国的鹰。从一座到另一座，中间没有空间能让你略微放松，每个时代都是截然不同的。

游客们挤在这座大教堂周围，以及旁边的卡洛林古城，但他们根本不会走更远，因此你能直接走进去，附有哥特式尖塔的圣弗里安教堂就在那里，你也会是唯一在那里的人。1944 年，当这座城市大部分被摧毁的时候，大概亚琛所有的消防水带都是在这座教堂里安装起来的，圣弗里安教堂内部已经完全被掏空。其修复却用了 20 世纪 50 年代对建筑原则的非复古解读，这非常具有吸引力，薄膜绷在混凝土肋排上，抽象的玻璃装进了破碎的窗框。

到战争结束时，亚琛几乎完全被摧毁了，其重建大部分用的是一种暖色调的阿尔托式本地砖块，一直延伸到边缘的住宅区。郊区同样建有华而不实但别具吸引力的别墅，间有现代主义和中世纪主义留下的痕迹，以及一些杰出的博物馆与画廊。路德维希论坛就坐落于其中一座建筑里，这是魏玛共和国的一栋重要建筑——一座长的船形建筑，属于表现主义风格，曾经是雨伞厂，1928 年由当地建筑师福里茨·埃勒尔设计。更突出的则是 1930 年的边防大楼，这是一座小型摩天大楼，其简明的钢铁框架线条是现代主义风格，但其紧张、严峻的节奏，以及新比德麦厄风格的窗户，却又指向第三帝国以及汉斯·克尔霍夫那样的当代德国古典主义者。令人难忘的是，它的规模做了调整，以适应这座城市，但在那时也因为是无效投资而引发了争议，因此过了好几年，除了基本框架之外，空空如也。在大教堂之外，亚琛还有两座大楼在建筑学上意义重大：一座是先锋派的美国建筑师彼得·艾森曼设计的汽车站，其设计有些过度，建筑张开的腿足以庇护醉鬼与乘客，而另一座更有意思的是大学诊所。

这座巨型建筑建于 20 世纪 70 年代，其设计者是籍籍无名的韦伯、布兰德及合伙人事务所，这是一座长长的仿工业风建筑，内部却是色彩丰富的流行艺术风格。从外面看，里面的设施一览无余，很容易就会与理查德·罗杰斯的一些当代作品相比，诸如蓬皮杜中心和伦敦的劳合社大楼。和后者相比，亚琛大学医院同样疯狂，但又比蓬皮杜中心更大，深深地印在亚琛与马斯特里赫特之间平坦的乡间。恰恰是这座奇观，而不是帕勒泰恩礼拜堂，让我几乎要跪下去。如同最严峻的哥特式建筑，这座建筑似乎自有其生命，像一个有机体，长着毛、肌肉发达、瘦长结实，而不是一座静态的纪念碑——一个古典主义者的噩梦。外面的巡逻景观与里面大方的社会空间已经表明，这座建筑并不完全刺耳，也无关权力，而是一种无法抵抗的建筑体验，是一个必须在里面生小孩或者切除阑尾的有纪念意义的地方。它显示出极端现代主义在 20 世纪 70 年代早期已经成为了什么模样，是一种关于景观、

亚琛大学医院

空间和设计全新的、令人振奋的概念。

乘坐一段里程很短的公共汽车到马斯特里赫特，就能看到对这座建筑近乎最佳的反应。这座城市于 1992 年被选定为《马斯特里赫特条约》的签署地，这个条约从原来的欧洲经济共同体中塑造出了欧盟这个更具雄心的“联盟”——马斯特里赫特被选中，是因其位于欧洲的德语区与拉丁语区的交会处，是富裕“核心”的中点。罗马式教堂和修复过度的历史市中心的爱好者，都能在这座地理意义上令人迷惑的城市，找到许多自己喜欢的东西，一个属于荷兰的天主教飞地，被挤在法语区和德语区之间（这里有荷兰最严格的限制抽大麻的法律，是对这个区域常吸大麻者的反击）。除了条约以外，这座城市也以瓷城（Céramique）而闻名，它是建在一个大型陶瓷工厂的遗址之上。这里是“欧托邦”（EUtopia）。其主广场 1992 年广场和那些纪念性广场一样，无论做什么用途都太大了。广场上有一座优雅而冷峻的塔楼，是由广受崇敬的葡萄牙古典现代主义建筑师阿尔瓦罗·西扎设计，其风格会让人想起亚琛边防大楼冷峻的线条，不过这座瓷城绝大部分是由像工匠一样的荷兰设计师雅·柯伦加以设计和总体规划的。这里的建筑相当保守，毫无亚琛大学医院那样的攻击性与野心：其间差异，全都囊括进了意大利新古典主义者马里奥·博塔设计的办公楼群沉重的罗马式对称性中。这也是实验时代结束之后欧洲建筑的一个代表——不止法西斯主义与斯大林主义，社会民主派也可以很激进，而不是非要达成一致同意、很小心翼翼——这是一种中间派共识的产物，这种共识明确假设，在 20 世纪 80 年代，西欧似乎达到了人类平等与丰富的一个高峰。其结果却没引发热情。

伴随欧盟的成立而建起来的建筑以清除浪漫主义为标志，这的确非常生动，但有时候乏味也比愿景要好。在默兹河畔，有一片长长的住宅楼群，这是路易吉·斯诺奇的作品，既有纪念碑性，又颇富节奏。这种垛式线条可能有多个来源：纳粹在波罗的海滨的普罗拉建造的度假营，意大利作家、制图师、建筑师阿尔多·罗西在 20 世纪 70 年代设计的古典主义完美城市，以及魏玛德国的理论家路德维希·希尔勃赛玛设计的完美的理性城市。这些来源全都结合进了一种简朴、敏感的欧式集合之中。如果眼光肤浅，会觉得这既独裁又迟钝，却没注意到这座建筑朝着一座运用得当的河畔公园敞开，既理智又聪明。其实，斯诺奇比阿尔多·罗西还要阿尔多·罗西，阿尔多·罗西设计的博尼范登博物馆位于这一排建筑的末端，看上去令人费解。在某个时刻，罗西明确地决定要用其建筑来担负其欧洲的重量，要拥抱其历史的复杂性，而不是将其简化，就像 1992 年广场的欧托邦一样——这不是要乐观地把往事一笔勾销，而是要再现往事，是一幅往事的蒙太奇，有时还会掺入羞答答的玩笑。而罗西则完全拒绝了西扎、斯诺奇和柯伦们极高雅的古典化现代主义，他要另起炉灶：让多种奇怪的小工具、玩具旗帜、马里奥兄弟里的管道爬上圆屋顶，以及近乎波特梅里恩式的奇妙穹顶，全部组合起来。野心很大，“品位”很低。

理性河岸

沿着默兹河继续走便是列日，与马斯特里赫特的优雅及亚琛的紧凑相比，列日是个不同的世界。这是一座大到令人害怕的工业城市，大到比另外两座城市加起来还大，如同谢菲尔德和伯明翰一样，为 20 世纪之交利奥波德二世那个搞种族灭绝的帝国提供动力。下了高铁，你就会进入卡拉特拉瓦设计的列日 – 吉耶曼火车站，这座车站建成于 2008 年。人们的确有理由恨卡拉特拉瓦，

阿尔多·罗西的马里奥世界

列日-吉耶曼的流通

尤其是他让机械、材料和结构都屈从于扭曲的图像，但他设计的这座火车站却又是当代建筑里伟大的令人内疚的娱乐：多愁善感、激动人心、用了对位线。它的建筑花费极高，也并不时髦，因而人们行走在这样一个规模残暴的棚顶之下，很难不去想“我们绝不想再看类似的东西”。2015 年 12 月底，当我拍这些照片的时候，车站周围有持枪军人巡逻，这是这座比利时城市面对伊斯兰国袭击威胁时所颁布的近乎战争法令的一部分。

列日的环境如同令人骇然的地狱，这是一个为群山与高炉环抱的盆地，由一条河流串起，河的两岸密密地建起房子，河上有不少维多利亚时代的大型桥梁，不过 20 世纪 60 年代的高速公路工程，使得这些桥梁的优雅荡然无存。市中心有一座城堡，上面只残存着“二战”防空洞的遗迹，但通往这座城堡的则是布尔伦山，一条街道通向山上，或者说是靠在山上，坡度简直荒谬，这是一种维多利亚式的眩晕，街边是狭小的工人排屋。在这里你能纵览城市。马斯特里赫特与亚琛很平坦，没有瑕疵，非常保守，而列日则是塔楼、烟囱、山丘及各种竞争性的风格的堆积，视觉效果非常丰富。地面很肮脏，政治上满怀愤懑，街上贴着与最近的总罢工相关的海报，视觉上也非常具有多元文化特点。

更特别的是，列日几乎未经规划：靠近默兹河的地方，看似随意发展起来的街道其实是一种受控的疯狂。别墅、中世纪的高楼、新艺术公寓、野兽主义的高楼、别墅、装饰艺术风格的高楼，正常的街道节奏被推到了混乱的边缘。摩天大楼被很形象地叫作肯尼迪塔和西姆农塔，细得跟香港那些“铅笔”式塔楼一样，它们都是若干年前失败投机风潮的遗绪。街景里的纪念碑也异常古怪：在某个方向，有两个膨胀的穹顶，那是布鲁塞尔著名的膨胀的科奥克尔贝格大教堂的缩小版（其中一个穹顶是圣心教堂，尚未完工，而且在七十年里都是半废弃状态），是一个现代的战争纪念碑，另一个方向朝着马斯特里赫特，则是边缘住宅区的路面。更远处，冒着烟的冷却塔现在归拉克希米·米塔尔所有。没精打采、冒着烟、精力充沛，这就是城市景观，最底层则全都被肮脏

列日：工业城市的眩晕

的维多利亚街道镶上了边，使得纪念碑更为突出。甚至还有一些被遗弃的大道规划的碎片，围绕着查理曼的塑像，当然，他是骑在马背上的。

这样的欧洲城市面对的问题最大。大学城、旅游陷阱和官僚机构中心能照顾好自己；像列日这样的城市，既鲜活又喧闹，但遭受工业化的挫折，正在面临崩溃。新的建设项目包括一栋孤零零的耀眼高楼，以及一座标准的购物中心，80 年代颇受追捧的设计师罗恩·阿拉德给它加了个弯弯曲曲的屋顶，这些项目都只是创可贴一样的小东西。对于欧洲而言，要变得更具多元性，才更有希望，而不是像列日一样，文化多元程度越来越低。这座城市最大的愿望是，利用其位于富裕欧洲腹地中央的位置，通过交通网络能多少对其更新有所帮助。但持枪的人紧张地在卡拉特拉瓦那过于昂贵的钢铁肋架下巡视，未来看上去不太有希望。

■ 波尔图：假日公寓宣言

我们在波尔图租的公寓，墙上没挂什么图片：只有一幅从河上看城市的风景照，加了框；框上用带衬线的大写字母写着——“仅仅是很短的时间”，又用大写字母写着“这是你的假日公寓”，还加以强调。“但是，请记住，你拿的钥匙是某人挚爱的家。千万小心。”最后一个词也是大写字母。把这个桶拿出来，别发出太多噪声，小心关门——关于声音的建议。还有“在当地小店购物，和当地人交谈，做当地菜”。但突然又变得有威吓感了：“请谨慎，请灵活一点。不要把你租的房子和你家相比。要学习人家是怎么生活的。”给我们点个好评，“赞美你最爱的”，因为我们肯定也在评价你。别忘了，“你的假日公寓反映了你！让它变得独特”。一连五天，每天早晨（或者下午）起来，都会在厨房里读到这段话，让我出离愤怒。这倒不是因为这是我不幸读过的最消极对抗的废话，而是因为它根本就基于谎言之上——我们住在某人的家里。才怪。我们其实是在参与一种全新的商业形式，在一座似乎每个人都希望从无数北欧游客那里收获好评的城市。

我们住在花街，这条街位于葡萄牙第二大城市的绝对中心，住在一个通过手机小程序预订的“假日公寓”里，比起几英里外的酒店来说，住这里要便宜很多很多，这也是为什么人们住在这样的地方。此外还出于一种对真实性的动人执念，但其实你在周边地区稍稍探索几分钟就会放弃了。在谈那个问题之前，我得说说这是一条怎样的街道，以及周围都是什么样的街道。波尔图的建筑，主要是一种独特的18世纪本地巴洛克风格，在葡萄牙以外，除了曾经遍布全球的殖民地，你很难找到这样的风格。街道两边都是高高的公寓，有底商；公寓都是用巨大的花岗石块建成，但设计师们却无意展示这种粗犷、有时也很美丽的材料。而是像伊比利亚半岛一度发生的那样，远承伊斯兰建筑的影响，瓷砖上都印上了彩色、抽象、有机的图案，泥瓦匠给花岗岩涂上跳动的色

带风景的房间

彩，或者绘在白色陶瓷上的蓝色叙事图案；衣物就挂在这些房子之间的阳台上。这种多节、非理性、带有许多教堂的巴洛克风格，和我在欧洲其他地方所见的都不一样，更明亮，更豪华，对于最不重要的“好品位”这个概念，就几乎没什么兴趣（尽管破败使得一些街区显得比它们刚建成时要更有品位）。见到这些华丽街道的第一面，它们的美丽与怪异就会让你喘不过气。

地形也能让你气喘吁吁，这地形太疯狂了。波尔图的“上城”是由一系列陡坡组成的，一条叠在另一条上面。没有任何东西是完全平坦的。在圣本托火车站前交会着四条不同的坡，站在中间

波尔图堆叠

就像是站在一幅立体派的画里。一个更陡的斜坡，以近乎疯狂的角度猛冲向河，城市就是以河边的古港口命名的。对于我这样一个在北方的天气和清晰的风景里才能有家的感觉的人，这种城镇景观令人眩晕，造成了一种介于兴奋与令人眩晕的焦虑之间的状态。仅仅是浅尝了某些街道，我就担心我会连滚带爬地掉进大西洋里。

波尔图既不北（除非是仅就葡萄牙而言），也不清晰（或者说寒冷，即便是我们在 12 月份才造访这座城市），这就是为什么众多来自北方的寒冷而理性的城市的人们会来到这里，享受与家里大不一样的东西。葡萄牙和西班牙一样，早就已经擅长于满足这些人的愿望。弗朗哥统治下的西班牙，在其地中海海岸线上开发了布拉瓦海岸和太阳海岸，而萨拉查几乎同样残暴独裁的右翼专制政权，也在阿尔加维做了同样的事情。假日公寓的世界，威胁着波尔图（或者里斯本、巴塞罗那、瓦伦西亚）这样的城市，要将它们变成一种独特的新式绅士化海岸，在这样的城市里，物理构造尚存，但在社会意义上它们已经转型，去迎合来自气候可怕地区的游客们的需求。花街和它周边与它平行的街道上，你能看到提供租住公寓的楼房，以及街区为了迎接游客而整体重建。随之而来的则是一些特定的游客设施，包括了一些常见的店（纪念品店，买波特酒和巧克力的地方），也包括卖精酿啤酒和手工汉堡的店，以及你能想象的最礼貌、也最积极提供信息服务的工人。

二手书店和厨具商店从前一个时代坚持了下来，半是成了文物，半是提供如画的地方色彩。

伦敦、纽约、巴塞罗那、柏林的绅士化，都表达了中产阶级口味的转变，转向一种与古城多层次的共振，而不是在遥远且低密度的郊区或者新城寻求新的开始，与此类似，这也是度假口味的转变：欧洲城市小游越发流行（波尔图获得了诸多奖项，成为“顶级”欧洲城市小游之一），以及优步和爱彼迎这样所谓的“共享经济”小程序的兴起，二者相互作用。这种东西的迷思在于，你正在体验的是某种真实的东西：不是那些没有地方的酒店、机场、高速公路和会议中心，你正住在某人的公寓里。我们假日公寓的房东很快打消了我们的这个想法，他明言他在同一个街区有好几套房子。很明显，这些都刚装修过，新的小白墙结构，有格调的木柜摆进了贴着瓷砖的花岗石外壳里。这一方面是绅士化，对人们可能也有好处，只需往你市中心破旧的老公寓里投点钱。住在这样的公寓里，每次要去买一品脱牛奶，你都得跋涉在那些荒谬的山上，你可能更想滚到郊区去。但这将会给城市的总体经济以及社会凝聚造成什么样的影响，结果尚难预料，毕竟，古城不是假日营。

波尔图的旅游业非常瞩目，这是对经济危机及其他问题的一种反应。与欧洲绝大多数地方一样，20 世纪末到 21 世纪前十年，葡萄牙经历了一场建设与投机的热潮，与南欧绝大部分地区一样，葡萄牙在经济崩溃之后就无法应对，它还接受了欧盟的早期紧急援助。随之而来的紧缩措施引发了愤怒的反应，也造就了欧洲不那么为人所知的一个左翼政府，社会党在共产党和激进左派联盟（Syriza）/ 类似我们可以党（Podemos）的左翼阵营（西班牙社会主义工人党近期分裂了，以避免其领导人干出类似的事情）的支持下执政；这个政府最初遭到了总统的阻挠，主要是他认为这个政府将不愿意遵守欧盟的规则，特别是紧缩政策。因此尽管不像希腊那样惊人，但这个国家与欧洲北部更富裕地区的关系，近期也多少有些紧张。这不是什么新鲜事。早期的殖民行动使得葡萄牙一度成为资本主义世界的中心。船从这里出发，前往那些被发现的殖民地，远及巴西和果阿；一些殖民地延续到了最近，去殖民化的行动到 20 世纪 70 年代才出现在了安哥拉和莫桑比克，90 年代出现在澳门。后期的贩奴帝国，比如荷兰，特别是英格兰，将葡萄牙置于监管之下，18 世纪一开始，英格兰就强迫葡萄牙签订了一系列繁重的自由贸易协议。

这不是什么久远的历史，当你从波尔图的市中心，沿着陡峭的山下到杜罗河畔，你还能看见这些历史。在河南岸的加亚，你还能看见用白色的字母在长长的砖或者石头酒窖上写着英格兰或者苏格兰人名的巨型招牌：格雷厄姆、丘吉尔、科伯恩、泰勒、克罗夫特、欧弗利。这些现存的酒窖是那些条约的后裔，英国公司通过这些条约控制了波特酒贸易；用安德烈 · 冈德 · 弗兰克的话来说，一个全球的“大都会，变成了边缘”。20 世纪六七十年代发生在殖民地的革命，让葡萄牙本土也发生了革命，一度还非常激进，声称将没有阶级的社会作为国家的目标写进了宪法，一直维持到 20 世纪 90 年代。不过在街头，除了共产党反对欧盟和出售圣本托车站的活泼的广告牌，以及二手书店里成堆褪色的《苏维埃生活》(*Vida Sovietica*)，恐怕很难找到那场革命的痕迹了，但是革命也留下了其他更微妙的遗产。

波尔图获得欧洲顶级旅游目的地的地位，除了因其历史美景，也同样因为其非常有智慧的现代建筑。波尔图的历史建筑比较单一、具有异域风情，其特点是惧怕留白（horro vacui）和疯狂的地形。而波尔图的现代建筑则清晰、纯粹、理性。爬上山去往意大利法西斯风格的司法宫，就能给你上一堂关于这座城市古典面貌的速成课。除了贴满瓷砖的楼房以外，这座城市的美学是在 18 世纪由意大利建筑师尼古劳·纳索尼所界定的。他设计的慈悲教堂就在花街上，正对着我们租的房子，所以我们能好好看看这座教堂。朝向街的立面：一大片装饰性突出物，立面上满是饰物、硬壳和图案。要进入这座教堂，只能通过一所更冷静而传统的医院，教堂就是献给这座医院的，现在医院则被彻底更新，改成了一座极端礼貌而友善的博物馆；走进里面，镀金的雕塑和蓝色的瓷砖都太多了，或是令人感到巨大的压力，或是令人鼓舞，这取决于你对圣母教堂的看法。它彰显了葡萄牙通过发现和奴隶贸易变成了一个极其富有的国家，即便其经济被英格兰变成了臣属经济。纳索尼还赋予了城市另一个标志：教士教堂的钟楼，这座钟楼结合了高度、优雅轮廓与错视画一样的视觉效果，钟楼上弯曲的赘生物使之看起来是在摇摆，这是这座城市里众多令人眩晕的体验中最令人眩晕的之一。走到塔上，你就能看见这些令人晕头转向的工程，这些工程使这座城市成为可能。徒步的话，可以经过一系列的台阶走到河边，走起来挺有趣的，但要爬上去便会让人筋疲力尽，甚至会引起焦虑和恐惧。从高处过河，你可以在一系列大桥里任选一座，在整个欧洲，除了泰恩河畔纽卡斯尔以外，可能没有哪座城市的大桥能与波尔图媲美——这是英雄工程的胜利游行。埃德加·卡多索于 20 世纪 60 年代设计的阿拉比达桥，既明确又清晰；古斯塔夫·埃菲尔设计的不朽的玛利亚·皮亚大桥；圣若昂大桥的白色弧线高得令人不可思议，简明而又优雅，这是埃德加·卡多索在 20 世纪 90 年代设计的；在中央则是令人难以置信的唐·路易斯一世大桥。这座桥由埃菲尔的合伙人特奥菲尔·塞里格于 19 世纪 80 年代设计，桥有两层，一个简单的桥面跨越河岸，以及高层可供有轨电车和行人通行的桥面，电车轨道在中间，两侧各有窄小的人行通道，一次仅供一人通行，两层落差达 150 英尺。我的旅伴倒是轻快地走过去了，我连看一眼都会觉得头晕目眩。

向上走的台阶令人筋疲力尽，能通往那座笨拙的中世纪教堂，

纳索尼的慈悲教堂

波尔图的桥景

纳索尼还给它加了一个壳子，然后就是圣本托车站，车站内部有可爱的蓝色瓷砖，再然后就是主流而保守的美术都市主义对这座城市所做的主要贡献，同盟大街（这是指“一战”时期的同盟，而不是“二战”，因为“二战”时葡萄牙的位置令人疑惑，处于法西斯与中立国之间）。这条大街本身的确令人印象深刻，有巨大的多层商业大楼，与18世纪波尔图更为成熟和疯狂的巴洛克风格大为不同，这些建筑用了一种折中的商业化巴洛克风格。现在使用这些大厦的是各种银行与跨国公司，大厦围绕着一个相对平坦（也就是缓坡而不是陡坡）的步行广场，市政厅就坐落在中央。这种浮夸但又保守的建筑建造得很晚，1916年才动工，直到20世纪50年代也尚未彻底完工；周围还有一些建筑采用了一些当时更为当代的东西，比如舷窗式窗户，有弧度的混凝土阳台，以及流线型的装饰。不过这条大街本身，也是要展示两边为一个保守的专制国家而建造的保守而专制的建筑。最明显的就是帝国咖啡厅玻璃门门楣上那只巨大的金属鹰，现在咖啡厅被改成了一家热闹的麦当劳，也是这座城里为数不多的几家麦当劳之一（这里连锁店都很罕见，这也是为什么这里能成为“欧洲顶级目的地”的另一个原因）。这种并置就颇令人惊讶了：帝国、民众、汉堡。这些建筑的风格被称为“葡式温柔”（Portuguese suave），翻译过来可能失掉了本来的韵味，但这种建筑本身也没什么微妙之处：它让人印象很深刻，就像维多利亚-阿尔伯特博物馆、布鲁塞尔的司法

帝国，汉堡

宫或者一座斯大林风格的文化宫一样，是用镇静与狂热的强度来展现某人的权力达到了何种程度。除此之外，这座城市（也是这个国家）最受尊敬的两位建筑师——阿尔瓦罗·西扎和莫拉的爱德华多·索托·德·莫拉——还用了一些微妙的景观与一些颇有吸引力的儿童设施（比如秋千）加以补充。

这两位建筑师于20世纪70年代崭露头角，到90年代因为他们极简的，有白色墙壁，且深具洞察力的古典现代主义风格建筑而赢得了全球知名度，这种建筑风格体现在这座城市近期开通或者延伸的地铁系统的设计之中，其设计极为卓越。不过无论是与毕尔巴鄂地铁和伦敦地铁银禧线的灰色混凝土拱顶相比，还是与莫斯科和基辅的地下宫殿相比，地铁线路都并没有更好——只是简单、干净、通风的建筑，隐在背景里，但绝不会让人感到吝啬或者廉价，尽管大部分都是特地放进了19世纪的路堑当中，但地铁还是更像有轨电车，而不是其他城市的地铁。列车通常只有三节车厢，我们去的时候总是很拥挤，也有人抱怨这座城市无力负担如此有吸引力、设计精良的基础设施；也许，这是一个绝佳的借口，让诸如曼彻斯特和伯明翰等比这座城市大得多、也富裕得多的城市的管理者们从不考虑修建地铁系统。波尔图有好几座地铁站扮演的都不仅仅是功能性的角色。莫拉的索托设计的音乐厅站就是其中之一。这是一座格外优雅的建筑，其地下大厅有一个较低的混凝土屋顶，非常简洁，一直伸展到一座公共汽车站上。

这与音乐厅本身是不同的现代建筑概念，这座音乐厅建成于2005年前后，原址是一座电车库，音乐厅是城市爱乐乐团新的表演场所，也是一座地标性建筑，是能使城市被标在地图上的重要文化工程，这是纳索尼、埃菲尔和爱彼迎都很难独立做到的。设计者是雷蒙·库哈斯的大都会建筑工作室（OMA），这家荷兰事务所第一次为人所知，是其在诸如《癫狂的纽约》（*Delirious New York*）、《内容》（*Content*）、《大跃进》（*Great Leap Forward*）等书中激动的（也令人激动）敌托邦式理论，后来则因为其设计的具有讽刺意味、又自称“批判性”的地标建筑，诸如北京的中央电视台大楼，伦敦的罗斯柴尔德总部。我也不是要用这些来证明音乐厅也是一座应该被清算的建筑。很明显，这座建筑是一个“地标”，整整占据了一个广场，其路面抬起来，形成翻滚的几层，就像尼迈耶在巴黎设计的党总部一样（讽刺的是，葡萄牙共产党自己的大楼就在附近，街上还有锤子和镰刀标记），其形状立刻就给人留下了深刻印象，像是在纸巾上的涂鸦，或者用作一个商标，而且它的确就是如此。毫无疑问，这是一座极富权力的建筑，是紧张的混凝土肌肉，不真实地被设计成了一个立体派的、非欧几何的扭曲方块。而其内部又是典型的大都会建筑工作室作品，力

音乐厅

图要让一座昂贵的布尔乔亚建筑看起来穷困潦倒，匆匆拼凑，到处是铁丝网与霓虹灯（就我们所听的音乐会而言，据可靠消息说音乐厅的声学效果很好，但指挥很一般，钢琴师特别差，不过这就不是我的领域了）。是外面的东西使其成为地标，这也在意料之中。其外表之所以如此成功，并不是因为那种“天哪，那玩意儿怎么没倒”的形式（这是工程师塞西尔·巴尔蒙德的客套话），而是一种更难达成的东西——一件绝佳的混凝土作品。在波尔图我看见的所有东西都做得很好，这很难解释。他们是如何做到的呢？强大的工会、手工业传统、历史的倒退，都可用来解释这个令人困惑的现象：所有新建的东西，看起来都比富裕得多的城市，诸如伦敦、都柏林和墨尔本同时期的作品要富裕得多。也可能正因为这样，我们英国人、爱尔兰人和澳大利亚人都跑到这里来度假。

距此不远是混凝土表现主义的另一件作品，建筑师巴博萨和吉马良斯设计的沃达丰总部大楼。尽管这座楼的混凝土模板对于粗混凝土爱好者而言同样有趣，但建筑的任性与任性的塑形之间的张力，就不像音乐厅平衡得那么好了：与之保持张力的所有东西都得以表达出来，这种被压紧的粉末变成了一种嘎吱作响的构造，其形式正在坍塌，由光线造成了悬浮仿真局部坍塌。附近则是由索托·德·莫拉设计的一座新的摩天大楼，在波尔图仅有几座，显示着另一种富有品位却不自然的选择，一种有严格比例的网格。波尔图这种富有品位的建筑传统，可以在另一座类型完全不同的“地标”中得到充分展现，这就是塞拉维斯当代美术馆。在我们“假日公寓”门口的桌子上，不那么显眼地摆着一些推荐博物馆的传单，传单上就有这家，但即便它如此有名，要过去也有点麻烦，需要在音乐厅站搭公共汽车，坐到波尔图的“诺布山”，那是19世纪矫揉造作的别墅区。这座博物馆分为两个部分，坐落在一座纺织巨头私宅开阔的地面上。早期建成的部分是令人兴奋的装饰艺术别墅，曲线优雅，涂成粉色，还有一座略不对称的理性主义花园，园内有水池、喷泉和按现代主义风格修剪的灌木。这一部分在20世纪80年代向公众开放，不过你还得付一笔比较

有品位的塞拉维斯

合理的入场费，作为补充的另一部分，建得更晚，也用更“当代”的方式表达了奢华，这是阿尔瓦多·希扎设计的一座艺术博物馆。它的设计非常聪明，内部和外部都有交错的楼层，这构成了一种平台，既可以欣赏画作，也同样能欣赏花园，但其美学又有品位到了令人非常恼火的地步，白色方块的纯粹主义极具强迫性。

希扎早期在内城为完全不同的客户设计的另一件作品，则将这种美学运用得更好。布卡住宅计划（Bouca housing scheme）包含在一场更广泛的建设公共建筑的努力之中，在葡萄牙革命刚结束的 1974 年确定下来——与南欧的西班牙、希腊、土耳其等右翼军事独裁一样，葡萄牙也没有某种由国家大规模建设住宅的工程，而在西北欧洲和东欧阵营，这种工程已颇为普遍。除了支配波尔图郊区的投机性建设以外，另一个后果则是高度和风格均不同的混凝土楼房，填满了曾经是棚户区的拥挤地块。20 世纪 70 年代的这个新住房计划，意在为两者都提供另一种选择，与大多数由国家资助的住房不同，这个项目的社区参与量巨大（占屋者运动深深卷入其中）。在这个项目中建成的一些新区规模巨大，但作为其中最为有名的一个，布卡却很小——就是一条铁路线旁几栋不长的排屋。直到 2007 年，随着规划中的社区设施最终建成，这组建筑才全面完工，其最终完成，也是得益于它作为在历史、地方性和现代性之间达成巧妙妥协的范本，赢得了全球声誉。但即便如此，它也诉说着 20 世纪 70 年代的里斯本。这组建筑 1977 年就烂尾了，因为革命的“过火”被控制住了，葡萄牙也选择了做一个“正常的”社会民主国家，而不是一场参与式社会主义的试验。

从建筑的角度讲，这些小公寓呈一系列排开的多层矮排屋，建筑的光与影，都比更沉重、更乏味的塞拉维斯美术馆要令人印象深刻得多，这都展示着希扎的极简主义和强迫性偏好。简单的带步道的混凝土块，一侧用一道混凝土墙隔开铁轨的喧嚣，另一侧则直接向商业街区敞开。这些排屋既有节奏感又有几何感，周边围合的步道创造出氛围独特的景致。这项工程延宕了很久，但在完成之前就经常有人来拍照，这些摄影作品成就了希扎的声望，

布卡

作为一位设计师，他投身现代主义，与19世纪的浮夸和装饰性展示决裂，却又青睐一种新的对于公民礼仪、秩序和理性化都市规则的强调。

比起在波尔图那个实际的环境中，这一点在纸面上更有说服力。按照惯例，这些建筑会因为具有当地的“本地特色”而受到称颂，但它们既不像20世纪60年代开发的高层楼房，纤细而具有多样化风格，又不像18世纪60年代那些装饰过度、贴满彩色瓷砖的街区。这是一个新开始，一种新美学的白色光芒，比起此前在这个地方建造的任何东西而言，它受到在地中海地区很常见的白墙与公共空间的影响要更大。正因为如此，即便从周围的街区走到布卡很容易，它还紧邻一座地铁站，但感觉上布卡还是一个疏离的地方，属于另外一种类型的城市。这组时髦的现代主义小建筑，拿出一套来做假日公寓一定会大获成功，但事实是，穷人就住在隔壁。

| 2. |

地中海

■ 博洛尼亚的保守共产主义

英国建筑以意大利为范本由来已久。伊尼戈·琼斯引进广场和柱廊，拉斯金（Ruskin）带有装饰性却又很虔诚的关于威尼斯的著作，战后将“意大利的山城”作为约克郡西区的模型，以及最近的理查德·罗杰斯和新工党时代的都市任务力量（Urban Task Forces），对于他们而言，每一座萧条的后工业城镇，只要有一个广场和一两家咖啡馆，就有成为锡耶纳（Siena）的潜力。在几十年前这一波可能只是单向狂热的事件中，有一个不那么为人所知的时刻，一座共产党执政的意大利中等城市所实行的政策选集激起了小小的影响。这本书叫《红色博洛尼亚》（*Red Bologna*），当时伦敦的每一个左翼人士，从政治文件乐团的格林·加特赛德，到即将掌握伦敦工党大权的年轻激进派肯·利文斯通，无不争相阅读。这本书出版于1977年。就在那一年，博洛尼亚爆发了学生运动，这是一场不长的被称为“自治”（Autonomia）的运动的高峰，这场运动目标众多，其中之一就是针对官方共产主义运动明显的保守主义和守旧主义。

2015年在博洛尼亚的街头，除了大学与一些优秀的激进派书店周围的涂鸦之外，很难找到这场运动的明显痕迹，但这座城市里却有一些微妙的证据，让红色的肯[1]能说个不停。自治存活在

---

[1] 大伦敦首任市长肯·利文斯通是工党，工党代表色为红色，同时利文斯通持左派立场，因而在英国政坛上素有“红色的肯”(Red Ken)之称。

20 世纪 70 年代那些自治派的写作生涯之中，比如安东尼奥·奈格里、比弗·贝拉尔迪和《无名作品集》(*Wu Ming Collective*)，但我们却无缘一窥这场运动的建筑像什么样子——至少是在这卷无可回避的《建筑师奈格里读本》(*Negri for Architects*)出版之前。也就是从那时起，到 1990 年共产党解散，共产党人一直在这座城市执政，直到现在各种顽强的共产党后继者还在掌权，不过按照《红色博洛尼亚》的说法，与前述类似，共产党执政也无关乎它建造了什么，而更关于它做了什么。在其 20 世纪 70 年代的计划里，你能读到各种当下被接受的观念，只不过是这些观念比较粗糙的版本。“都市复兴”就起源于 20 世纪 70 年代意大利的共产主义。

那一定程度上是政治性的偶然事件。意大利的“红色四边形”是从战后直到 20 世纪 90 年代一直由共产党人掌控地方政治的区域——托斯卡尼、翁布里亚、艾米利亚 - 罗马涅，这个区域碰巧包含着许多这个国家最著名、也最紧凑的中世纪和文艺复兴时期的城市。因此，早在 20 世纪晚期共产主义掌权之前好几个世纪，它们就被世界的其他地方视为城市的模型。博洛尼亚是整体性历史保护的早期倡导者。与大伦敦市议会的激进派建筑师将科文特花园的所有建筑全部列保以阻止开发一样，在 20 世纪 70 年代，博洛尼亚市议会就强行通过了针对古城墙内所有建筑的法令，使之成为意大利最大的单体遗址。保护还扩展到尽最大可能保存居住在古城内的社区。《红色博洛尼亚》的一位作者声称：“建筑必须原样保存，租户不得变更，租金亦不得变更”。“在博洛尼亚，囚犯和工人——不包括建筑师、艺术家和知识分子——住在精心保护的旧城公寓中”。公共住房的租金是房租市价的十分之一。尽管房地产投机在法律上可行，在这座城市却受到了严格禁止。城市规划师皮耶·路易吉·瑟维拉提将这样的政策形容为是对“增长导向的规划造成的灾难性后果的回应”，一个例子就是新左派的痴迷，那是“20 世纪 60 年代的错误”。

尽管这座城市由一个明确的列宁主义政党执政，但令人意外的是，地方民主却在这个项目中至关重要。社区议会不仅仅是被咨询了而已，他们的决定还具有法律强制力——“不获得他们的同意，就不得建设街道和学校，公共汽车线路不得延长，不得开店，不得设置托儿所，不得拆除房屋”。与此同时，博洛尼亚“紧凑”与可管理的性质，对于其成功而言有着极为重要的意义；博洛尼亚不像北边的米兰或者南边的那不勒斯一样经历了大规模的城市化，其经济（包括整个艾米利亚 - 罗马涅大区的经济）过去和现在都以小企业、合作社和农场工业为基础，而不是大规模生产。因此到 20 世纪 70 年代中期，在这里我们还是有这样一种对于“紧凑城市”的痴迷，可以步行，连贯一致；在古城里，所有的建设都必须尊重周围环境；一种合作的、多样化的经济，有机农业以及社区委员会。那么，这座范本一样的城市，这座在 1974 年被《新闻周刊》（*Newsweek*）称为“欧洲治理得最好的城邦”

的城市，40 年之后运作得如何呢？

在博洛尼亚绝大部分地方，你看不到任何有“共产主义”色彩的东西，更别说现代派或者未来主义的东西，这就是这座红色都市政策的着眼点。与诸如米兰、罗马、都灵或者威尼斯不同，无论是战前还是战后，这里都没有一个专门的 20 世纪建筑学校。它所拥有的，是对于任何一座历史城市而言最独特、最不同寻常的都市结构之一，这个结构从中世纪晚期一直被小心翼翼地保存至今：在历史中心，柱廊系统几乎延伸到了每一座建筑下面，为社会空间和锅炉一样的炎热（至少是在 2015 年 7 月）提供遮挡。

拱廊街计划

这些柱廊有各种风格、各种版本，从中世纪早期的木质圆柱，到精工细作的巴洛克式拱廊，再到市中心每一条小街上简单的拱门。尽管这些柱廊的起源，是屋主试图通过将自家的房子延伸到街上，以便将公共空间吞并进来，但其带来的效果却与之相反，行人的体验得到了延伸，而不是受到限制。同时这也是“有颜色”的。早在其成为意大利共产主义的示范之前，博洛尼亚就已经是“红色”的了。摇摇晃晃的中世纪“双塔”、市政厅、马焦雷广场和内图诺广场宫、大学周围迷宫一样的街道，都是用红砖建成的，都

安东尼奥·葛兰西路

是红色的，这是一种南方的砖造哥特式风格，更炽热、更明亮，建成城堡形、方形，也很粗糙。城墙在19世纪被拆除，但保留下来了一些巴洛克式的城门，用了更微妙、更柔和的红色。有时，画布上也会带一点赭色或者明黄，但总而言之，博洛尼亚是一个由颜色决定政治的奇怪样本。

作为一种都市体验，博洛尼亚丰富而又令人惊讶，它既是开放的，因为所有的柱廊都可自由通行，又是封闭的，因为你得跨进去又跨出来，使得从一个点到另一个点变得异常刺激。在马焦雷广场，每晚都有大型的露天电影院在放映奥森·威尔斯的电影，你会好奇他对这座城市做了什么，这是一座充满空间的城市，这些空间既是被严格界定的，又是被明确遮盖起来的。读《红色博洛尼亚》的时候，你可能会以为这整座城市真的要做（或者想做）的，就是把它非凡的都市结构保留下来，阻止开发商们任何有可能造成破坏的举动。的确如此，至少从20世纪70年代到现在，这里都没发生什么。不过本书会提到两个战后的项目，它们饱受争议，也是20世纪60年代毫无人情味的浮夸的例证，到70年代则被历史感、对环境的尊重和社区咨询所取代。这两个区域都比它们假装的样子要有趣得多。

第一个区域是战后随即建成的马可尼区，这个区域之所以有名，是因其“毫无吸引力的外墙、糟糕的办公楼和军营一样的住宅区。它就是历史中心的一个污点”。该区域沿着马可尼路延伸，这条南北走向的路位于历史中心的西侧，其建筑就是那种现在在欧洲的大都市里令人痛心疾首地风靡起来的建筑。六层到八层的住宅区和办公室，都严格使用了清晰的混凝土框架和精细的砌砖，底层有直线的混凝土柱廊；外立面还挂着一些老旧的霓虹标志。有几栋楼是战前建造的，比如说瓦斯宫，它的外立面呈凹形，带有浮雕，这也表明法西斯时期建筑与战后建筑之间的区别可能非常小——不过在博洛尼亚，你要是看见了英雄工人的浮雕，它很可能是前共产主义时期的。在这两个时期，当地的建筑都青睐一种古典式、有精确比例的现代建筑，

柱廊与理性主义

但这并不“适应环境”——太大了，太方了，即便它们严格延续了城市其余部分的类型，在美学意义上也与其余部分大不相同。实际上，马可尼区的建筑被用作多种用途，也有“积极的临街面”，它们更预示了当代设计指南中的规则。如果你去看更后期的建筑，比如20世纪70年代和80年代的，在博洛尼亚大学周围插建的新建筑，你就会看出区别来。后期的建筑规模更小，采用了新中世纪风格，设计上明显是在模仿相邻的建筑。建筑师并没有严格按照字面操作。

战后博洛尼亚的另一处大规模项目，可以轻松地用《红色博洛尼亚》里所说的“六十年代狂妄自大的尴尬证明”来形容。在20世纪70年代初，丹下健三被委任编制“博洛尼亚1984”规划。这项规划最终被拒绝，但在此之前，这位日本建筑师就已经建起未来博洛尼亚的大片区域，即菲耶拉区，或曰博览会区。这里还有柱廊，但除此之外的各个方面都与博洛尼亚的传统割裂开了。这是丹下健三的野兽主义风格，而不是新陈代谢[1]风格——笨重、纪念碑性，区内的高塔展现出一种原生的物质重量，就像摩天大楼尺度的谷物输送机，在一个宽敞而凸起的公共广场周围，形成了一种不对称性。从市中心沿斯大林格勒街往北走，走过工人路

[1] 新陈代谢派 (Metabolism)：新陈代谢派是在日本著名建筑师丹下健三影响下，于1960年前后，在一批日本青年建筑师推动下形成的创作组织，他们强调事物的生长、变化与衰亡，极力主张采用新的技术来解决问题，反对过去那种把城市和建筑看成固定地、自然地进化的观点。代表建筑师有大高正人、槙文彦、菊竹清训、黑川纪章等。

博洛尼亚的野兽主义

路口，再走过一些正常的博洛尼亚房屋（笔直、漆上亮色的高楼，间有一些古怪但通常设计得很好的高塔），你就来到了费尔拉。这个区域的入口是一个巨大的拱门，用了减弱的伪现代风格，但很奇怪的是，在入口处又有一栋基于柯布西耶 1925 年的新精神阁重建的建筑（建于 1977 年，那时大学里设置了路障，学生们在抗议“规划师国家”），看起来已经废弃不用，就是一个与周围环境格格不入的装饰品。相比之下，丹下健三的高楼群要引人注目得多。很难想象这是经过社区规划的，但又的确还是混合用途。除了主楼中的商品博览会之外，这些高塔也被市政府和大区政府用作办公楼，也有住宅，在底层有咖啡馆，而不是一处坍圮的战后死空间。但无论如何，这些建筑的内核仍是野兽主义，是一座可怕的速成式城市，其雕刻般的戏剧场面令人毛骨悚然，但其尺度、其空荡荡的状态，又令人感到平静。

新精神阁

博洛尼亚有现代主义、野兽主义、激进的共产主义传统主义和对废弃建筑的自治性占领等各种实验，还有近期的游击队战争和都市暴动，但博洛尼亚却给人平和且一致的感觉，这令人印象深刻，它就像一座治理得很好的北欧城市，只是建筑更丰富，也有关于何时放开的有用知识（博洛尼亚没有任何东西被过度修复，现在还有大量的涂鸦与污迹）。

当代城市则展现在了小小的博洛尼亚都市中心里，这个中心位于阿库西奥宫一座图书馆和媒体机构的顶楼，这座较新的（2001年开馆）图书馆很讨人喜欢，侧面是离奇且有些矫揉造作的海神喷泉，以及游击队纪念碑，纪念碑上贴有数百位当地抗争者的照片。

博洛尼亚游击队纪念碑

走进这个优雅开放的拱廊大厅的顶层，你能看到的与在任何一座欧洲城市的任何建筑中心看到的并无不同，下面必然是巨大的城市模型，正在建设的区域用闪光标示出来。这个模型告诉我们，未来之城会是绿色的、“具有可塑性”，会包括在以前的工业用地上建起的许多新住房项目，也会着手对当地居民的密切咨询。没什么令人感到很兴奋的东西——绿色广场上都是些实用的现代建筑。很快这里也会通地铁，停车场环绕的一些塔楼，以及一些块状的居住区，这意味着路德维希·希尔勃赛玛的极端理性主义和阿尔多·罗西在意大利的建筑学院中仍然发挥着巨大影响。在 20 世纪 70 年代，这些可能通通极端化过，曾经作为“全面重新开发”、劳民伤财和贫民窟清除的另一种选择。但它们作为一种普遍现象已经存在太久了，我们应该期待“意大利实验室”已经准备好能够在不久的将来提供给我们的惊喜。只是下次变化到来的时候，博洛尼亚可能是最后一个建筑会受到影响的城市。

■ 亚博利亚：法西斯的花园村

提到“法西斯新城”这个词，你可能会产生一些联想。你也许会想象出一些冷冰冰的集中式新古典主义建筑，正式的轴线、几座连篇累牍的雕像和鹰、无数的大理石。你不太会想到棕榈树、农舍、运河、一座哥特式教堂、广场上人头攒动的咖啡馆，以及附近粪肥的气味。也就是说，你可能不会想到亚博利亚，这座始建于1928年的撒丁岛新城，它的原名也许更为人所知，那就是墨索里尼亚。

那是在墨索里尼的时代，意大利在排干水的沼泽地上建成的数座新城中的第一座城市，这项工程一度引起了广泛赞誉。比如说，托马斯·夏普于“二战”伊始在鹈鹕出版社（Pelican）出版了著名的《城镇规划》（*Town Planning*）一书，在书中他注意到了法西斯时代的意大利“大胆规划的五六座新城”，并认为英国在战后可以效仿——当然，是用民主的方式效仿。其中的一座新城是位于拉齐奥大区的萨包迪亚，曾经用作这本书第一版的封面，后来企鹅出版社换了一个不那么具有争议的例子作封面。最近，乔纳森·米德在纪录片《本建筑》（*Ben Building*）中，称赞了两次世界大战之间意大利建筑的折中主义和实验性；他认为，与纳粹德国官方规定的古典主义的对比非常明显，也就支持了一种饱受争议的观点，即第三帝国与法西斯时期的意大利极为不同，因此第三帝国甚至都不配用“法西斯”这个词。当然，尽管纳粹规划过几个新城，却从来没着手建——纳粹规划过一些民用地点，用于在新占领的波兰和苏联领土上殖民。亚博利亚，或曰墨索里尼亚，就是一个类似这样的形式。

最著名的法西斯新城根本不在意大利，而在厄立特里亚，当时还是新被占领的阿比西尼亚的一部分。这座城市就是阿斯马拉，很多人拍摄过这座城市，它是20世纪30年代末由意大利建筑师中的理性主义学派设计师所设计，激起了未来主义现代主义与古典遗产之间的妥协。墨索里尼亚是一个更早的殖民化过程的一部分，这个殖民化过程虽然没那么暴力，但也类似，这个过程是意大利王国时期，在这个国家内部，撒丁岛在语言上和文化上都很疏离。这个工程始于20世纪20年代，当时，该岛西南部容易引起疟疾的沼泽被抽干，并被来自意大利东北部而不是撒丁岛的人接管。亚博利亚的大部分居民，都可以溯源至迁来的威尼托人，以及战后迁来的前南斯拉夫海岸说意大利语的居民——这是一个不太常见的北意大利人南迁的例子，而不是反向的移民。理论上讲，定居在这些有害的土地上并使之变得具有生产力，这有助于墨索里尼实现其鼓吹的独裁目标，经济上也能自给自足。当你从离新城最近的火车站马鲁比乌站开车去新城的时候，你会注意到一些不太一样的东西。突然之间，道路就全都变成笔直的了，沿着运河延伸向耕地、向严酷而光秃秃的山脊的阴影里。到这种程度，这个工程就发挥作用了。

1928—1939 年，亚博利亚的建筑师是乔万尼·巴蒂斯塔·切亚，他既是一位建筑师，又是批评家与历史学家。因此，在第一批建筑中，很难溯源法西斯时期意大利那些更为现代的趋势，无论是圣埃利亚等未来主义建筑师的不朽之梦，抑或朱塞佩·泰拉尼冰冷的理性主义。这些建筑都是同类的，所以你很容易看出它们就是一起规划的。市政厅、医院、学校、警察局，都是在当地发明出来的，与历史上的撒丁建筑没什么相似之处。底层用的大多是粗琢的石头，上层则是暖黄的灰泥。房顶倾斜，装饰很少，就只是做做样子，就像小小购物展的窗户上方咆哮着的脸。但亚博利亚绝大部分组成元素都是农舍，其中一两座是理性主义风格，绝大多数都像小小的罗马别墅，带有天使装饰和农村新古典风格的细节。南北向的主街沿着一条运河，运河的开挖都筑有混凝土，运河最终通往镇外一座更现代的抽水站，这也是切亚的设计。除了一些意大利农村常见的圣母玛利亚圣龛，仅有的雕塑是排水系统工程师朱利奥·多尔采塔的塑像，他那张戴眼镜的国字脸与一棵柏树对得很齐。走过运河上的一座混凝土小桥，便是主广场。

广场是对称的，且对称得很精妙，两边的建筑间隔均匀，又并不雷同。在一座哥特式教堂中间，有一座风格自由的钟塔，似乎介于略带新艺术风格和威尼斯风格之间，上有“RESURGO”的标记。在钟塔里，你能找到这座镇子奠基日期

墨索里尼亚的运河畔

的唯一线索，那是画在圣坛背后的耶稣及其信徒像，带有两次世界大战期间强健的现实主义风格。旁边则是一座弃用的电影院，也是类似的折中主义风格——尽管你可能猜不到这是做什么用的，因为它看起来更像一座不太寻常的野心勃勃的谷仓建筑。南北主路现在叫罗马路，以前全都只有数字编号，没有名字，周围的一些农村道路现在还是严格这样命名，路的另一侧是一座综合粮仓。其中的一部分是切亚的新罗马风格，另一部分则是更戏剧化的工业混凝土。

这座塔式筒仓是构成亚博利亚天际线的三座高楼之一，另

古罗马的混凝土谷仓

外两座是教堂和法西奥房，这是法西斯党原来的党部。离开广场走到镇子的边缘其实并不难，因为从亚博利亚的东边走到西边也就十分钟，在边上你会突然发现一些更显自信的建筑，因为切亚突然转向了理性主义。1934 年建成的法西奥房，是一座用混凝土和砖块的方体建成的简洁的组合建筑，往上走则是一间画廊与一座高高的混凝土钟塔。沿路过去则是一座低矮的长体育馆，也是类似的理性风格。天际线上这三座高楼，可以作为这座新城所要体现的价值的总结——法西斯主义、天主教主义和独裁主义。

墨索里尼亚成为亚博利亚之后，就不再是一个展示建筑的地方了，新的建筑与任何一座意大利小镇的郊区建筑并无二致。唯一的例外是勒托利酒店，其风格很奇怪，是纪念碑式的新理性主义风格，有阴森的方形粉色塔楼。宾馆大堂搜集了自20世纪30年代以来的当地报纸《墨索里尼亚旅》(*Brigada Mussolinia*)，已经装订成册。在这些报纸上，你可以看出这里曾经是怎样的地方，报上的文章包括殖民阿比西尼亚和利比亚、皇家婚礼、对独裁及意大利的德国同盟的称赞。在“墨索里尼亚的故事”上可以看到，

法西奥房

主广场过去既开放又壮观，没有棕榈树和长椅，现在，正是这些东西令广场充满生机。法西奥房开放了，元首就在画廊下壮观的现代主义钟楼里发表演讲。没有这些东西，以及那些古怪的、没有撒丁特色的景观，以及建在上面的橄榄球场，你恐怕很难猜出亚博利亚曾经是墨索里尼亚。

■ 红色马德里

要定位西班牙首都的中心并不容易。导游手册可能会告诉你市中心是太阳门在马德里地铁系统里，是叫“沃达丰太阳”的那一站，一个小小的新月形在巨大的画布广告上形成褶皱，但这里感觉并不像欧盟第三大城市的市中心。马德里并不是临河或者在卫城的基础上建成，西班牙王室最著名的纪念碑就在城外的埃斯科里亚尔。我猜市中心应该在西班牙广场。这个广场是传统的帝国都市主义风格，就是位于一条大道末端的大广场：广场上有喷泉，以及献给塞万提斯的装饰艺术风格纪念碑，还有两座摩天大楼——较高的一座是马德里塔，这是20世纪50年代末期建成的一座很普通的高楼，高楼就面对着太阳门，在门上，你可能会觉得这座楼是用混凝土建成，而不是大理石。不过你真正会注意到的是稍微小一点的那座西班牙大厦，它算是这个广场的黑暗之心。

西班牙大厦由朱利安·奥塔门迪于1948年设计，那时也是整个20世纪西班牙漫长的法西斯主义实验的高峰。我有个朋友一辈子都住在这里，他告诉我，“要理解马德里，你必须理解弗朗哥的遗产”，所以这里似乎是一个开始进行理解的好地方——这座大楼占据了城市的一整个街区，这座金字塔形的大楼高低起伏、外面包着石头，每一级的楼顶还有富于当地传统的拘谨古典细节，以及带着域外风情的小方尖碑。这座大厦最早是一座酒店，现在破败闲置了：一个中国开发商承诺将其改造成住宅，已经拖了好几年。另外一位十年前从伦敦搬来的朋友告诉我有“两个西班牙”，自内战以来，这两个西班牙就并肩在这里。新当选的市长曼努埃拉·卡梅纳是我们可以党（Podemos）支持的左翼律师，他所代表的那个马德里，与建造这个广场的正好相对。西班牙曾经是一个中间路线国家，是欧盟内部后独裁的成功故事，但2008年以来的剧烈崩溃，包括住房危机、大规模拆迁等，将许多人推到了左派。

西班牙大厦

如果不管天气以及西班牙现代建筑的历史，这座首都多少有点像东德农村。20 世纪 30 年代是功能主义短暂盛行的“英雄”时代，随后 20 年被新巴洛克式的极权主义切断，到 50 年代末期，又被一种有深度的、区域化的现代主义所取代。但与后苏维埃时期的欧洲所不同的是，独裁倒台之后，各种趋势又得以盛行，而不是被无聊的开发商们赶走。西班牙大厦也许会证明那种将极端结合起来的“理论”，它把阿尔伯特·施佩尔的细节与列夫·鲁德涅夫的轮廓结合在了一起。但从此以后，马德里的建筑就再也没有走过极端，似乎经过整个 20 世纪都没有一个先锋派。与巴塞罗那和毕尔巴鄂不同，马德里并没有兴趣出现在欧洲的明星建筑地图上。唯一可能出现在“乘易捷（Easyjet）航班必看的 1000 座惊人建筑”列表上的最近建筑，就是赫尔佐克与德梅龙事务所设计的西班牙商业银行文化中心，这是一座就地取材的建筑，特立独行但又考虑了周围环境，建在一座红砖变电站以及米拉多尔公寓顶上（实际上是悬在半空），这座公寓由荷兰的奇观现代主义派事务所 MVRDV 设计，我们接下来会说到它。事实上，马德里更像是一座不为人所知的城市，隐藏着自己的秘密，也为游客们更喜欢巴塞罗那而感到开心。

马德里的主干道格兰维亚大道，就像一条大西洋另一岸的百老汇，两旁有婚礼蛋糕一样的公寓楼，令人难以置信，内战之前的一些摩天大楼，比如奢华的西班牙电信大楼、流线型的现代国会大楼，像一列子弹头列车一样冲进视野。在又宽又直的长街两边，有塞住的街道和许多街区。往东走，是圆形的拉斯班塔斯斗牛场，这座有哥特 - 摩尔风格的建筑是这座城市的标志之一，走过斗牛场，你会经过城市快速路网，离市中心近得惊人。这座城市大部分建成于 19 世纪和 20 世纪，所以虽然这个国家曾经支配着早期现代世界，但要期待在其首都追踪到一些历史性建筑还是很难，不过也有例外，其中最突出的就是皇家市政广场。这座红色的新古典风格建筑呈矩形，被细长的尖塔割开，就像一个幻觉。只有走进里面，你才能想象你自己身处一个大殖民帝国的首都。

没有顶的市政广场

这座建筑奠基于 17 世纪，而穿过拱券，会通向 19 世纪的楼房与地下停车场。马德里的本地风格，从一直持续到 20 世纪的浮夸风新巴洛克式，转向了大量严肃的红砖。别人带我走到了艺术圈大楼的顶楼，在这里，你可以付一点费，看看天际线，附近就是在美好年代[1]的建筑热潮里建成的烦人尖塔，比如市政厅（现在装饰着“欢迎难民”的标语）；北边是一组挨在一起的扭曲摩天大楼；就在山前，红砖住宅区形成了陡峭的悬崖，把所有东西都围起来，投机性开发好像已经变成了一种地形特征。

马德里所拥有的离大众美学最接近的东西就是这种红砖狂热，这可能是弗朗哥主义的建筑传统松弛之后，随着早期的尝试性现代主义建筑而兴起的。最早的一座是工作与社会事务部大楼，这座阶状高楼建成于 1950 年，由弗朗西斯科·德·阿西斯·卡夫雷罗和拉斐尔·阿武尔托设计，最早是作为长枪党（Falange）那个由国家控制的工会的总部大楼。这座大楼就位于普拉多艺术馆对面，有着严格的古典纪律，但也不像西班牙大厦一样需要去对付西班牙遗产这样的头衔，它更像意大利建筑，而不是法西斯时代的德国建筑，在现代主义的精确性与专制主义的傲慢自大之间

---

[1] 美好年代 (Belle Epoque)：指欧洲社会史上的一段时期，从 19 世纪末开始，到 1914 年第一次世界大战爆发结束。美好年代是后人对此时期的回顾，这个时期被上流阶级认为是一个“黄金时代”，当时欧洲处于相对和平时期，随着资本主义及工业革命的发展，科学技术日新月异，欧洲的文化、艺术及生活方式等都在这个时期发展日臻成熟。这时期大抵和英国的维多利亚时代后期和爱德华时期重叠。

达成了平衡：很单调，看起来有些沉闷，又无可挑剔；这是我们当代的古典主义现代派迈出的小小一步。这种红色的风格会发展成某种更松弛的风格，就像巴塞罗那建筑师何塞普·安托尼·科德奇 1966 年设计的吉拉索公寓一样，这座公寓的弧形红砖外墙以及精美的百叶窗在街角自由摇曳，这一街区拥有各种风格、建成于不同时代的浮夸的奢华建筑。同样严格的版本，在拉斐尔·莫尼奥的洲际银行大楼中达到了极致，这座大楼始建于 1972 年，其结构由三部分组成，机械意义上极佳，还有毫无浪漫感的砖造细节。就这些建筑而言，弗朗哥时代晚期的马德里对当代欧洲都市正统

红砖银行大厦的极简主义

的影响，与申克尔的柏林和贝尔拉赫的阿姆斯特丹一样大，都是一些显得冷漠、典雅且以街道为核心的建筑。

不过这些都是马德里本地人认为的市中心。马德里地铁和巴黎地铁有点像，但又快、又亮、又便宜，还没那么臭，还配备了很好的街头设施，以及几处生动的马赛克和雕塑——地铁会把你带到郊区，那里也有类似的区域。布宜诺斯艾利斯站附近的区域叫帕洛梅拉斯，这是瓦勒加斯郊区极左的工人阶级街区。在 20 世纪 70 年代，这是一处蔓延的棚户区，曾因遭到居民激烈反对的棚户区改造项目而被批评。在 1979—1992 年，帕洛梅拉斯被一大批当地建筑师逐渐改造成了公共住房。这是一个红砖街区，大多数不超过五层，在主街巴勃罗·聂鲁达大街上还有三角形的塔楼，底层是商店、人行道和广场，虽然有些破旧，但也令人印象深刻，还有内部的庭院。这种风格实际上是两次世界大战之间风格的重新流行，也是西班牙共和国在 20 世纪 30 年代没机会建起来的社会建筑，它参照了“红色”维也纳市议会在两次世界大战期间建成的大型庭院建筑，只是规模小了很多。所有东西都贴上了红砖，这种砖很像拉斐尔·莫尼奥用在银行总部大楼上的那种精确的砖，用一种岩石削成，只不过这里用得比较廉价。公私领域之间这种复杂的相互渗透，既让人想起 20 世纪 20 年代的红色维也纳，也会让人想起 20 世纪 80 年代柏林的国际建筑展，不过与那些建筑不同，马德里的建筑保存得没那么好，蔓生的野草从台阶上长出

红色帕洛梅拉斯

来，一直延伸到起伏不平的街道上。不过就它所处的那个时代而言，帕洛梅拉斯取得了成功，让人想起20世纪80年代南欧的社会民主福利国家及其建筑，而不是20世纪40年代的。

瓦勒加斯坐落在一座小山上，比起市中心来，在这里你会对马德里的都市蔓延有更好的理解，这里和马德里塔差不多高了。从山脚再走将近13公里，是这座城市两个相邻的摩天大楼区，象征着好像无法企及的财富。这些高楼大多数是20世纪60年代以来建成的，是弗朗哥时代末期经济繁荣的产物，它们沿着卡斯蒂利亚大道分布，这条路最早叫大元帅大街。它们排布在一条直线上，最早、也最接近市中心的一批是最有趣的——瓦伦西亚塔密集的野兽主义风格尖角，准后现代风格的科隆塔很古怪，像是绿色的塑料安全套套在了红色的弧形玻璃柱上。你越走近，就越会觉得这些楼无聊，比如山崎实的毕加索塔，这名字起得很准确。后来，因为最近由菲利普·约翰逊和约翰·伯吉主导的欧洲门项目，马德里就与它的卫星城划清界限了。这条路上的“欧洲门”曾经以弗朗哥命名，因为约翰逊在20世纪30年代曾是一名狂热的法西斯分子，比起他来，还有几个人更适合进行设计。这两座倾斜的镜面塔楼，既浮夸又廉价，约翰逊最近试图恢复自己的声誉，但这两座楼和他的政治记录一样，能够给人以警告。

但至少它们试图用这种俗丽的方式要开拓某种戏剧性的都市场面，而不像后来建的四塔楼一样。这四栋摩天大楼是21世纪前十年才建的，位于城市边缘，接近伦敦的25号高速公路的位置。它们因极端的高度而出名，不过福斯特设计的西班牙石油公司大楼用一把巨型钢钳撑住一些块状办公室，的确存在某种冷静的典雅感，而贝聿铭-考伯·弗里德事务所设计的西班牙塔张开的脚，远远看去就令人印象深刻。但它却缺乏一种都市主义者的雄心，这令人惊讶。与拉德芳斯甚至金丝雀码头相比，这些摩天大楼并没有被置于一个连贯持续的空间里，还带有（哪怕是假装的）公共广场，让不是这些办公室里的职员也可以一游。命名倒是挺合适：四塔楼，这就是你能看到的全部。马德里最有意思的高楼不在这里，在城市的另一端——白塔，这是20世纪70年代早期建成的一座豪华住宅楼，由弗朗西斯科·哈维尔·萨恩斯·德·奥伊萨设计。奇怪的是，莫尼奥也在设计组里，但这座建筑与他惯常的明智而体贴的建筑风格正好相反。因为这座城市缺少先锋派建筑，这座极端主义有机野兽主义的实验建筑，就以一己之力成为某种宣言，扭曲地向着压倒性的秩序发出哀号。

有毒的野兽主义，白塔

鉴于此，这栋楼就与MVRDV事务所设计的米拉多尔大楼并无二致，是马德里最有名的新楼，位于远郊的圣齐纳罗。要去那里再回来，你坐的公共汽车或者有轨电车会绕着似乎无穷无尽的

米拉多尔

五层投机街区转圈，这是西班牙住房灾难引爆点。不过与帕洛梅拉斯不同，这里什么是公共的（街道之间带有活动场地的带状绿地），什么是私人的（除此之外的所有东西）分得很清楚，没法从无情的潮湿中获得任何慰藉。MVRDV 事务所的两个社会住宅区，一个是纪念碑式的米拉多尔，另一个是更矮但更长的瑟罗西亚，两栋楼都试图给排满橙色楼房的街道提供一种外向的、公共的选择，但只能通过形式上耸人听闻的元素来达成这个目的，就米拉多尔而言，则是用色彩和外墙砖来讨好人们（每一种颜色都意味着一种类型的公寓）。

建筑师们在这两座建筑所创造出来的令人眩晕的公共空间，都严格限制住户使用。这个中间留有矩形空白的大楼可能成为谜一样的地标，它的照片已经到处都是，是大都市建筑工作室的“超现代主义”折中主义的一个象征，但你只有参观之后，才会注意到它占据了一个规模很大的环岛一端的空间，是郊区一名孤独的哨兵。城市与开发商签的协议造就了这样的地方，终结这样的协议是左翼市长们的目标之一。萨迪克·汗以及杰里米·科尔宾[1]，可能都在专心地看着她。

---

[1]　萨迪克·汗，工党籍，现任大伦敦市长，杰里米·科尔宾曾于2015—2020年担任英国工党领导人。

■ 有墙之城尼科西亚

小巴驶过塞浦路斯共和国首都又长又宽又干净的快速路，有两样东西变得愈发清楚。一个是你好像走在英国的 1 号高速公路上，所有人都靠左行驶。另一个则会突然闪现在你面前，就像光在闪烁——一面巨大的、被照亮的土耳其国旗，就在一座山顶上。你像是滑行在一件非常顺滑的现代设施上，突然偶遇占领者的这两个贡献，这是尼科西亚很好的介绍。如果你不把贝尔法斯特算作一座首都（它其实是北爱尔兰的首府），那么尼科西亚就是“欧洲最后一座分裂的都城”，1974 年以来，这座城市就被由联合国监管的“绿线”分成了两个部分。因此，这里既是欧盟中止的地方，也是其他区域开始之地。从地理上讲，甚至塞浦路斯岛是否属于欧洲都尚有争议，它离大马士革和贝鲁特比雅典和伊斯坦布尔都近。但是塞浦路斯共和国——不包括仅获土耳其承认的北塞浦路斯土耳其共和国——不仅属于欧盟，还属于欧元区，也是金融危机中最早获得脱困资金的国家。只有在尼科西亚，你能在一座城市里跨越欧盟的边界。

即便是以 20 世纪的标准，尼科西亚（希腊语叫勒夫科西亚，土耳其语叫勒夫科萨）的近代史也相当复杂。先后被法国十字军、威尼斯人、奥斯曼帝国和大英帝国占领过，大多数人说希腊语，但也有一个庞大的说土耳其语的少数族裔群体，这支族裔曾受到英国人的强力镇压，尤其是在1931年的一次暴动之后。在20世纪50年代，因为一场要加入希腊的武装运动，这种镇压达到了顶点，随后进行了一次不受认可的公投；英国人极不情愿地撤出了，留下两座军事基地、靠左行驶的习惯、三孔插头，以及帝国分而治之的不良遗产。马卡里奥斯三世东正教独裁统治之下的一个不结盟政府，对待土耳其和希腊的准军事部队并不完全公正（作为一个共产主义政党，劳动人民进步党 [AKEL] 是内战以来塞浦路斯最大的政党，希土双方都倾向于暗杀这个唯一非宗教性政治组织的成员），一直到1974年，希腊的极右翼分子得到了至少是美国的策略支持，发动了政变。随后，土耳其立即入侵，并引发了双方的种族清洗。政变失败后，马卡里奥斯重新掌权，但是土耳其军队不愿撤退，双方陷入僵局，到2004年，希腊族塞浦路斯人拒绝了一项分享权力的公投结果，加剧了这种僵局。可能很快会有第二次公投，但就据我询问过的人所言，结果依然会是分裂的。自20世纪50年代以来，首都内部就设下了主界线，到1974年，这条界线已经完全武装化了。

这段帝制时期之后的血腥历史，与附近的黎巴嫩或者叙利亚的历史相若，也正因为如此，尼科西亚给人的印象是一座两半部都非常富裕、放松且“正常”的城市，但又有一道穿过城市的伤痕，可能就会令人感到惊讶了。尽管当地建筑师告诉我利马索尔是该国金钱和新建筑最多的地方，但尼科西亚大气、精致且现代，是一座宜人的城市，也被一条带刺铁丝网和机枪的界线穿过。最接近市中心的地方是埃雷菲塞里亚广场，现在正在按照扎哈·哈迪德的设计进行大规模改造。因此而形成的建筑工地，就像金融危机在这里留下的一个标记，一场如此快速、如此剧烈的崩溃，迫使劳动人民进步党劫掠了私人银行账户。这个广场大体标记出了威尼斯人所建的有城墙的城市的位置，这座城市呈正圆形，经过精心规划，仅有城墙和几座教堂残存了下来。扎哈的方案是要建一个景观式的多层下沉广场，在参数上有一些起伏和斜坡，现在这个方案在慢慢推进；在一座临时搭起的桥上，你能一瞥这个工地，以及那座新古典主义的市政厅。

广场上耸立着最近修建的两座高楼，都很昂贵，水平也很高。其中的一座是菲尔登·克莱格·布拉德利（FCB）设计的AG-莱文蒂斯公寓和画廊，这是英国人对这座城市的一项贡献，而且所受争议较小，相比之下，两次世界大战期间，盎格鲁-黎凡特风格的政府大楼所受的争议就很大，这座建筑的设计师是莫里斯·韦布，他设计的金斯顿市政厅，外墙上还有帝国纹章。FCB大楼外墙覆以当地的石灰石，你很快就会发现对于城市的建筑而言这是最好的事情。这座高楼是严格的直线型，有棱有角，你也会发现这本质上就是将两次世界大战之间当地现代主义风格往上拉伸，既简单又自信。这座楼用作高档住宅和寡头画廊，其功能终结得很漂亮。让·努维尔的25高塔也同样受到城市的节理“启发”，厚厚的弧形混凝土镂孔侧墙，其理念来自威尼斯人建的城墙上隆起的扶壁；这些侧墙环绕着这座 17 层高楼里的高档住宅和办公室，是这座城市最高的建筑。尽管混凝土与当地石材可能更配，但这座大楼还是因其发光的白色涂料而饱受批评，不过以努维尔近期作品（比如伦敦人很熟悉的新变化一号就能证明，努维尔设计的这座惨不忍睹的购物中心，就在圣保罗大教堂旁边）的标准而言，这已经算是很敏感的了。这两座高楼都建成于塞浦路斯“放松”金融服务业造成的泡沫破裂之前，也就成了贪婪尝试的纪念碑，标准也很高。

菲尔登·克莱格·布拉德利设计的莱文蒂斯画廊及公寓

在其他地方，道德与建筑相伴。尼科西亚市中心最有趣的建筑，其实都来自两次世界大战期间的殖民岁月，当时英国占领者甚至不允许塞浦路斯开办大学，以免播下叛乱的种子。条条街道上都建有小楼和公寓建筑，蜜色的石灰石上有精致的现代细节，铁质挡板以及装饰性的大门，有的很光滑、呈流线型，有的则是20世纪20年代的新古典主义风格，还有的是带有木质凸室的奥斯曼风格，但它们全都既明亮又富有想象力，大多修缮得很不错。在这些街道上行走是很惬意的事：各式各样的咖啡馆、旧货店、修理店，只有一条中央商业街上有国际连锁品牌。新古典主

现代尼科西亚

义的市政建筑和属于各个教派的宗教建筑——希腊正教、亚美尼亚使徒会、天主教、逊尼派穆斯林——分布在广场周围，四周还有小花园。威尼斯人修建的城墙上文艺复兴式的门径，本应通往一片连贯的公共空间，但往往成了一片下沉式停车场，你会突然发现自己身处一个升高的花园里，从周围树上掉下来的橙子正在腐烂，还能看见中高层的公寓楼群延伸到山上，办公楼与低层的工厂沿环路分布。走得离墙越远，就越深入这座城市，你会看到越来越多用栅栏围起来的房子，再外面则是堆起来的碎石和带刺的线网。

只消看看勒德拉街两边的主要商业区，你就能明白为什么突然荒废了。在一片精致的古典或者现代风格的战后现代主义商店中，有一间多层的德本南姆百货，通向一个开放的观景平台。这就是沙克拉斯塔，一座很简单的高楼，在 20 世纪 90 年代中期开放，不过看起来却像有几十年了。在很长一段时间里，要想到看城市另一侧的北尼科西亚，就只能爬上这座楼的十层，那里能俯瞰北塞浦路斯土耳其共和国首都的宣礼塔和塔楼，以及那一面耀眼的土耳其国旗到底在哪里（那面旗帜垂在俯瞰着这座城市的凯里尼亚山上，山上还写着“能说‘我是土耳其人’的人是多么幸运啊”）。这面国旗是为了纪念 1974 年在附近的一个村庄遭遇屠杀的土耳其裔塞浦路斯人，但在南尼科西亚，人们都会觉得这就是一种日常挑衅。其实，比起勒德拉街上的边

尼科西亚天际线

界管理总站来说，这个标语更具攻击性——至少对于欧盟公民和可以过境的土耳其裔塞浦路斯人而言是这样，这就把北塞浦路斯的许多人排除在外了。

这条普通但很有吸引力的街道，突然变成了武装化的边界，有一些转变也是如此，来得很突然。到处都能看到沙包、武装警卫、带刺线网、混凝土和钢墙，这就确保你不会走偏出主干道，但是勒德拉街的关卡本身看起来就非常脆弱，无非就是有检查护照的工作人员的小亭子，还带有小栅栏——尽管人们会怀疑如果有人要从关卡冲过去是不是能被及时阻止。走过边界到北尼科西亚之后，你会注意到的第一个东西就是夸张得多的商业模式：许许多多的商店向从城市另一侧过来的更富裕的游客卖免税品，这会让你立刻意识到南尼科西亚的标志和广告有秩序又礼貌，几乎达到了荷兰的程度。不过除此之外，你也会很快发现你的确就还在同一座城市里。20 世纪 30 年代装饰艺术风格的弧形石灰石房子，刷成了白色的奥斯曼房屋有木质的凸出部分，这些房子都在那里，只是要略微破旧一些，居民明显更穷；但在咖啡馆、在中心的阿塔图尔克广场、在威尼斯柱廊上，坐着在聊天抽烟的男男女女，在墙的另一侧，人们做的也正是这些事。

边界南侧一位烤肉店老板会开玩笑说自己的店在“柏林墙”的绿线旁。东柏林穷得多，但包括了位于菩提树下大街和博物馆，

友善的邻里检查站

北尼科西亚一侧的墙

周围是柏林实际的市中心，尼科西亚也一样，市政和历史意义上城市明显的中心在北尼科西亚，位于瑟里米耶清真寺、城市市场和大客栈一带，大客栈是城墙内最引人注目的建筑。这座清真寺的石灰石宣礼塔很高大，在城市的大部分区域都能看见，尤其是从沙克拉斯塔上看下来，但在平地上，你会意识到这几座宣礼塔附属于一座法国天主教大教堂，是 13 世纪由法国的鲁西格南诸王建造的——教堂有精致的花饰窗格和高高的拱券，所以很好辨认。塔内结构仍然可辨，只是刷白了，所以显得更清晰、更明亮。在 15 世纪被奥斯曼帝国侵略之后，用与大教堂主体同样的石头，在

大客栈

本来是留给没建成的哥特式塔楼处加建了宣礼塔。

这两种风格之间的断裂很明显。它们看起来的确就像是两种形式截然不同的建筑被绑在了一起，而拜占庭式与奥斯曼式建筑是互补的。宣礼塔是下粗上细的筒状，与清真寺锉平的轮廓线形成了一种奇怪的协调感，而规模更小的海达尔·帕夏清真寺则更为奇怪，有着高窗的浮夸教堂/清真寺只有一座宣礼塔，入口上方还有一尊典型的哥特式龙雕塑。大客栈与城市市场的结构就没那么不稳定了：前者是一座可爱的两层小房子，在中央的一座拱顶下面有个精致的拱形画廊，这是 16 世纪晚期奥斯曼建筑师所设计的，风格上与文艺复兴广场接近，只是它是封闭的。而市场则是英式的钢架玻璃结构，在地中海风格上加了个爱德华七世风格的拱廊。市场就在绿线旁边，所以如果你走错了出口，就会走到死路，那里带刺的线网和标志都在提示你，持机枪的人正盯着呢。

尼科西亚机场自 1974 年就弃用了，荒废在绿线的限制区里。塞浦路斯的主机场位于滨海的拉纳卡。机场大厅有一座现代主义的陶瓷浮雕，这是从废弃的老机场搬过来的，重新安置在拉纳卡，作为一个标志，直到塞浦路斯共和国把自己的机场夺回来。我离开拉纳卡机场那天，《每日邮报》（*Daily Mail*）头版上的一则标题正在质问乘客，写的是“谁会为英国说话？”这指的是英国从欧盟那里拿到那个很糟的协议，用起了 1940 年在议会里用过的语言，当时面对野蛮人，很明显英国是在单打独斗。跟着一大群结束度假或探亲的英国家庭，我离开了这个欧盟国家，这种侮辱似乎格外奇怪。我很好奇，如果尼科西亚要为英国说话，那么这座优雅、宜人却又因分裂而难免令人沮丧的城市会说点什么呢？

| 3. |
中欧

■ 慕尼黑：糖一样甜蜜的成功气味

就在昨天，德国还被精英们视为一个财政保守的工业恐龙，公共部门过于庞大，建筑也遗憾地毫无吸引力。德国的首都是一座混乱的违章建筑群，大城市还和19世纪一样塞满了东西。不过自2008年金融危机以来，德国在欧洲的霸主中扮演了一个无可争议的角色。它对待南欧国家的政策，明确地阻止了这些国家建设有力的工业、稳定的经济和庞大的福利国家，而正是这些，使得德国的城市既"宜居"，又无聊得令人昏厥。德国工业成功的秘诀不那么令人愉快，比如工资和工作福利的停滞，但两者都不是英国标准的停滞。但在德国，这的确起效了。异常光滑的ICE列车驶近慕尼黑主火车站，你会经过一排实用的古典现代风格公寓楼，通过造得极好、极优雅的车辆，与平稳的基础设施相连。我们这些美学家们批评斯特拉特福、利兹或布里斯托，会产生很强的挫败感，这就是我们梦寐以求的东西，但我们的方案却不被采纳。

关于由德国支配的机器，你能在首都之外看到更好的例子。柏林城市蔓延、人口流失、去工业化，它深处东德，比起杜塞尔多夫、斯图加特、法兰克福、汉堡以及慕尼黑来要穷得多。慕尼黑是富得流油的城市，在保守的巴伐利亚，它也是一座社会民主派的岛屿，不过社会民主党（SDP）与基督教民主党是同一个执政联盟的两翼，这种差别也就无关紧要了。慕尼黑经常居于"宜居城市”调查榜榜首或者前端，这座城市一定是一个很适合观察权力与成功究竟长什么样的地方。

德国经济具有明显的复古色彩，但也有一个令人意想不到的地方，那就是大多数火车站周围一直很破败，而在（伦敦）国王十字车站，（曼彻斯特）皮卡迪利火车站，甚至柏林那座特别耀眼的新主火车站周围，早就看不到这样的景象了。慕尼黑的车站是一座战后的盒式建筑，即便按照德国的标准，或者和汉堡与科隆的铁质大教堂比起来，都已经破旧了：在广告板底下还有整洁的 20 世纪 50 年代的青铜和钙华细节。火车站周围是酒店和青旅，夜里还有霓虹灯、烤肉店、小赌场，令这个区域散发着一种法斯宾得式的不安。在白天，走过街角你就会来到特蕾莎广场，这个大公园是举办啤酒节的地方，旁边则是威廉明妮的新巴洛克风格别墅，以及圣保罗教堂的鼓胀的圆顶尖塔混搭。主火车站的另一个方向则是城市的历史中心。在街头，也许你仍会感到一种长久的奔忙感，这主要是因为杂乱的圣诞市场会从差不多十月一直摆到三月，而不是因为车站周围那些神神秘秘的东西。

走向古城中心，有一条环城大道，围绕着司法宫等大体量的建筑，很像粗野版的维也纳。旁边是新马克斯堡，这是 1954 年瑟普·拉夫和西奥·帕布斯特的设计，在皇家空军原址上重建。幕墙式的办公室，底层有商场，构成了一个小广场，用鲜明、半抽象的马赛克装点得很生动。一座文艺复兴时期宫殿的遗址一角，被用作了一个楼梯塔，这是一个极高明的姿态，也是一个极好的重建范例。优美、简洁、自在，慕尼黑既避免了科隆或者考文垂那样的多层次实验，又避免了德累斯顿或者华沙那样的历史重建。高楼和办公楼在原址重建起来，不仅重现当时的风格，通常还会添上一些中世纪的现代装饰细节。更大也更重要的建筑，它们的尖塔和穹顶拼合在一起，还不允许新建筑窃取它们在天际线上的支配地位，所以远远看去，市中心还像 1939 年一样，被浮夸的有众多尖塔的新哥特风格市政厅、大教堂的两个洋葱顶，以及圣彼得教堂的高平台所占据。圣诞市场铺满了整个玛利亚广场，人们等候着教堂的钟和市政厅的钟楼同时鸣响，再掏出手机记录下这一时刻。

战后的慕尼黑非常放松，伊昂·奈恩称赞其是那个时代宏大计划的对立面。我觉得这有些自命不凡，令人倒胃口，通向市中心的道路简直是有点过度坚定的权威主义风格了。在马克西米连大街上，19 世纪 50 年代的折中主义哥特式理性主义风格，看起来有点像柏林斯大林巷的范本，一条经过精心计算的轴线，终点位于巴伐利亚议会前的伊萨尔河上，议会大厦的外层饰以维多利亚阿尔伯特博物馆那样的帝国壁画与雕像。从巨大的英吉利花园再走一个街角到加斯泰格，对比就很强烈了，一座大型的文化馆将图书馆、咖啡馆、音乐厅，还有许多其他建筑，容纳进了同一个结构里，这是 20 世纪 80 年代的实用红砖阿尔托与镜面玻璃后

玩具穹顶

现代主义之间的一个高峰。文化馆的原址，就是 1923 年希特勒发起第一次未遂暴动的地方。在另一条轴线大街的末端，还可以看到这场暴动的最终后果：路德维希街排列的光秃秃的砖头行进，一直通向一座被摧毁了一半的凯旋门。通向城市的一侧塌掉了，面向城市的一侧则是半裸露的，上面刻着字：献给胜利，毁于兵燹，热望和平。

1919 年，慕尼黑一度成为巴伐利亚苏维埃共和国的首都，这个国家存在时间很短，且遭受了暴力镇压，其领导是追随无政府主义者和表现主义剧作家的一帮乌合之众，在魏玛共和国时代，慕尼黑成为德国右翼毫无疑问的中心。相比之下，在这里就不怎

“献给胜利，毁于兵燹，热望和平”

么看得到汉堡的表现主义、法兰克福的“新客体性”和柏林的流线型，只是在郊区有两三个项目略作尝试。两次世界大战期间，慕尼黑占主导地位的建筑不是魏玛式的，而是第三帝国的建筑。比起德国其他大城市来，慕尼黑的纳粹建筑要多得多，对于某种大众迷思，认为德国法西斯建筑相对来说既精彩，又有力，还有魅力，这也是一种有用的反驳。保罗·路德维希·特鲁斯特设计的德国艺术馆是环路上一座带横条的传统殿堂；车辆在前方拐弯而下穿过隧道，好像是要停下车来看上一眼。对于一座为了展现德国、而不是展现堕落艺术的建筑，以及要在建筑上作出一些区分，这么说可能太过轻浮，希特勒还喜欢声称自己也参与了这座建筑的设计，其实并没有，不过这座建筑的确太无趣了。没什么特别之处。你可能会欣赏其细节、红色的花岗岩地板和装饰艺术风格的镶饰，但不会为之惊叹。这座建筑看起来就像此前十年的一座瑞典古典建筑，毫无才气，也缺乏想象力。现在对于这座建筑的管理，则以完整的艺术品，恰到好处地将人们的注意力转移到了其真正要表达的目的上——饰带上垂下来一幅画布，上面是梅尔·波切内尔用拉丁字母写的意地绪语，克里斯蒂安·波尔坦斯基将红色管弦乐团成员的眼睛，打印在纸上，一路贴到了石灰石的柱廊。

纳粹试图将慕尼黑重塑为“行动首都”，这点在对国王广场的重新设计中达到了巅峰，它也是无能的特鲁斯特于 1934 年早逝之前完成的作品。这已经是对巴伐利亚王国的纪念碑式的展示，大广场的侧面是古代雕塑展览馆和古代史博物馆，高点是科兰策设计的阴森森的通廊那笨重的双塔，通廊既能有实际权力，又能显示存在，比起特鲁斯特沉稳的新乔治式建筑要强得多：特鲁斯特设计的元首行宫和纳粹党总部都是平顶结构，很压抑，基本上过目就忘，能被注意到主要是因其坚定的有凹槽的柱子。讽刺的是，通廊设计本就是作为希腊 - 德国关系的纪念碑。

这两座建筑早已改作市政用途。旁边有白墙和狭缝形窗户的是纳粹档案中心，是 2015 年开放的一座博物馆，由格奥尔格·谢尔·韦策尔设计，采用了一种极简主义的手法来处理纳粹的遗产，

元首行宫

与丹尼尔·李博斯金设计的柏林犹太博物馆等新表现主义狂飙突进时期的作品完全不同。在国王广场边缘，还有很多新纪念碑。联邦议会的设计师史蒂芬·布劳菲尔斯设计的现代绘画陈列馆展现出一种优雅、礼貌的现代性；绍尔布鲁赫·胡顿的布兰德霍斯特博物馆同样如此，但使用了彩色，来模拟表面上成百上千的点：在美术学院的翼楼，资深的“解构主义”建筑师蓝天组（原来如此）塞进了许许多多的角和图案，以便能够与相邻历史建筑的规模和颜色保持接近。这是对近期德国主流建筑的一种有益筛选，它们是现代主义风格，但又不至于太具破坏性。

要看 21 世纪慕尼黑特别的建筑，你得坐市郊铁路往外走——这座城市比大曼彻斯特更小，却有八条市郊铁路线，列车准时，车站漂亮——去往奥林匹克中心，这是一座野兽主义风格建筑，通往为 1972 年奥运会修建的场馆群，而且就在宝马工厂区和这家汽车制造商的全球总部旁边。这片区域总的来说有些名不副实，但位于奥林匹克公园内弗雷·奥托的作品则不会令人失望。这些钢铁玻璃薄片散落在建筑周围，盖住体育场和其他规模更小的运动场馆，又穿过去，围绕在电信塔周围，照片很难捕捉到它们那种近乎随意的状态。这些屋顶的组合有机起伏，像是策略性地分

弗雷·奥托的失落未来

散开的一系列杆子，玻璃布在覆盖它们时突然被冻住，屋顶又与坚硬、易碎但完全现代的材料组合在一起。就像伦敦的千禧巨蛋一样，特氟龙材料仿制品功能上很实用，即便是在十二月，在玻璃盖子底下也会变热，但它们完全失去了那种张力，感觉更像是现代化的帐篷。也和千禧巨蛋一样，这并不是来自同一个行星、同一个维度。去想象所有东西最后都会变成脏兮兮的特氟龙，会侮辱这座拥有 20 世纪最漂亮的结构之一的建筑。

对面就是奥运村，虽然没那么独特，但也格外引人注目，现在奥运村绝大部分已经被改造成了社会合作住宅，你从公园走过来，第一部分是一组低层的学生公寓楼，这是一组风格主义的混凝土排屋，通常会被短租的住客漆上很有吸引力的色彩。上面则通过一条步道，连接了一系列巨大的阶梯状住宅楼群，上层还有购物中心和其他公共设施。这组建筑无疑是成功的，也完全是正常的——既不穷酸、也不富贵——街头生活发生在这些大规模结构的下方。必须对比其他地方的议会和住房协会，以确认慕尼黑是如何做得那么好。一个可以想到的解释是，还在运转中的汽车工厂就在步道下方，机器车间长长的钛顶，非常机智地整合进了由卡尔·施旺哲设计的宝马总部大楼中，这一组相连的圆柱形高楼，是欧洲最富未来主义风格的摩天大楼之一。

比起过于甜腻的市中心来，在这里，你更能看出英国城建有多么糟糕。慕尼黑的市郊铁路、奥运村和奥林匹克公园，对应曼

如何设计一座奥运村

彻斯特的城铁、肮脏而且被摧毁了一半的泰晤士米德镇和伊丽莎白女王奥林匹克公园，英国必须投降，申请加入联邦共和国，才能为我们把城市建设好。不过如果看看1972年建筑群的附属建筑，这种震撼与羞愧感会略有动摇，你会意识到，德国也没法维持这种程度。切开公园与奥运村的高速公路，笔直地指向英根霍芬·奥芬迪克设计的O2公司总部，但另一头，就在宝马大厦底下，是蓝天组设计的宝马世界：这个过度设计的无厘头建筑，既荒谬又浮夸，不过就是一个笨拙还自以为重要的解构主义汽车展厅，这座建筑令人恼火的程度，堪比奥林匹克公园令人振奋的程度。

拜仁慕尼黑无比赛日

当然，把任何东西与奥林匹克公园比较都有些太残酷了。在市郊铁路最新延伸线的终点，是赫尔佐格与德·梅隆事务所设计的安联球场，这是拜仁慕尼黑队的主场，几乎是求着要和弗雷·奥托设计的体育场一较高下。1972 年的那座建筑是一个地标，这座建筑则是一个物体、一座纪念碑，一个四氟乙烯共聚物造的大气球，顶端有步道，底下有停车场。与蓝天组的设计不同，这座建筑不会感到尴尬，它孤零零地远离其他建筑，在天底下展现出一幅被空白包围的权力与现代性的画面。

■ 莱比锡：盎格鲁－撒克逊

当你参观一座城市的时候，有时会遇到一些出乎意料的事情，却会导向一些有趣又惊喜的结局。2016年晚秋，我去莱比锡参加一个题为“后社会主义城市”的讨论会时就是这样。我的第一印象来自对德国铁路的纯粹好奇。从各个方面来看这都很愚蠢，面对列车的永远晚点和无尽站改，德国人常常会短暂忏悔。但任何一个习惯了英国维珍火车的人，在德铁列车上都很难不觉得他们是在一个更高的文明里。可能是因为这里少了一些东西——对于一个人而言，这里没有耳鸣引起的噪声，也不像维珍列车上一直能闻到被空调和天朗广播系统输送得满车厢都是的可疑的粪便气味也是因为这里更清晰、更优雅。与俗气的疯彻斯特彩色纹样和呆板的座位不同，即便是二等座，也是一个豪华椅子与暗色的世界——宁静的黑色和灰色，这会给人一种明显的感觉，即你是被当成一个成人来对待的。车站大楼没法据此来作解释——就车站而言，只要你把防鸽子的长钉和上流社会给撤去，英国也没什么好羞愧的——就算莱比锡站交给英国铁道网和泰晤士链接公司运营，也还是很宏伟的。不过我一到站，就发现自己身处衰落的内城，其霸道的商业和毫无特色的远郊区，完全可以和利兹、伯明翰及南安普顿比拟，倒不怎么像慕尼黑和汉堡。

与城里其他很多好景致一样，莱比锡的主火车站是“一战”

前夕的产物，那时，莱比锡是这个国家的五大城市之一，作为一座重要的贸易和工业中心，一直持续到1945年被划入苏联占领区。火车站的外观只是呆板的沙石条纹古典主义，内部才是重点。一个沉重的钢铁列车棚，穿过一个巨大的石拱，通向一座混凝土大厅，通过玻璃砖增加光线，既清晰又宏大，还开阔。下面还挤着一座无聊的购物中心，在这里，你可以享受在错误入侵邻国之前，属于威廉明妮晚期布尔乔亚德国的舒适与奢华，这还意味着莱比锡可能拥有欧洲最富魅力的星巴克。从这个惊人的连廊向下走是出站口，有着一个颇具宗教仪式感的前厅，仿佛一座有半个穹顶、

莱比锡主火车站

带方格天花板和大楼梯的先贤祠。所以这到底是做什么用的呢？莱比锡是贸易之城，数百年来都因贸易而闻名，见证了来自西欧、中欧和东欧的各色人等云集于此，出售货物。到了 19 世纪，又加上了工业的高度发展，这座城市成为当时欧洲第二强经济体的德国一座重要的资本主义中心。旅客们可以看产品的一些仓库，就集中在火车站周围，仓库风格和主火车站差不多，块头都很大，比如工业馆。但在这些场馆前面，你会看到一些不那么浪漫的当代商业景象——巨大的零售园区。这是我第一次在英国以外一座历史古城的市中心看见远郊零售园区，有地面停车场、难以形容的顶棚、图腾柱一样的标志；即便在英国，也只有少数几个地方，比如南安普顿、布拉德福德，才会这样糟蹋自己的形象。莱比锡是怎么回事？

我最终在位于莱布尼茨区域地理研究所的会场找到了答案，这个地方位于郊区的恩格斯多夫。乘坐每小时一趟的区域火车，只要十分钟就能从市中心到达这里，但除此之外，周围什么都没有。走过一些破败的黄砖工厂，我在一个被薄雾包住的地方停下来，周围有几座小房子、一家巨大的娱乐城、一家大型电脑城、几家奥特莱斯店，以及一座电车站，对于这座作为私家车经典产物的郊区而言，这似乎有些格格不入。研究所和地方政府办公室以及警察总部在同一条街上，这条街沉静、有都市感，都是 20 世纪 90 年代的德式现代建筑，但也有一种古典秩序与公正感。看起来更像柏林的报社区，只是这里，它们被一些建筑围起来。这些建筑很像瑟罗克的湖滨中心，但没那么豪华。我问了能问到的每一个人，这个地方在这里到底是干什么的，研究所的一位教授才向我做了解释。在莱比锡市中心，以前的业主提出了各式各样的赔偿诉求，他们想要回 1945 年之前的各种权利，这样一来，东德这个国家像这样的公共机构，就决定搬离市中心，在市郊拿到一些空地，因为公共机构使用的所有土地必须由国家拥有 40 年以上。由于这里的工业被新的西德老板们贪婪地瓦解掉了，为了重振这个区域萎靡的经济，政府初步决定让开发商们想建什么就建什么。

从地理学院的窗口看出去

结果就建成了这种萨克森州的萨里码头[1]。这与英国建筑爱好者对德国的通常理解正好相反，成了对规划和秩序的抵抗。

对于这座奇怪的城市，在会议结束时我还产生了一点看法。那时候我走过我住的瑟勒豪森区，就位于长长的铁道街尽头，是从主火车站过来的一条岔路。因为到莱比锡已经很晚，我打了个车，而不是等夜间公交，听到我要去的地方，司机很惊讶，“不是个好地方”。我用谷歌搜了搜，才发现铁道街是“德国最危险的街道”，因为这个地方发生了很多与帮派和毒品相关的地盘争夺战以及谋杀案。尽管这条街道一看就破破烂烂，但我不能说我明确意识到了这些危险；我只是注意到在安南街站，有个男人跳下，在路中间撒尿，他绝对是个白人、德国人、秃头。第二天白天我沿着这条街走，它显得越发有吸引力，尤其是和恩格斯多夫令人沮丧的烂泥郊区比起来。对于一座东德城市而言，这其实是一个多元文化区域，有越南和中东商店、咖啡馆和餐厅。这条街本身又是威廉明妮风格的：有装饰的高楼，底层有商店，小巷里还铺了卵石，很硌脚。街东端的路灯几乎都坏掉了。一些房子很破败，还有一些房子上面残存着 1945 年的子弹孔，令人惊讶，有些被占屋者住了，还有一些独栋的房子则中产阶级化了，装了石膏的

[1] 萨里码头 (Surrey Quay) 位于伦敦泰晤士河南岸的若热海 (Rotherhithe) 地区，过去曾是伦敦码头区的码头之一，码头于 20 世纪 70 年代关闭，1988 年改建成一个巨大的购物中心。

铁道街

檐口、壁柱和女像柱，它们老早就融进了砖石结构，不断被复用、重造。这里有一种柏林曾经有过的中间地带的气氛，令人兴奋，也吸引了不少年轻人从附近的首都搬来这里。路的中段有一座建于德意志民主共和国后期的混凝土板建筑，展现了 19 世纪的投机建筑之外的另一种可能曾是什么——有序的矩形公寓楼，还有更容易管理的阳台与真正的公共空间，而不是一些扔垃圾的院子。尽管它们在意识形态上可能正好相对，比起零售园区和工业馆来说，这两个区域搭配得可能要好得多。

市中心本身和慕尼黑一样是野兽风格——在一半是公园绿地

的环城大道内，中世纪的建筑和完全非中世纪的建筑纠缠在一起，就像一盒精选巧克力，有文艺复兴风格（市政厅）、非文艺复兴风格（新市政厅），还有哥特式教堂塔楼，不过与慕尼黑的微妙区别在于，比起它的巴伐利亚堂兄来，这座城市没被皇家空军炸那么狠，并且在尖塔中间，还有两座德意志民主共和国时期建的高楼。一座是莱比锡大学的大楼，这是东德著名设计师赫尔曼·亨泽尔曼的作品，他参与了战后柏林一大半有趣建筑的设计，另一座是商品交易会大楼，有尖角的长筒，顶上是不断旋转的商品交易会会标。1990 年以后，这两座大楼都用了更呆板但更贵的材料进行了修缮，但这两栋大楼与教堂的塔楼和市政厅一道，构成了这座城市精彩的天际线，在历史与现代之间获得了某种难以达成的平衡。

要欣赏大学大厦，最好的地点是在奥古斯都广场附近——从 20 世纪 40 年代到 80 年代，这个广场都叫卡尔·马克思广场——这个广场被改了名字倒是很罕见，毕竟这座城市的市中心还有以罗莎·卢森堡和卡尔·李卜克内西命名的街道。奥古斯都广场位于城市中央，是歌剧院和音乐厅之间的一个电车枢纽站，歌剧院是斯大林古典主义风格，虽然既呆板又谨慎，但还有非常漂亮的装饰细节。音乐厅是 20 世纪 60 年代末期鲁道夫·斯柯达的作品，这是一座浮夸的野兽主义风格音乐厅，在大厅外包着一个沉重的壳子悬在那里，玻璃门厅向广场伸出（这两座建筑面对面，都是为了提供古典音乐，在这座巴赫之城，人们认为这是必需的）。这两座建筑在大学大厦的底部，它们被视为一个整体：其中的一座很紧凑、压得很实，另一座则很宽敞，是俯视着城市的一座大规模建筑。大厦外型像帆，第一眼看上去有点太单调了，但你绕着它走一会儿，就会发现这座大厦既优雅又精细，看起来不像是一座大厦，没有哪一个角度是完全相同的景象。大厦周围则是一些魏玛共和国时期的高楼，无聊得多，也小得多，采用了某种介于古典主义和现代主义之间的风格，但又两者都不是，较高的一座是 1929 年建成的欧罗巴大楼，这座楼需要翻新，外墙上被雨水冲刷出的钙华条纹看上去太伤感了。从德意志民主共和国时期拍的老照片来看，这里原来只是个停车场，所以在我到访的时候开办的圣诞市场，虽然和慕尼黑一样霸道，但可能只是在以前的基础上改进的。事实上，市中心腾不出空间来让穿着制服的人们搞“传统”的“铃儿响叮当”，做糖，搭五十个铺子卖手工做的圣诞老人，但它们全都汇集到这里来了：许多大巴停在主火车站外面，人们坐车来就是为了这些。比起荷兰建筑师埃里克·范·埃格拉特设计的大学新楼来，这些建筑都不太盛气凌人。和“对讲机大厦”的设计者拉斐尔·维诺里一样，范·埃格拉特也属于不知怎么就火起来的“签名建筑师”，这帮人的作品一眼就能认出来，既草率，又泛着感伤的意味。就这些设计来说，埃格拉特试图通过碎片式的条码外墙，以及一组从原来位于这里的已拆除的教堂上搬来的玫瑰窗，来复制哥特式的原则，这令人极为尴尬，既肤浅又让人恼火。

在市中心，绝大多数建筑基本都建成于1870—1914年的“美好年代”。此前，这些地方可能是巴洛克式或者哥特式的建筑，不过也同样是游客喜欢的，有马赛克、完整的雕像、镀金的山墙，还有一些地方，如果冬夜醉倒在城里，倒是很契合。这些地方里最好的，就是那可怕的马德勒通道，这个高耸的有天窗的混凝土空间，整合了残存的古典主义，很像主火车站。不像其他地方，东德没什么房地产开发，倒是让这些建筑免于被取而代之，所以紧紧抓住莱比锡，就可以通过这座大城市来想象“崩塌之前的德国”是什么样子，在所有令德国人蒙羞的事情发生之前是什么样子——不过即便如此，还是有里克咖啡馆的殖民主义影像，以及嵌在山墙上的夸张的黑人面孔，它们都在提醒人们，在波兰和俄罗斯之前，德国的帝国主义与生存空间针对的是非洲（还是那样，最好不要去问这些纱厂里的棉花是从哪里来的）。令人惊讶的是，在市中心，有大量的洞、断断续续存在的工地，以及没预料到的衰败，这些都与城市整体的可爱不协调。还有一些不和谐的，比如一大堆现代建筑，几处德意志民主共和国时期建的未来主义风格建筑，这些建筑的混凝土上有预制的抽象图案，这些建筑位于办公楼和住宅区中间，其中最好的是卡尔施泰特商场，这座苏联人造卫星风格的

非资本主义的百货公司

建筑，没有窗户的曲线上贴着闪光的凹面金属板，和战前的商业建筑一样，也是故意来吸引眼球的。最近还有一些无聊的酒店，以及艺术博物馆。这座由卡尔·胡夫纳格尔、彼得·普茨和迈克尔·拉法尔连设计的博物馆于2004年开幕，它的规模过大了。这座建筑呈方形，外墙是玻璃，内部用了光滑的混凝土平板，建筑至少有一半不是用于画廊，而是构成了两到三层的循环空间。这些巨大的方形空间有冲击力，也很野蛮，电梯的尺寸甚至和整个展览空间一样大。这与德意志民主共和国时期建造的那种不由分说的块状建筑一致，而不是威廉明妮时期的各种废物，按照当代德国建筑的标准，这其实非常大胆。

从市中心往南走，就会来到斯大林式大道规划的一段——环建筑。这是20世纪50年代初由“鲁道夫·罗赫尔团队”设计的。这组建筑占据了罗斯广场的绿地，是为那些比别人更平等的人建造的平滑而又疏远的城堡式公寓，楼顶还有王朝时代的小方尖碑。周围其他的几条街和街区也是类似的风格，你会看到当时的观念就是要用一条类似柏林斯大林林荫道的环形道路把莱比锡围起来，以展现一种坚实而壮观的社会主义现实主义，来把里面那座布尔乔亚的贸易之城比下去。当然，这永远不会发生，但你能看到“无产阶级古典主义”这种独特的价值和社会主义豪华被固定下来的样子，就像环形咖啡馆一样，那里有烛台，有壁画，还有令人费解的营业时间。

在东德的国家社会主义之下，商品交易会仍在举行，但成了社会主义阵营内部展示产品，以及尝试与其他阵营建立联系的契机。现在来参观这座场馆会让人有些沮丧。这座建筑略带20世纪20年代的新埃及风，是有横条的古典阁楼式，很大，方形的橙色桥塔和柱子带有一些德意志民主共和国时期的试验；但自从交易会搬到郊区去之后，这里就变成了一个长满荒草的零售园区。这里的主地标是苏维埃阁，顶楼的金色长钉上还有红星，所以绝不会弄错，苏维埃阁已经破败了，一半已经拆掉。近处是国家战斗纪念碑，也算是一个版本的全欧人民大聚会了。这是布鲁诺·施

斯大林式商品交易城

密茨设计的瓦格纳风格整体艺术作品（Gesamtkunstwerk）——一座集艺术、建筑与地标于一体的限定性表达。

当然，这也是威廉二世时期的风格，是基于当时发现的工程技术，再强加一种托尔金的美学。这座纪念碑是为了纪念拿破仑战争期间的莱比锡战役，在这场战役中，反法同盟取得了对皇帝军队的决定性胜利，纪念碑于1913年揭幕，时逢战役一百周年——结果另一场国家之战开始了。这座纪念碑的确看起来像是在表达战争爆发之地。它体量巨大，竖立在一块高地上，俯瞰着城市，纪念碑上装饰着一个巨型的武士浮雕，你很难想象他出现在 19 世纪早期的战场上，但这又与 1900 年前后在大多数欧洲国家很普遍的中世纪想象非常契合——对文明感到乏味的人们热切期望，他们期待骑士的品德、起伏的肌肉和武士铠甲。雕塑中的现代性，期待装饰艺术所宣传的那种简化的抽象的躯体，这被用来表达血液和土壤的恶意。1945 年，本地的纳粹党卫军选择了这座纪念碑作为他们抵抗美军的最后阵地，就是考虑到其象征意义。在德意志民主共和国时期，这座纪念碑被保留下来了，一定程度上是因为在它所纪念的战役中，俄国人和德国人同仇敌忾（更有甚者，都是对抗来自西方的敌人）。而这座城市作为日耳曼与斯拉

国家之战

夫欧洲的交会点，其形象在迷人的俄罗斯东正教纪念教堂中得到了更好的纪念，这座教堂就在旁边，建成时间也接近，就像一座小规模的克里姆林宫，这座教堂鳞片状的尖塔像童话一样，给城市的天际线添加了活泼的一笔。

对于国家战役纪念碑疯狂的军国主义，就在一英里外还有一剂解药，即魏玛共和国时期建设的社会住宅区圆环，这倒令人愉快。这个“环”是 1929 年由休伯特·里特尔设计，其道路名是直接取自瓦格纳的《指环》，但这位反犹主义作曲家的爱好者们，似乎对这座建筑并不满意。作为两次世界大战期间的现代主义，这个环最纯粹、也最不烦人；就像在法兰克福一样，有时魏玛现代主义——当时叫新建筑（Neues Bauen）、新客体性（Neue Sachlichkeit）——就其率直而言，的确不太浪漫，你会发现展现在你面前的是一排平顶排屋，或者说混凝土平房，尽管在 1925 年，这些建筑是作为 19 世纪城市的替代品，但它们看起来并不怎么样。不过圆环依然令人信服。在规划中，这里是一系列有辐条的同心圆，以及绝佳的带大阳台的排屋，还有地上的许多树，这里明亮又宽敞，既连贯又有集体感。在魏玛共和国时代，由极右翼统治的慕尼黑就没这样的东西——作为新城的方案，新建筑会抛弃所有修辞、夸张、忸怩，这恰恰是德国许多建筑的特点。不过在这个巨大的圆形空间的中间，还留有一个小小的空圆——大概一个圣诞市场可以让这里活跃起来。

极简主义住宅

现在商品交易会在新的商品交易城举行，要去那里最好是坐莱比锡的市郊铁路，最近这条铁路延伸了，增加了好几座挑高很高且氛围很好的地下车站。你必须坐火车到城市的边缘，才能到达这座曾经位于市中心的建筑，这当然也证明了莱比锡特别鼓励郊区化，并且在郊区化后，追求设计优雅的公共交通。新的商品交易城与旧的规划相若，但作为一个建筑群，这座建筑组织得更好，也管理得更好——建筑的两翼都用的玻璃墙，让人想起米尔顿凯恩斯的火车站；中间则是一座大厅，就像威廉明妮时代的大型火车站一样，只是投入了更多预算，用了更好的技术。这座建

新商品交易城

筑没有建在交易城空荡荡的原址上，那里乱糟糟的，这似乎有点说不过去，不过从新交易城上高速公路或去机场都很方便，而且比起后社会主义各种规划工作和各种琐碎的政治，交通便利是其选址更好的缘由。从这里坐公交环线，可以抵达慕尼黑宝马世界的一座姊妹工厂，一个电脑辅助设计团队参与了这个工业园的设计，在20世纪八九十年代，这个团队也是很庞大的。公车会带你穿过一个巨大的零售园区——“撒克逊公园”，大概就是“盎格鲁”意义上的——再穿过许许多多的小房子（其中一些是比较大的小房子），每座房子的车道上都停着一辆当地生产的宝马车，再到开阔地，最后则是宝马工厂（BMW-Werk），只有从它为了漂绿而建的风力涡轮上才能认出来。能够像 20 世纪 70 年代的慕尼黑一样建一座汽车厂，再与市郊铁路相连，都是很早以前的事了，毕竟，郊区和汽车有一种天然的亲和性。

当你真正走到那儿，会发现宝马工厂要比蓝天组设计的极其糟糕的陈列室令人满意得多，陈列室位于更富有、更有凝聚力，也更时髦的慕尼黑。工厂建筑绝大部分都是用有波纹的金属板遮起来的，在工厂里，机器人与几千工人一起对车辆进行拼装和定制化生产，把他们集中到一起的是中央大楼，嵌在混凝土上的牌子告诉你，这是 2003 年由伦敦的扎哈·哈迪德建筑师事务所设计。哈迪德的建筑常常难以完全复制草图——她注重活力、振动的速度与运动，但她的事务所却往往找不到材料在现实的空间中来实现。宝马的中央大楼则是一个接近这个目标的地方。在员工食堂和一家宝马礼品店上方一架升高的输送带上，有四根倾斜的混凝土粗柱子托着一个长长的菱形区域，用有褶皱的金属板挡起来（在这里，廉价材料倒是与环境适应了，而不是像一堆 CGI 珠宝里一个不幸的意外）。这里面装着这座工厂流水线的一部分，组装了一半的汽车就在游客（虽然很远，但这里确实有一些游客）和工厂员工的头顶上缓缓移动。

这条传送带本身就是这整个空间的组织原则，在转角处，传送带以挥鞭的角度俯冲，如果你是个新来的游客，这可能是一个

扎哈·哈迪德的后福特奇观

会令你感到异常兴奋的空间，但这也可能是一个你不得不每天与之打交道的无聊奇观。如果不是工人，那么你会拿到一份公告，公告会告诉你这个空间事实上全部都是用于工作实践，并且鼓励工厂的不同部门聚集起来，但似乎与蓝天组的陈列室一样，这是演示给建筑和汽车爱好者的一场烟火，这也说得通。可能是这样吧。但就在这短暂的时刻，可以一瞥某种关于无尽运动的建筑，用一个本质上是静态的物体来达到这种几乎不可能达成的目标。这完全是重新统一后德国政治上的精神分裂造成的结果；先把东德的工业给摧毁了，然后再姗姗来迟地取而代之，建造起被认为是世界上最好的公共交通系统，再把它们延伸到空白的、漫无目的的郊区，在绿色能源领域扮演先锋角色，但又妄想保护世界上最好的汽车工业之一。当然，这并不是哈迪德的本意，但要让一座建筑囊括工程技术、戏剧性历史事件和彻头彻尾的虚伪，的确是某种成就。

■ 罗兹：波兰的曼彻斯特 / 波兰的好莱坞 / 波兰的底特律

罗兹的主街叫皮奥特科夫斯卡大街，这是欧洲所有主要城市（当然也是欧盟所有城市）里最长、最平也最直的主街。大街的起点是一片工业园区，路两边都是又高、又豪华（修复过）的商业宫殿，就像相貌平平却有独特魅力的女性（尽管不是）。路笔直向前延伸，一直到终点，都没有任何转角或起伏，远景里也没有任何有阻视线的点，似乎这条路能够一直延伸。从自由广场路口开始，围绕着革命家塔德乌什·柯斯丘什科塑像，这条路就进入了一片镶了外壳、饰以花彩的建筑群，类似的建筑在任何地方都能见到——每个路口都有穹顶，每个入口都有女像柱，绝大部分拐角都用守护神撑着。白天这里一片安静，但到了夜间就会活跃起来，路边的庭院里隐藏着一些看起来有些可疑的酒吧，比如罗兹卡里斯卡。这是由一位同名概念艺术家组织的聚会点，酒吧装饰着大胸女子围绕着这位艺术家的“很讽刺的”照片，也是从欧洲的一些伟大绘画作品获得的灵感，镜子一般的舞池里，头发推得很短的男人与高个子女人随着奇怪的流行乐在跳舞。这些酒吧大多数都装着 20 世纪 70 年代的霓虹灯，它们挂在那里太久了，早就过时了。规模巨大的酒店散发着一种破败感，这在欧盟的城市里很难见到。你的脚下是一座好莱坞名人堂，诸如罗曼·波兰斯基这样的名人，用星形铭刻在了人行道上。拐到侧街上，女像柱

皮奥特科夫斯卡的早晨

的四肢已经掉了，穹顶上还长出树来——这种用石膏塑的细节，如果没有经常清洁维修，很快就会分崩离析。沿着彼得科夫斯卡大街再走几里，在庭院背后你会隐隐看到几座阶梯状的高楼。我已经来过这座城市差不多十次，但即便如此，我还是搞不清楚这些街道的尽头在哪里。

皮奥特科夫斯卡大街规划于19世纪下半叶，当时这里是俄罗斯帝国的西部边疆，原址是一座为了方便设置的村庄。这座城市最初是作为一座新城设置的，是日耳曼与俄罗斯世界的十字路口处的一座工业城市——当时这种陈词滥调还是很必要的，印在了波兰的版图上，就在前一个世纪末，这两个帝国合力将这个国家从地图上抹去了。这是这座城市的商业中心，商业街主要是为了吸引布尔乔亚，只是在19世纪的波兰，这些布尔乔亚是罗兹孕育出来的，在当地占主导地位。这条街最近获得了欧盟的资金，修缮得很漂亮：步行街，一些纪念性建筑被清理干净了，步道上摆满了著名的儿子与虚构人物的青铜雕塑。电车改线到了平行的柯斯丘什科街上，相比之下，这条大街一片混乱，街的一侧在20世纪60年代被拆除了，说是要建一个现代化项目，却没建起来。在一片水泥盒子里幸存下来的，主要就是斯维尔特威特酒店了，外面还挂着很棒的20世纪70年代的霓虹灯。楼房的砖石山墙光秃秃的，除了广告、街头艺术以及共产主义时代用于推销当地产品的奇怪壁画，整体都未经修缮。几年前，在通常没什么事实依据的英国小报《太阳报》上，刊载了一幅皮奥特科夫斯卡大街的照片，街头空荡荡的——这很罕见，除非你一大早就起来——作为一个“搬到英国小镇”的故事题图。罗兹并没有搬到英国，但是自从波兰获得“自由”以来的27年，罗兹的人口大失血。在过去一百年的绝大多数时间里，罗兹都是波兰第二大城市，现在却被克拉科夫超越了，克拉科夫传统上更具吸引力、更具“波兰特色”，也更有“历史感”，究其原因主要是罗兹人口崩塌，而非克拉科夫人口的增长。这是一座典型的“收缩”城市，可以唤起各种可能被人们遗忘的东西——工业与革命、斯大林主义与法西斯主义。

作为欧洲族群最单一国家的一座城市，从第一天起，这座城市就颇具多元文化色彩。

《太阳报》的故事很自然地漏掉了一件事，罗兹正是以一座英国城市作为模板——2004年以来，罗兹的居民陆续搬到了这座英国城市。在本书的诸多城市里，明显更深受到英国影响的城市，只有都柏林和尼科西亚，这都是前英国殖民地的首都。罗兹是特别按照一座“曼彻斯特”进行规划的，在那个时代，中欧、南欧和东欧的“小巴黎”和“小维也纳”们，都被“小曼彻斯特”取代了，罗兹是围绕着红砖纱厂建起来的，这种恐怖的东西曾经导致死亡，在纱厂里，工业无产阶级操作机器，达到了此前完全无法想象的生产率。许多人都认为，正是“曼彻斯特”使得英国变得如此富有、如此强大，如果也想富有强大，那就学着造一座。光在俄罗斯帝国就有好几座这样的城市——伊万诺沃、纳尔瓦以及圣彼得堡郊区——不过罗兹是其中最大的一座。

在20世纪70年代，安杰伊·瓦依达拍了一部电影，来反映建设罗兹的经过，以及它是如何与波兰割裂而丰富的多元文化政治关联起来的。《福地》（*The Promised Land*）聚焦一个波兰人的努力，这个角色由达尼尔·奥勒布里斯基饰演，他参与了由不同国家的老板们操纵的纺织产业：在俄罗斯政府的管理之下的日耳曼人（原型是卡尔·沙伊布勒）和说意地绪语的波兰犹太人（原型是以色列·波兹南斯基）；进入纱厂的无产阶级也同样是多元文化的。沙伊布勒和波兹南斯基及他们那个时代的人建造的建筑及做出的规划仍然支配着这座城市，也是这座城市要为游客们打造出异域风情的核心所在。铭刻在瓦依达电影里的，除了资本家的机械降神之外，还有对工业劳动者的刻画，这会让你意识到，从来没有人真正拍过关于工业革命，以及工业革命对人而言意味着什么的电影。在这个以女性劳动力为主的行业，行行织机发出沉重或者尖利的杂音，把一些粗心工人的手臂切下，这部血淋淋的恐怖电影，用一些飞速快进的推轨镜头记录下了这样的场面。瓦依达之所以能拍出这样的电影，一个可信的原因是，从这部电影所描述的 1905 年以来，这些纱厂就没发生过什么重大变化。那时候，这些纱厂主要是忙于赶制一些普通的产品，销售到东方去，从这里一直到乌拉尔山，一马平川，所以要销售并不困难。当经济互助委员会的贸易同盟崩溃的时候，罗兹也崩溃了，完全没法在全球市场上竞争。结果，这座在 1990 年还有 85 万人口的城市，现在只剩 71.5 万人，解决大规模失业的主要办法，就是人口外移。

罗兹曾是波兰的曼彻斯特，现在是波兰的底特律，还是波兰的好莱坞，从 20 世纪 50 年代到 80 年代的几十年里，罗兹是波兰电影工业的中心，使得波兰一度成为全球重要的电影生产国之一。瓦依达、杰兹·斯克利莫夫斯基、克日什托夫·基耶斯洛夫斯基、阿格涅丝卡·霍兰、安杰伊·蒙克等导演都在此受过训练，那个时代，许多小的制片公司都设在罗兹而非华沙，这座城市就意外成为文化中心和工业中心。过去对罗兹的巡视，会从靠近皮奥特科夫斯卡大街的罗兹工厂火车站开始，我2017年年中写这本书时，这座车站已经关了有6年了，所以可以把车站改造成一个购物中心，或者某种交通体验馆，现在在欧洲的火车站，这种体验馆成了必备部分。2010年，我当时的伴侣带我去了罗兹——她以为我会喜欢这座城市，当然，她的确是对的——火车站周围的区域被一座大型化工厂占据，当时，正是大卫·林奇要将这里改造成一座集电影、美术和超现实冥想于一体的中心，当然，这也是在一位当地地产商的帮助之下完成。尽管这个计划没实现，但林奇在这座城市拍成了《内陆帝国》(*Inland Empire*)，当时在美国的城市已经找不到《橡皮头》(*Eraserhead*)式破败的蒸汽朋克式景观了，这里却还有。在化工厂前方有一座扭曲的雕塑，是两次世界大战之间的独裁者、国家英雄约瑟夫·毕苏斯基，还有一组20世纪50年代到70年代的高楼，电视台总部是其中一座略带社会主义现实主义高楼，又暗又黑，却比更高更白的廉价玻璃摩天大楼更引人注目。这是罗兹具有欺骗性的一面，因为这座城市的市中心基本上没什么“共产主义”的视觉元素，很奇怪，这并不意味着罗兹就更像利沃夫。工业美学要比国家社会主义更早。平坦、粗粝、直率，这是一座19世纪的城市，如同英格兰北部而非多瑙河流域的实践一样；更像哈德斯菲尔德，而不是布达佩斯。

不过对于这一类城市，更典型的则是亚历山大·涅夫斯基大

波兰媒体正在骗人

教堂，它位于工厂车站旁边的基林斯基耶戈街（Kilińskiego）。这座教堂建于 1884 年，是由波兹南斯基、沙伊布勒等本城工业巨擘建造的，供信仰东正教的俄裔官僚、白俄罗斯和乌克兰工人礼拜，教堂由罗兹的主要建筑师希拉里·马耶夫斯基设计，这位也是典型的 19 世纪设计师，他能在早上设计哥特式，下午设计巴洛克式，晚上设计拜占庭式。这是一座无聊到令人惊讶的壮观建筑，用了多种颜色——蓝色、金色、绿色、橙色——顶上有洋葱头塔以及摊开的拜占庭式穹顶。看起来并不像一个波兰人要“搞”俄式建筑，而是许许多多泛帝国时代的新俄罗斯风格，可以把洋葱

亚历山大·涅夫斯基大教堂

头式穹顶，以及它所蕴含的俄罗斯权力，散布到从未成为东正教欧洲一部分的那些城市的天际线上——比如华沙、塔林、维尔纽斯、里加。但罗兹存在一种风格上的混乱，有时不同的风格彼此相互渗透：圣约翰·路德教堂纺锤形的红砖塔楼，是为日耳曼工业家和西里西亚织工建造的，却成了克里姆林宫的造型，天主教圣三一教堂，也更像是基辅而非罗马的建筑。

在 19 世纪的天际线上，佚失的那部分是犹太大会堂，这曾经是全世界最大的会堂，却被占领这座城市的纳粹摧毁了，他们还以一名纳粹军官的名字，将这座城市改名为利茨曼斯塔德，并且在这座欧洲最成功的多元文化城市里，建造起带围墙的犹太人隔离区来。1939 年以前，在罗兹 20 世纪历史上具有决定意义的事件是 1905 年革命，这是一次以纺织厂为中心的社会主义起义，当时，各民族工人一起反抗沙皇政府统治，随后遭到了残酷镇压。这座城市也因其英雄主义，被诸如列宁、罗莎·卢森堡、约瑟夫·毕苏斯基等不同人物所赞许。在成为爱国军事独裁者之前，毕苏斯基也曾一度是社会主义领导人。在市中心，还有几座这场革命的纪念碑——在我写作本书时，还有一条“1905 年革命街”。在离市中心几公里远的约瑟夫·毕苏斯基公园里，有一座混凝土纪念碑，不过关于这座城市的革命历史，大多数你能找到的东西都是偶然遇见的，比如藏身于公共建筑中的壁画或者牌匾。

直到现在，在主宰着罗兹的三座大型工厂里，最大的一座还是以色列·波兹南斯基的工厂，这座工厂建于 19 世纪 70 年代早期，也是希拉里·马耶夫斯基的设计——《福地》就在这里拍摄。这座工厂位于皮奥特科夫斯卡最北端，建成了城中之城，里面有纱厂、发电站、工人宿舍，以及工厂主自己的宫殿。令人惊讶的是，这座工厂依然是一个保存完好的整体，红砖不但被打磨过还抛了光，正在微微闪着光。如果你曾涉足英格兰西北部某家主要的纺织厂，你立刻就会发现这里太像了：同样的规模——非常大，跨越好几个街区，既沉闷又野蛮——但也有一些纪念性的主题，从地理位置上讲，一半是佛罗伦萨、一半是俄罗斯。通过欧盟注资，波兹南斯基工厂已经被彻底改造，重新定位成“制造厂”（Manufaktura），以吸引购物中心和休闲场所的开发商，这些新功能，不少是安排在旧厂房里。你可以在发电站的一角吃素食，也可以住在位于多层主纱厂中带有阁楼的酒店，还可以参观艺术博物馆的一个分馆，稍后我会说到。波兹南基工厂中间有一个露天的大广场，和一座很普通的购物中心。这是工业时代处于“升级”中的艺术王国，类似的开发项目会有的各种东西，在这里都能找到：它创造了零售业就业机会，吸引了店主来这里开店，通过把往往在城外购物中心里才有的东西搬到市中心来，以将城市重新

一幅隐藏的红色壁画

置于中心，同时，它也带来了游客（比如我就来了好几次）。波兰实际上还没有去工业化，国境西部的烟囱里还冒着烟，但当去工业化发生时，一些位于大城市中心的老工厂会发现自己所处的位置绝佳，就像“制造厂”一样。即便按照当时的标准，罗兹将工厂置于市中心也不常见。就在华丽的厂门旁边，是波兹南斯基自己的宫殿，这座建筑把差不多十种历史风格笨拙地拼凑在一起。

工厂的另一侧是工人们的住房，全都还保留着——这是一些阴森森黑黢黢的小屋，现正被逐步改造，以适应人们的居住需求。工厂北面是“古城”，这是一个小型的斯大林式尝试，要在不存在历

“制造厂”的后立面

史贸易城市的地方重新造出一座来，这里造就了一些建有更大的斯大林时代建筑的街道，一个从未完成的轴线计划，在这片区域与1956年以后建设的高楼之间，留有大片开阔空间。在这里，这些建筑非常有吸引力，这种现代主义与维多利亚时代的污染和拥挤形成了鲜明对比，比起那些僵硬“分区”的城市，这种对比要更明显（郊区那些巨大的住宅区就没有这种对比，因此也就不那么有意思）。这些昏昏沉沉的高楼以及莫斯科风格的大型楼房所处的地方，原本是这座城市毁于战火的一部分——也就是利茨曼隔离区，现在，这个区域用设置在街上的线条划出来，就像华沙一样。这个隔离区比绝大多数的隔离区存在得更久。这是座重要的工业城市，也就意味着隔离区的居民能提供手工劳动力，在这座城市条件极差的工厂里工作，而不需要进入附近的大批集中营。自20世纪60年代以来，这里留下了许许多多的受害者纪念碑，令人震惊的是，还有反犹主义的涂鸦——波兰的犹太人几乎全部被纳粹灭绝了，却没能终结波兰的反犹主义。和波兰许多下流的事情一样，这也与足球相关——当地一支叫维德祖（Widzew）的球队，被认为是“犹太人”的队伍，这些涂鸦实际上都是针对他们的，尽管自1944年以来，画上这些涂鸦的隔离区就已经“清空”了，这支队伍可能有一小部分球迷还是犹太人。忽略掉这一点简直令人晕眩。

在罗兹的居民区，很容易找到类似的恐吓，但是在市中心就没有，每一座主要的工厂都变成了同类的旅游景点。在每座工厂里，19 世纪资本主义的考古学家都能找到一种类似的集中感，每一座都是一个微观世界。这样的工厂有很多，最大、也修复得最好的两座是萨克森工业家路德维希·盖尔所拥有的白厂，以及卡尔·施伊布勒所有的“神父工厂”。

白厂是保留下来的工厂里最早的一座，某些部分始建于 19 世纪 30 年代。从 20 世纪 60 年代以来，这里就成了中央纺织业博物馆的主馆（尽管直到 20 世纪 90 年代，工厂有一部分还在生产）。因此，要追踪工厂的不同部件，尤其是纺纱厂从何而来，这是个很好的地方。这座工厂既简明又古典，用白灰泥涂在本地的红砖

白雪里的白厂

上，比较矮。走进厂里，你就能欣赏从曼彻斯特引进的先进建造技术——一个铁质框架营造出流动的空间，工程师们能在里面安排复杂的生产过程。你也会看到20世纪30年代的机械是什么样的，最初是来自基思利的哈特斯利和奥尔德姆的普莱特，当时英国已经不再引领纺织生产领域的创新，这些机械是从美国引进的。1945年以后的机器都是本地制造的。这里还展示着有趣的纺织品，之所以有趣，既因其包括了罗兹在150年的大规模生产中所提供的各种风格，也因作为“艺术”纺织品，它们一开始是纪念、后来是讽刺各种历史事件。工厂后面的小公园也被改造了，用瑞典话说叫“斯堪森”（Skansen），也就是木质建筑的露天博物馆，这种东西几乎和这座城市毫无关系，但也不失为一个有趣的地方，波兰人觉得他们可能会喜欢，木质的新艺术别墅、木质的农舍、木质的教堂，掩映在树里，外面大雪纷飞。

罗兹的住房一般都是公寓，无论是19世纪的无电梯公寓，还是20世纪70年代的塔楼，但在施伊布勒的工厂外面，有几座带广场的排屋，仿照的是“英式风格”。实际上，这些也是红砖排楼，虽然不可能误认它们为基思利或奥尔德姆，主要是它们明显就是为了展示而规划的，即“工业慈善村”风格的一种尝试，而不是英格兰大多数工人居住的那种一条条长长的、投机性街区。这里前后都没有花园，只有一栋暗红色小房子，位于种有树木的中心花园前方；尽头是工厂的钟楼，将经过精心安排的资本主义生产时间，强加给这些刚刚脱离农村的波兰人、犹太人和西里西亚纺织工人。与另外两座工厂不同，这里的厂房被改造成了阁楼，以作生活之所。在一块纪念 1987 年教皇约翰·保罗二世探望工人的牌子旁边，有另一块牌子纪念近期一位澳大利亚地产商的恩赐。这就意味着，这些房子都变成了豪宅，乐观地看，可能是为了吸引这里众多教育机构的学生在取得学位后前来置业。另一边，附属于纱厂的施伊布勒宫，现在是摄影博物馆，光是在这里，就能花上一整天的时间来参观。不仅是因为这里如人们预料的“讲了”伟大的战后波兰电影学派的“故事”，还因为这里是一间珍品陈列

工人住宅、工厂、钟

室——摆满了精美的先锋派电影海报、布景里的一些片段，还有超现实儿童动画片里的木偶——一个个叠在一起。布尔乔亚暴发户无聊的世界，在这里比其他任何地方都要更完整。施伊布勒的品位，从裹着青瓷眼的炉子（这里没有中央供暖），到天花板上“在天空嬉戏的裸体女神”一类的湿壁画，再到可怕的半女人半犬生物托着的椅子，都能表现出来。这内部装饰，腻得相当于一口气吃十个奶油蛋糕。这也解释了关于罗兹的几件事——第一，1905年的暴力以及引发暴力的热情（这座房子，与旁边那些为工人建造的房子——这还是最好的一批！——之间的对比非常荒诞）；第

内部设计，工厂大亨的风格

二，许多电影导演擅长搞尖锐的道德评判，他们的想象也能得到解释。在位于波兹南斯基王朝一所宫殿的艺术博物馆里，还能找到另一个回应，那是1930年，由立足罗兹的构成主义者中a. r.团体的成员所设计——卡塔兹娜·柯布罗、瓦迪斯瓦夫·斯特泽明斯基和亨里克·斯塔泽夫斯基。即便是在毕苏斯基的时代，这座城市也是由波兰社会主义党，及其同盟犹太劳工同盟（Jewish Labour Bund）掌权，这座博物馆，是他们力图将这座极端维多利亚风、反平等主义的城市变得现代化的努力的一部分。尽管不像施伊布勒楼那么野蛮，但这些带着犰狳一样的乡村风格的罗曼式别墅，里面的房间仍然展示着维多利亚时代上流社会的谜之品位，以及他们创造出来的谜一样的生物。构成主义者们把他们为新的日常生活所做的设计，尖锐地放在了这里。斯特泽明斯基是位画家，柯布罗则是一位极富原创力的抽象雕塑家，他们曾经在早期的苏联工作过——斯特泽明斯基在乌纳维斯（UNOVIS）小组，这是由卡济米尔·马列维奇在白俄罗斯的维捷布斯克召集的一个至上主义抽象工作坊，马列维奇本人有波兰和乌克兰血统。在乌纳维斯的时候，斯特泽明斯基设计了抽象的宣传鼓动海报。两人在20世纪20年代早期，带着这些理念回到了波兰。他们的收藏构成了这座博物馆最初的藏品，大多数摆放在“新塑料厅”，把a. r.成员自己的作品，与荷兰的风格派、德国的包豪斯、苏联的构成主义艺术家们的作品摆在一起。厅内是斯特泽明斯基本人设计

构成主义的内部

的覆盖一切的建筑，运用了基本色彩、界定清晰的块，以及网格图案的顶光。纳粹占领期间，这个展厅遭到破坏，直到 1945 年之后，斯特泽明斯基才把它重建起来。折中现代主义的对话，现在被“评论”新塑料厅的作品取代，这就和当代艺术中命题 – 逆命题 – 评论的形式一样。

艺术博物馆还收藏着 1945 年以后的藏品——每一件都与两次大战期间的藏品一样优秀，流行与构成主义的作品尤其出色，足以在泰特或者纽约现代美术馆同级的地方举办展览，藏品里的人物包括波林 · 波第和埃娃 · 帕图姆等——这座博物馆占据了制造

构成主义的外观

厂的好几层楼，使之成为柏林与莫斯科之间区域里最完整、最有趣的现代艺术博物馆。但要找到这座博物馆对城市空间的影响，就不应该去制造厂这样的后现代消费乌托邦，而是去一个小一些的住宅区，比如约瑟夫·蒙特维拉–米雷基耶戈小区。这个住宅区是20世纪30年代末按照与新塑料厅同样的原则来规划的。构成主义的宗旨，绝不是要在画廊里创造出什么精致的东西来，而是要推进日常生活的革命。构成主义的路径，对现代化、大规模生产的世界及其所有惊人的可能性，保持了清醒的头脑——此前，这被工业家宫殿的幻想所封闭——要从德绍、维特伯斯克和罗兹的工作室里走出来，走进工人阶级的日常生活，艺术家们动人地想象到，工人阶级的生活还没受到布尔乔亚糟糕的品位影响。他们的乌托邦，真的可以在铁轨的另一侧找到：走过墓地里宏伟的东正教、天主教、犹太教和路德派坟墓，走过相应的花园，你就能找到。除皮奥特科夫斯卡大街那窄窄的一条路以外，罗兹的绝大部分地方都一样，这些住宅区看起来的确需要一些调整。

这个规划还在，它与19世纪足以引起幽闭恐惧症的封闭式小区截然不同，所以很容易辨认。没有前庭后院，也没有封闭式的庭院，只有空间里的一些街区，有时这样的街区还被丢进了几何安排中，以便每个阳台都能照到太阳。这个小区以一位社会主义活动家命名，他于1905年被沙皇军队杀害，周围的街道过去和现在都是以革命者命名的。对于两次世界大战期间从威森肖到布鲁塞尔再到莱比锡的“工人”住宅区，对于非技术工人而言通常都太贵了，但他们才是人口中的大多数——但是斯特泽明斯基和柯布罗都搬进去了，他们的名字现在都铭刻在一块小牌子上。

今天，罗兹通过文化和遗产更新获得了大量资金，似乎对于这样一座目标还有待发掘的城市而言，其他办法能否起作用还不确定。与许多诉诸于此以摆脱绝望的城市不同，罗兹的文化实在是太丰富了。但这并不足以维持一座城市，尤其是脱欧之后，英国开始想把来自罗兹的市民遣返，就更是明显。不过这个地方也展现着另一个波兰。这个国家的政府，还痴迷于族群纯度、偏执、历史阴谋论，以及一种恶心的殉道者式情感，还有将野蛮的国家主义与平头税的新自由货物迷信相结合，在这样一个国家里却有一座这样的城市。这是一座工业敌托邦，残酷、虚伪，又庸俗。但它却渴望成为一座完全现代的城市，一场多民族实验，一个社会主义城邦，在这里，艺术家和激进分子可以设计住宅区，也是在这里，在工人制作东西的拐角，曾有一批 20 世纪最优秀的电影被制作出来。罗兹宛如一座充满活力的仓库，储存着那些愿望。

■ 利沃夫，一座哈布斯堡的首都

乌克兰总统维克托·亚努科维奇倒台后不久，俄罗斯军队的突然出兵，让克里米亚和东乌克兰的抗议变得模糊，记者们喜欢在讲述他们的旅行见闻时，做点小小的比较。一边是哈尔科夫或者顿涅茨克这样的苏联城市，这些城市里有列宁塑像和以列宁命名的街道，还有重工业：那是一个死去的帝国丑陋的遗迹。一边是利沃夫，这里有美丽、西式、欧风的建筑以及爱国主义文化——早在20世纪90年代初，这里的街道名和纪念碑就已经完成了“去共产主义化”。在这样的故事里，利沃夫最具欧洲色彩，最不像苏联，并且无论是从语言还是从文化上讲，都可说是最乌克兰的城市，也暗示着所有地方现在都在其领导之下。从直接的建筑与美学的层面判断，的确如此。你可以在利沃夫走走，城里有巴洛克穹顶、新古典广场以及世纪末的花园，设想你在一座奥地利城市，这座城市突然变穷了，并且采用了西里尔字母。但这种很容易作出的判断到底揭示出什么？又掩盖了什么呢？

利沃夫可能很美，但其20世纪的历史，却与欧洲任何地方一样丑陋，甚至比大多数都丑。利沃夫——波兰语叫鲁乌夫（Lwów）、德语叫伦贝格（Lemberg）、俄语叫勒沃夫（Lvov）——在世纪初的时候还是哈布斯堡帝国最大的城市之一：这座城市由日耳曼人统治，但主要语言为波兰语、意地绪语和乌克兰语，说

可爱的利沃夫

这三种语言的人口依次递减。1918年之后，这里曾经是复兴的波兰的主要城市中心之一，当地的地方政治很紧张。波兰化的举措造成了乌克兰人的抵抗，最初抵抗来自左派，到了20世纪30年代，附近发生的饥荒使得西乌克兰人对共产主义的兴趣骤减，因此越来越多的抵抗来自极右派，他们组成了乌克兰民族主义者组织（Organization of Ukrainian Nationalists, OUN）。1939年，根据《苏德互不侵犯条约》，利沃夫被苏维埃乌克兰兼并，这座城市里的各少数民族人口被驱逐到了塞尔维亚。1941年，纳粹兵临城下，内务人民委员会（NKVD）屠杀了利沃夫监狱里剩余的囚犯。当纳粹国防军到来的时候，混合了犹太人和共产主义者的乌克兰民族主义者组织——法西斯主义者当时就把两者混合，现在也是——精心策划了残忍的利沃夫大屠杀，试图建立一个由纳粹支持的独立国家，不料却被德国人拒绝了，德国人只希望乌克兰成为一个殖民地，并不是什么盟友，更不是一个傀儡国。即便如此，乌克兰民族主义者组织里的两派却与纳粹相勾结，并且在某种意义上参与了随后几年里的大屠杀。乌克兰民族主义者组织里更激进的派别班德拉派［Bandera faction, OUN（B）］建立起了乌克兰起义军（Ukrainian Insurgent Army, UPA），在战争期间，这支军队的主要行动包括对西乌克兰的波兰人进行族群清洗。利沃夫之后，曾经由波兰控制的乌克兰部分领土，重新兼并进了乌克兰苏维埃社会主义共和国，波兰人被赶到了原属德国的波美拉尼亚和下西里西亚，起义军组织了一场针对苏联和新加入苏维埃阵营的波兰的农村暴动战斗，到 20 世纪 50 年代，暴动被极其残酷地镇压了。

现在，要说这段可怕的历史从多个方面决定了利沃夫的今天可能有点愚蠢——尽管对于东乌克兰也照常在进行类似的概括。无论如何，20 世纪 40 年代到 50 年代的利沃夫提醒着人们，作为欧洲人还是作为野蛮人，两者完全不互斥。但除了种族清洗之外，到底是什么把一个地方打造成“欧洲”呢？又是什么使得利沃夫成为“非苏式的”？

利沃夫建城之时，是中世纪罗塞尼亚王国的一部分，但其建筑形式却来源于波兰 - 立陶宛邦联，这是一个存在于16—18世纪幅员广阔的奇怪国家。一个无政府主义的波兰贵族，统治着大片多民族的领土，在极盛之时，从丹麦边境一直延伸到斯摩棱斯克。邦联的统治者笃信天主教，致力于反宗教改革，正因如此，克拉科夫、维尔纽斯、利沃夫等主要城市，都采用了巴洛克和洛可可式设计，追求极致的绚丽。切斯瓦夫·米沃什生长在维尔纽斯，他将这种建筑比作殖民时代拉美的建筑，在政治和美学上，二者的确有诸多可比之处。利沃夫市中心满是这种游客会喜爱的建筑，原则上这也没什么错。任何一座城市，都会喜欢拥有一些像鼎盛巴洛克风格的圣伯尔纳教堂一样的建筑，或者更晚、更平和的多明我会教堂及修道院；这两座教堂的建筑师分别是荷兰人与意大利人。与此类似，任何一个地方都会为集市广场而自豪，这里有带三角形山墙的连排房屋，满是五彩拉毛陶瓷和浮雕装饰，还有环绕着市政厅文艺复兴风格的高塔。利沃夫的巴洛克建筑都极端圆润，令人痴迷，就像挤在博伊姆礼拜堂外墙上的有机人物与图案。

利沃夫不是保留下来的遗迹，只能拍拍快照，开纪念品商店，办一些单身派对（要不是战争使得廉航取消了飞往利沃夫的低成本航班，只消几年，这里就会变成这个样子），利沃夫是一座拥有这一切的真正活着的城市。在多明我会教堂两座美丽的巴洛克建

喀尔巴阡山区的佛罗伦萨

筑与安眠教堂之间，有一个不那么正规的小广场，广场上有一座16世纪印刷工伊万·费多罗夫的巨型塑像，就在塑像底下，我找到了全乌克兰最好的书市。集市广场周边到处是有趣的咖啡馆和酒吧，城里数量巨大的学生是这里的常客。在这里，从居民中的年轻人和那幅反恐同的涂鸦（“LGBT权即人权”，是用英语喷的，这在乌克兰很显眼）来看，利沃夫的确就是喜欢它的人所声称的前卫欧洲文化之都。

如果存在一个与文艺复兴和巴洛克时代同样流行的建筑时期，那就是19世纪末，尤其是蒙哈布斯堡帝国所赐。利沃夫是加利西亚省最大的城市，在18世纪末，波兰被帝国主义列强瓜分时，加

利西亚是波兰 - 立陶宛邦联被奥地利分走的一小块。加利西亚穷得名声在外（现在还是这样，2013 年，在革命与战争之前，加利西亚这一区域的收入和 GDP 比顿巴斯低得多），但就文化和民族政策而言，哈布斯堡要比普鲁士和俄国人更为开明，后两者只会野蛮地进行国家建设。波兰人和乌克兰人获得了相当程度的语言和教育自治权。在 19 世纪 70 年代，利沃夫成了半自治的加利西亚省省会，城里建起了省议会，还有必备的环城大街，那是一条绿色环形大街，矗立着通常很大又很颓废的新巴洛克风的歌剧院、剧院、博物馆、大学，以及布尔乔亚的公寓楼。

哈布斯堡也有一种国际化风格，刻意营造出一种熟悉的氛围，无论你在的里雅斯特、萨格勒布、布达佩斯、克卢日、维也纳、布拉格，还是利沃夫，都能感受到。这种风格可能满是陈词滥调与矫揉造作，但造就了 19 世纪晚期最简单、最优雅的一些城镇景观，这种景观会蒙骗观察者，让他们以为这个帝国会比实际情况更富有、更发达。即便如此，在 1914 年，利沃夫还是一座正在成长的充满活力的城市，环绕着市中心的街道两边有高楼，这些街道极具吸引力，阳台和山墙上，有维也纳分离派实验的大量铁艺和锡釉陶。城市晦暗的历史留下了一些伤痕，但都很难找到了——比如说，圣乔治大教堂巨大的洛可可式洋葱顶里，隐藏着非常拙劣的修缮，像超市擦干净的地板，这是 20 世纪 40 年代这座教堂被改造成东正教教堂，到了 90 年代又被改回天主教堂的遗迹。不过大多还是完整的。两次世界大战期间，利沃夫就没往画面上加什么东西，除了一些古怪的现代建筑，以及一些有趣的实验，比如市中心外面像船一样的市政发电厂，现在，这座发电厂被服务全民的保安公司拿来做办公室了。利沃夫起伏不平，所以哪怕站在那些荫蔽于树丛里的曲折街道上，通常也都能看见塔楼和穹顶，街道呈现出某种雅致的衰退感，程度刚刚好。看见一座未受轰炸机和共产主义城镇规划师等干扰的城市，真是很棒。

利沃夫的苏联时期从 1945 年持续到 1991 年，这期间，利沃夫的历史中心的确未受破坏，不过苏联规划师通常都会这样，因此才有了维尔纽斯、布拉格、布达佩斯等地的单身派对。沉重而尖刻的社会主义现实主义中一些古怪的部分，潜藏在内郊区，但要在利沃夫审视苏联的力量，应该去的地方就是德涅斯特酒店，这是一座玻璃混凝土板结构的建筑，一眼就能认出是苏联国际旅行社的产品，这座建筑巧妙地插进了可爱的伊万·弗兰科公园旁的一个街角，所以除非你特意去找，否则是看不见它的。琳达·阿列克谢耶娃和格里戈里·奥斯特洛夫斯基编写的 1987 年版《勒沃夫指南》(*Lvov: A Guide*) 推荐我们从这里开始，走到 9 楼的全景厅，在那里可以查看佛罗伦萨一般的天际线。在天际线以外，你还能看见完全相同的预制板和围绕着其他任何一座苏联城市的尖顶，两位作者对此也颇为自豪。“在勒沃夫建立起苏维埃政权之前，只有市中心和特定的特权区域，才能看到建造精良的居民楼和公共建筑。现在全城都能看到这样的房子了，当然也包括工业区，那里居住着数万工人。只要房屋标准提高，市中心与郊区边缘就不会有什么区别。”以标准来说，可能是这样。但以美学来讲，就绝对不是了。利沃夫得到的是和顿涅茨克一样的东西。

不过，尽管利沃夫早在20世纪90年代就开始对列宁像进行破坏，但就算是在这座城市的前苏联边界之内，也还能找到大量的遗存。比如说，在旧加利西亚议会对面，有一座红色花岗岩雕塑，是诗人、记者伊万·弗兰科，他的脸部雕得很精细，怒目圆睁，周围围绕着起义的工人。这是1964年的作品。弗兰科是乌克兰民族主义的奠基者之一，其意识形态偏左，也是第一个将《资本论》翻译成乌克兰语的人——因此，他与无处不在的塔拉斯·舍甫琴科、社会主义女诗人莱希雅·乌克兰卡一样，无论在苏维埃时代还是后苏维埃时代的乌克兰都备受推崇。位于市中心外面的博格丹·赫梅利尼茨基文化休闲公园是一座典型的迷你高尔基公园，公园有一座经典的斯大林式门廊，通向一条小径，小径一级一级抬高，顶上是苏联武装部队勇士纪念碑，这座建筑于1972年获得了乌克兰苏维埃社会主义共和国塔拉斯·舍甫琴科国家奖。乌克兰地毯式完整去共产主义化的法律，却有一款条文，将红军纪念碑保留了下来。阿列克谢耶娃和奥斯特洛夫斯基写道，“主要的横向线条与纵向线条组合在一起，大规模的形式与荒凉、简洁的轮廓，造就了一个复杂但和谐的整体，这就给了这座纪念碑一种英雄的高度”。毫无疑问，这座纪念碑令人印象深刻，与许许多多苏联晚期的纪念碑一样，拥有一种有力而不太自在的男子形象——战斗与纪念的详细叙事，用了现实主义风格的青铜——以及抽象化，这些故事被镌刻在了坚硬的多边形上。锤子、镰刀，以及“战胜法西斯”这一行字还在那里，可能还会继续存在。正对面，是当地军分区的大楼，外面有一块屏幕，弹出征兵视频；两个时代的军事主义，肩并肩。

“战胜法西斯”

在旁边的斯捷潘·班德拉街上，这种延续性更为明显。街上有一座纪念班德拉派领导者的纪念碑，这座纪念碑于2007年揭幕，其建筑表现还是苏维埃式的，这既讽刺又可笑。一排很高的弧形柱廊，看起来很像用同样抛光过的红色花岗岩制造的支架，每一座列宁纪念碑都会用这种材料。一座班德拉的青铜塑像，朝着某个目标跨出大步，甚至捕捉到并定格了他摆起来的风衣，还细心塑造出他的山羊胡子，让我知道他长什么样子。尽管列宁的观念无法被简化成斯大林主义，但班德拉进行种族清洗，以及无情暴力的遗产，绝对就是仇恨和种族主义的遗产。“去共产主义”法的起草者，其实是尤里·舒克维奇，他是班德拉在乌克兰民族主义者组织/乌克兰起义军里的同僚罗曼·舒克维奇忠诚的儿子——正是这部法律授权为乌克兰民族主义者组织建设纪念碑，所以这样的东西未来还会有。不过这座塑像与其他的权威主义纪念碑的非正式用途一样，周围是午饭时候闲逛的人、醉汉、玩滑板的人。

在利沃夫，还有一个苏维埃的事物真会令人惊讶，这个事物灵巧地避开了政治象征，也就意味着唯一给它带来威胁的是开发商，而非意识形态。1968年建成的利沃夫马戏团，是一组规模很大、也很让人愉快的流行现代主义建筑，它又明亮又轻浮，与利沃夫格格不入。马戏团旁边是一个由雕塑组成的游乐园——小人、妖怪、生物、动物，都包着马赛克，做成滑梯、秋千、攀登架。这是一个漂亮的地方，超现实、可爱，但毫无疑问又具有苏维埃和现代主义风格，它们与街道一侧浮夸的社会主义现实主义住宅形成了鲜明对比，也和街道另一侧正在衰败的哈布斯堡宏伟建筑形成对比。我离开这座城市一个月之后，这些有趣的雕塑绝大部分都被毁掉了。从伊万·弗兰科公园再走几步，是另一座游乐场，法国加工奶酪公司乐芝牛慷慨赞助利沃夫市议会建造了这座游乐场。乐芝牛的商标印在了每一架秋千、每一匹旋转木马上。毕竟，是欧洲。

“对法西斯主义的胜利”

马戏团

秋千

| 4. |
巴尔干

■ 斯普利特 1 号、2 号和 3 号

在申根区内，不需要护照你就能乘坐高速列车从塔林穿越到里斯本，这个距离过去曾浸满鲜血。你可以从一座只能步行的古城前往另一座，各处都满是美轮美奂的新建筑与画廊——就像发电站乐队的《无尽的欧洲》(*European Endless*) 所唱的一样。但即便在申根区内，也存在着另一个欧盟，在那里，铁道系统几乎不能运作，难以将一个国家连接在一起，遑论与邻国相连。民族主义正在兴起，那些可爱的古城被旅游开发搞得近乎窒息，在每座城市的边缘，都有像美国一样糟糕的市郊购物广场在蔓延。克罗地亚是欧盟第三穷的成员国，也是最新一个，可能也是最后一个成员国。当你走出克罗地亚第二大城市斯普利特的火车站，你将抵达的就是这样一个欧洲。如果你能顺利登上火车——回程时，我的火车在到达前十分钟被取消了，改成了大巴——你就会看到这座小而破败、几近废弃的火车站。连接克罗地亚诸城的铁道，大多经过波斯尼亚和黑塞哥维那这个非欧盟成员国的领土，所以经历了 20 世纪 90 年代的战乱之后，这些铁道就很不可靠了。在这里不像申根国之间能自由穿行。克罗地亚现在成了成员国，而波黑、塞尔维亚、黑山、马其顿、科索沃、阿尔巴尼亚和土耳其可能永远没法加入这个圈子——但这些被忽略的历史基础设施却并不遵循这个新的分类体系，欧盟与其陷入巴尔干诸国，倒不如

就无视他们——转向一些更容易的区域，比如斯洛文尼亚，它位于阿尔卑斯山区，这样的位置能让它更容易表现得只和奥地利存在历史联系。

在斯普利特那个残存的火车站外，你会看到一片小摊子，在兜售中国生产的、与斯普利特相关的廉价衣服饰品，一尊若隐若现的弗拉尼奥·图季曼塑像俯视着这一切。这是一幅丑陋的图景，显示出某种廉价而恶心的民族主义情绪；实际上，克罗地亚现在的政权也极偏向右翼。不过在历史上，斯普利特就是一座与世隔绝的城市。这座港城坐落在一个深入亚德里亚海的半岛上，历史上曾被多个欧洲国家短暂占据过，包括罗马帝国、拜占庭帝国、波斯尼亚王国、威尼斯共和国、法兰西帝国、奥匈帝国、君主制时代和社会主义时期的南斯拉夫、墨索里尼统治的意大利、作为法西斯傀儡的克罗地亚独立国，以及 1991 年独立的这个自由民主制国家。但只有两个国家对这座城市的建成环境影响最为深刻——第一个与倒数第二个：罗马帝国和战后建立的南斯拉夫社会主义联邦共和国。

斯普利特是在戴克里先宫的外壳上发展起来的。这座宫殿建成于公元 305 年，邻近一座罗马–伊利里亚的大都市索罗那。其设计壮观而精致，将一系列巨大的空间，环绕着一个令人印象深刻的中央列柱廊，围合在堡垒之中。这座建筑的许多特征，与 18 世纪诸如罗伯特·亚当等新古典主义者借鉴的作品颇为类似，罗

戴克里先宫的列柱廊

伯特·亚当曾出版过一本关于戴克里先宫的书。这座宫殿，可以作为阿尔多·罗西在《城市建筑》（*The Architecture of the City*）中提及的“地点”（locus）最具说服力的范例。所谓“地点”，即建筑的结构非常强势，以致能将整座城市界定在其中。在戴克里先宫内，的的确确就是这样。索罗那被入侵的蛮族围攻，最终导致了西罗马帝国的灭亡，其居民躲入这座废弃的宫殿之中，在数个世纪的时间里，按照自己的需求对宫殿进行改造。人们在巨大的柱廊和内室的空间，用从这些建筑上搜刮下来的材料，建了数以百计的房子，而精心建造的地下室则成为一个下水道系统的基础。这造就了一种历史正义，为一位专制帝王的舒适（以及对他的尊敬）所建造的建筑群，成了数千难民的庇护所。这可能也是末世之后海德公园一号的命运。

尽管人们粗暴地对待罗马建筑——接头处很明显，拙劣的石工就叠在切割得很整齐的罗马石灰石上——正如罗西所说，难民以及后裔建设的这个棚户区保留了宫殿最初结构的框架，列柱廊还是中心。在列柱廊里走走，就像一场精心安排的猜谜游戏。列柱廊的路线，会带你前往一间无顶的圆形大厅，就像一只睁开的眼睛，往下走则是一个砖砌的地窖；从戴克里先宫陵里搬来的一

戴克里先晾衣绳

些碎块，堆到了斯普利特大教堂分层的罗曼式塔楼上，但就在教堂背后，陵墓的轮廓还很清晰；紧紧挤在一起的房子给宫殿液压机械的遗迹让出了道，洗过的衣服就晾在戴克里先宫孤零零的柱子上，透过巨石砌成的拱门就能看见。这的确特别，但如果这里没那么多又杂又烂的游客餐馆，没有这像栅栏一样的几排纪念品商店，这里也许还要特别得多。

环绕着宫殿是最近翻修的水滨街道，以及威尼斯人建的城，城里有三角形的钟塔和尖拱宫殿，所以一眼就能认出来，这些建筑大多在极窄的街道上。除了列柱廊这个意外，建于20世纪以前唯一摆出市民姿态的建筑，是威尼斯建筑师乔万尼·巴蒂斯塔·梅德纳设计的共和国广场，这座有柱廊的深红色广场俯瞰着亚德里亚海，它始建于18世纪60年代，直到半个世纪以后才建成。广场周围零星分布着一些有趣的东西——典型哈布斯堡风格的国家剧院，黄色的灰泥与分离派的玻璃表面，在奥匈帝国随处可见，密集的街道边有石灰石建成的房子，房子开着小小的百叶窗，还有几座有趣的别墅和公寓楼，都是航海流线型的现代风格——而“另一座”斯普利特，则是在1945—1991年建造的。

20世纪60年代，前南斯拉夫的规划师们将这座城市分成了“斯普利特1号”，即宫殿；“斯普利特2号”，即围绕宫殿的未经规划的城区；以及“斯普利特3号”，即沿亚得里亚海岸向东延伸的经过规划的延伸区。“斯普利特2号”充满了各式各样呈现强烈现代主义风格的建筑，诸如在国家剧院对面，简洁而符合古典主义比例的普利玛百货公司，或者多布里广场，这组曾经非常时尚的建筑就在历史城区的北面。还有一系列阶梯状的公寓楼爬上了码头背后的山崖。和本地的石灰石房子一样，他们都是闪闪发光的白色，但通过一种更刻意的构成，解决了格局乱糟糟的问题。这些全都是很优雅的现代建筑，会让人想起更富裕的阿尔卑斯山区国家，而不是“共产主义”欧洲快速建起来的糟糕的装配式房屋。这主要是因为20世纪40年代到80年代，南斯拉夫成了一个地缘政治的古怪例外。从国际上讲，南斯拉夫是不结盟运动的一

多布里广场

员，这个组织是由印度尼西亚、埃及等前殖民国家组成的，而在英国，南斯拉夫的体系叫“自治社会主义”，无论是在法律上还是在实践中，工人们都控制着他们自己的工厂。住房是由自治的工厂所有并进行分配的，而不是国家。

因此，南斯拉夫能够超越“西方”与“东方”的二分，表面上也成为一个明显外向和国际主义的国家。这样一来，把城市面积扩大了三倍的斯普利特 3 号，就不是一个数字游戏，而是一场实验。从概念上讲是现代主义的，由高楼和停车场上放的装配式房屋组成，试图创造出一种有吸引力的共同体生活，而不是一个空空如也的空间。泛南斯拉夫设计师们——一个由弗拉基米尔·穆尼奇率领的斯洛文尼亚规划团队，以及克罗地亚建筑师伊沃·拉迪奇和丁科·科瓦奇——联系了简·雅各布斯本人来评估这整个居住区。很明显，它通过了。从市中心往东走，走过一些“正常的”20 世纪 60 年代住宅区，你就将来到斯普利特 3 号。两者的差别很明显，因为你是从一个由模糊的中间空间改造成的停车场，走进一系列铺着石头的宽敞人行道。斯普利特 3 号的中央“街道”项目一直往外延伸，随着阶梯向下通到海滨，路边是多边形的低层办公楼、商店，还有大概十几家酒吧和咖啡馆。要不是因为楼上的房子像夸张的野兽主义游艇，还带有悬空的阳台以及炮楼般的勤务塔，这些小小的街区列队通往亚德里亚海，可能会让人想起路易·康设计的位于圣迭戈的索尔克研究所，以及研究

斯普利特 3 号的步道

所对准了太平洋。这既是能令人敬畏的街景，很明显，也是一个非常成功但又非常普通的行人空间。有一块牌子上还有铭文：技术城，1976（Technogradnja, 1976）。

有条街很巧妙地沉在主要商业街下方，形成了一条拱廊街，沿着这条街走，你也许会以为能直接走到海边，看起来也的确如此，但事实上并非如此。直到 20 世纪 80 年代，斯普利特 3 号还没建完，主街只能通到一条杂草丛生的山谷，那里有菜地、废弃的宾馆，伸出混凝土阳台的加固正在风化，以及一座不太协调但又很漫不经心的新丽笙酒店，还有一些荒地。再往前走，你会看到更多的阶梯状住宅区以及一片海滩，很明显，这与上方的野兽主义街道一样，属于同一个合成物，但又没与它们相连。

斯普利特3号已经烂尾超过30年了，这期间什么都没发生。近年来稍有扩展，作为斯普利特大学的一部分，有些地方很好，比如亚斯明·塞莫维奇2008年设计的大学图书馆，这是一座多层的玻璃建筑，底部架空，与斯普利特3号愉快地连接在一起，而不是拒之千里。再走几公里，还有一片可怕的郊区，最好是默默走过。在其范围内，斯普利特这座城市已经保留了它拥有的东西，并且避免了在天际线上再添加一些庸俗的东西（可能是因为没钱），但那座废弃的火车站表明，自1991年以来的衰败已经非常严重。一开始，罗马宫殿被中世纪早期的突发事件变成了一座混乱的集市，后来新自由主义的旅游业也产生了同样的效果，而斯普利特3号就是一个未完成的大型蓝图，留下荒草、废墟和投机，这两者之间形成了一种古怪的对称。而这两者碰巧都有同一种街头生活，就它们这种类型的城市而言，这种街头生活并不普遍。不过，斯普利特的根基太深也太怪，很难想象这种静止状态会永远持续下去。

戴克里先宫以北大约2公里处，是斯普利特波尔朱德区的住宅楼——这些楼很显眼，几乎是中世纪高高的塔楼，一直通往城市北端的终点——还有斯普利特哈吉杜克足球场，这是鲍里斯·马加什的独特设计，球场的座位构成了一只半开的牡蛎，蹲在迪纳拉阿尔卑斯山脉峭壁丛生的石灰石山峰的影子里。附近是考古博物馆，这是1914年奥地利建筑师弗里德里希·奥曼和奥古斯特·科斯坦的设计，那时，哈布斯堡帝国对斯普利特的占领已经接近尾声。这个国家，以及这座城市，都常常把自己界定为天主教的堡垒，以对抗塞尔维亚东正教，还有近期的波黑穆斯林。对这个国家和这个城市而言，这座博物馆的设计都太过“东方”了，博物馆的石工厚实粗糙，红瓦屋顶更具拜占庭风格，而非经典的罗马式。博物馆里没什么戴克里先宫的东西——住在那里的人太多，所以根本不可能进行彻底发掘——不过庭院里的一组露天展览，倒是几乎完整地呈现了一个墓穴，这是从废弃的索罗那搬来的。每种类型的罗马坟墓，献给不同的信徒，且分别设有纪

哈吉杜克与迪纳拉阿尔卑斯山脉

念碑，献给贵族和庶人，自由民和奴隶，男人和女人，但全都是一种可辨认的现实主义罗马风格。这是一座关于纪念性雕塑的博物馆，展示着古代的分类，以及创造性的盗墓行动。它所呈现的世界非常精彩，不过对存在于这里的三个城市而言，还是请给我斯普利特 3 号。

一座罗马坟墓

■ 不，不，不，不：萨塞洛尼基

对欧盟的一个潜在批评是，它装出一副普世性和超越意识形态的样子，要给世界树立一个榜样，但它其实是把一个更老、更具排他性的东西加以重新包装：那就是基督国。因此，欧盟在很大程度上就排除了东南欧大片国家，他们曾经被奥斯曼帝国统治了几百年。仅有的例外是希腊、塞浦路斯、保加利亚以及罗马尼亚的一部分。从 1453 年直到 1912 年，萨塞洛尼基都是这个帝国的第二大城市，此前的拜占庭帝国时期就已是如此。一百年前，萨塞洛尼基（又名萨洛尼卡 [Salonika]、萨洛尼克 [Salonik]、索伦 [Solun]）的人口主要是讲西班牙语的犹太人，另外还有希腊人、土耳其人和保加利亚人，他们比例相当。这座城市最有名的是布满穹顶和宣礼塔的如画天际线。到了 2015 年，这座城市几乎完全是一座希腊城市了，也拥有欧洲大都市里最钝、最平的天际线。

作为希腊共和国第二大城市，萨塞洛尼基是一座正在衰落的工业城，一座大学城，以及一座非常"左"的城市。在 2015 年的选举中，激进左派联盟轻松胜选，那时我来到这座城市，到处都是更"左"的团体的海报和涂鸦，比如安娜塔西亚（Anatarsya）和希腊共产党。激进左派联盟在 1 月当选，他们的宣言被称为"萨塞洛尼基计划"。这个宣言承诺要坚决抛弃紧缩，转而采取公共所有制和公共工作。毫无疑问，这个宣言在这里大获支持，就像紧急救助公投中的“否决”票一样多——有几条街上，还喷着一行一行的“不，不，不，不”。现在的紧急救助条款，使得激进左派联盟不可能真正实施萨塞洛尼基计划。

1912 年，萨塞洛尼基从奥斯曼帝国的统治之下获得解放，1917 年，萨塞洛尼基遭遇了大火，这完全是巧合。新的当局雇了一批学院派规划师，来为混乱而未经规划的街道提供一个替代方案。历史学家马克·马佐韦尔写了一本关于这座城市的书，书中写道，这次规划造就了决定性的“欧洲化”转变，但他也注意到，在奥斯曼帝国统治下，这座城市已经历了几十年的现代化——更宽的街道、电车、下水道。法国建筑师欧内斯特·厄布拉尔在犹太人和希腊人聚居的“下城”规划了格网，但主要是土耳其人聚居的“上城”就没作变动。

自从罗马时代以来，艾格纳提亚大道就是这座城市的主干道，这条路被加宽了，这造成了一个古怪的后果——曾经跨在街上的罗马凯旋门，变成了人行广场边上的一座遗址。厄布拉尔的工程，也要对这座城市进行去奥斯曼化，很快就移除了宣礼塔，最终只剩下两座，新的街道围绕着城里的罗马纪念碑布置，更有趣的是，也围绕着拜占庭纪念碑。清真寺和会堂都被忽视了，在纳粹占领期间，会堂几乎全部被摧毁。因此我们可以认为，虽然不是主动，但厄布拉尔的规划让这座城市最终实现同质化。但 20 世纪 60 年代发生的事情，使得他想打造一座优雅的学院派都市的全部努力，

公投过后

都化为泡影。

20 世纪 50 年代到 70 年代，希腊转变成一个城市化、工业化的国家，这对萨塞洛尼基造成了相当剧烈的影响。厄布拉尔规划的下城，最初满是学院派建筑和流线型的四层现代建筑，却突然被冒进的投机性住宅所取代，这些房子多为 8 层到 10 层，用混凝土建造，还设有带玻璃的阳台。这与巴尔干的其他地区形成了有趣对比。在这里，开发商才是城市化的主要推手，而不是政府官僚；在同期的保加利亚，你会看到古城大部分被保护起来，郊区的绿地建起装配式建筑，但这里却不是这样，历史市中心变成了投机狂欢的空间，街上建起局促的楼房，底层是商店和咖啡馆，背后没人看见的地方是破败的庭院。要是采纳简·雅各布斯关于是什么令一座城市“充满生机”的建议，这样的状况在任何地方都可能发生。这也造成了一种超乎预期的效果，即厄布拉尔的轴线规划，只对城市很小的一部分区域有意义，因为街道本来要指向的拜占庭穹顶，被无处不在的公寓峡谷变成了侏儒。

尽管这座城市的拜占庭教堂看起来比一般教堂小得多，但它们真的非常特别——这座城市拥有全球保存得最好的拜占庭遗产，所以被联合国教科文组织列为世界遗产。在厄布拉尔所处的时代，他能够赋予拜占庭建筑以罗马或古希腊建筑同样的价值，这的确很有启迪意义（可能有些不幸的是，他没考虑对奥斯曼建筑作出类似的修正主义判断）。中央教堂也叫圣索菲亚大教堂，但比起伊斯坦布尔那座同名教堂来，这座教堂要小得多，建造时间也晚得多，建成于8世纪。从西边看过来，这座教堂呈希腊十字形，上有穹顶，正面是平的，刷成有点旧的黄色；从东边看，后殿裸露出当地的红砖。教堂获得了很多空间，周围环绕着一个大广场，甚至使得教堂本身在周围一圈高街之中显得不占什么优势，而非相反。但内部还是很令人震惊的。穹顶之下有窗户，光从窗户照进来，透过巧妙设计的竖井，将整座教堂照亮，教堂被绿色与红色的图案标出来，既富丽，又暗淡。金色马赛克是严格的拜占庭风格，覆盖着后殿与穹顶——礼拜者可以直直盯着，看得很清楚，从里面看，要比从街上看起来令人震撼得多。

拜占庭与投机

如果你有意愿，可以在这座城市里追溯拜占庭建筑的发展史——在7世纪早期建成的圣迪米特里奥斯教堂，有长长的双层拱廊，清晰的开放空间，到500年以后建成的非凡的圣潘捷列伊蒙教堂，则有了多个穹顶，以及装饰性的砖图案——统一之处在于它们复杂的红砖和东正教的马赛克与壁画。被占领之后，这些教堂全部被改成了清真寺，直到1912年以后，才得以恢复基督教堂。萨塞洛尼基的政治非常极端化，在20世纪20年代，其穆斯林居民曾经与士麦那/伊兹密尔的基督徒“交换”过，造成一种相互的种族清洗，鉴于此，有必要注意到，两座保存下来的主要穆斯林纪念碑，其建筑明显与拜占庭教堂系出同源。但这两座建筑修复得都没那么好。其中一座是贝·哈马姆浴室，另一座是哈姆扎·贝清真寺，两座建筑都是 15 世纪征服后很快建起来的。它们都在艾格纳提亚大道上，拥有多个拱顶与毫不做作的原始红砖，明显都是源于城市的建筑传统，最早可追溯至 4 世纪的加莱里乌斯陵。这座陵墓是一座规模很大的建筑，曾被用作陵墓、教堂、清真寺，现在则是一座临时音乐厅。外面就是市中心唯一幸存的宣礼塔。就在大屠杀前夜，犹太人曾是这座城市里最大的群体，但纪念他们的只有一座小小的博物馆和莫纳斯提尔会堂，它意外出现在一条安静的侧街上。

莫纳斯提尔会堂

20世纪的规划，意味着剥去了萨塞洛尼基的各种异域风情，尤其是那种略带“东方感”的气息。在雅典市中心，你会看到一些安静的新古典主义街道，都涂了亮色。萨塞洛尼基则没有这样的街道，因此它不会成为一个旅游胜地，也许正因为如此，这里有许许多多极好的廉价咖啡馆。还有一个重大时刻，赋予厄布拉尔他应得的东西——亚里士多德广场，这是1918年规划的，到“二战”以后才建成。广场的一端是解放政治家埃莱夫塞里奥斯·维尼泽洛斯的塑像，他是希腊的统一者，广场一直延伸到海边，并且规划在了奥林匹斯山的轴线上。带有拱廊的建筑向下延伸到水边，还带有柱廊（在希腊的气候里，这很受欢迎），然后铺展开，形成一个仪式性的开放空间。如果你愿意，就是这座城市一个明显的地标，展示着进取性规划可以造就什么。

奥斯曼时代遗留下来的东西，主要就是城市的防御工事，起点是海边一座孤零零的“白塔”。在塔上，你可以检视这座城市平平的天际线，连续不断的十层建筑构成了一整行，你也可以探索一些公共建筑，它们大量讲述着萨塞洛尼基的自我呈现。这样的公共建筑主要有两座，是在城里特地建造的博物馆，它们所代表的两种叙事，都极为重要。其中一座是建成于1962年的考古博物馆，主要用于展示古典遗产，设计师是帕特洛克罗斯·卡兰蒂诺斯。这是战后现代主义风格——明亮、优雅，没有矫揉造作地参考古希腊的形式。修长的柱廊通往一组花园，一些花园里摆着石

对大海和奥林匹斯山敞开

棺和雕塑，另一些则有咖啡馆。这座博物馆既明亮又开放，与附近的拜占庭文化博物馆形成了鲜明对比，后者用混凝土、当然还有红砖建成，适合一些更阴郁的事物。这座建筑设计于1977年，建筑师是“关键地方主义者”基里亚科斯·克洛科斯，到1993年建成，到那时候，这座建筑已经变得很不潮了——最贴切的形容是拜占庭野兽主义，尽管它小心翼翼地避开各种明显的纪念碑性，但还是包含了跨越重叠各层的昏暗通道。

比起厄布拉尔的规划，这两座卓越的现代主义建筑更好地展示出这座城市20世纪的自信。近期的市政厅是2006年由塔索斯·比里斯设计的，这座建筑延续了博物馆对碎片化、非正规和

拜占庭与野兽主义

实用的遮阴设计的兴趣。市政厅也是在近期的繁荣中建造起来的建筑之一：从建筑上看，萨塞洛尼基不像一座在希腊经济成为欧元区危机祭品之前挥霍无度的城市。萨塞洛尼基市政厅风格接近野兽主义，由彼此相连的两座锋芒毕露的混凝土建筑组成，围绕着一个广场。比起 20 世纪 60 年代建造的萨塞洛尼基商品交易会建筑来，市政厅的野兽主义更具想象力。商品交易会建筑用了柯布西耶式的扩音器轮廓与网格，围绕着可能是世界上最矮的电信塔，这是一座搞笑的高科技原创设计，稍稍超过了几乎强加给这座城市的十层限高。你如果要走到上城看一眼城市的全景，可能几乎看不见它。

上城就是一座鬼城，每条上山的路都能通往那儿。在国家当代艺术博物馆那里你可以拐弯，这座博物馆原本是奥斯曼帝国晚期的一家莫尼–拉扎里斯顿医院；博物馆以可怕的苏联构成主义馆藏闻名，这是在莫斯科出生的希腊外交家和艺术收藏家乔治·科斯塔基斯捐赠的。看到圣索菲亚大教堂，就知道快到上城了，因为你已经经过了少数几座奥斯曼建筑之一——这是由土耳其政府保护起来的（旁边就是土耳其领事馆），因为这是土耳其国父凯末尔成长的地方。老城中的大多数房子，在 20 世纪 80 年代都仿照奥斯曼设计重建过，用的是涂有涂料的混凝土，阳台悬空，楼房高矮不一，不过也有几座“真正的”奥斯曼建筑保存了下来。站在堡垒上能看见壮观的景象，有山有海，还有连绵不绝的楼房。面对这些，你会感激萨塞洛尼基的建筑师和规划师们避免了纪念碑性与多愁善感。这里没什么游客，大家都觉得这座城市“丑”，这就是欧洲从镜子里看自己，变得畏畏缩缩。然而，和希腊其他地方一样，萨塞洛尼基也深陷危机——因为欧洲中央银行坚持要其偿还债务，萨塞洛尼基的经济被掐得死死的，萨塞洛尼基也是难民的第一站，他们从周边不属于欧洲的地方过来，再去往其他地方。萨塞洛尼基的执政党是靠萨塞洛尼基计划当选的，但这个计划也被欧洲的官员正式挡下来了。萨塞洛尼基把赌注压在了欧洲上，但居民们可能也有权利问问这是否值得。

上城

■ 斯科普里近史

“像这样的变化，通常会发生在战后或者自然灾害之后。”伊斯克拉·格绍斯卡向我描述了一个叫“斯科普里 2014”的东西，这是一项全面“美化”马其顿首都市中心的规划。在瓦达河畔可以看到这个项目最极端的状况，沿河一带，紧邻 19 世纪市中心，是建筑工程非常密集的地方，到处都是英雄人物塑像，比起你能在其他城市看到的，这里的有十倍大。仅用了十年左右，一座现代主义城市以惊人的速度被改造成了一个迷你拉斯维加斯。在河边，你还能看到两座基于历史建筑重建的建筑，位置非常接近，以及几座规模过大的政府机构总部大楼，这些大楼大都用了柯林斯柱以及镜面玻璃，而在大多数欧洲城市里，自 20 世纪 80 年代起就不再用这样的元素了。桥将建筑连在一起，桥上有金灿灿的枝状大烛台以及数量更多的塑像。在这后面，你会看到一座 20 世纪 60 年代的城市，满是野兽主义高楼与办公楼，但这些楼大多在经受离奇的重新设计，在修长的混凝土柱子外面，又加上了神圣的多立克柱。

对于这个属于前南斯拉夫的共和国政府而言，这个计划是想让国家首都变成一座真正的欧洲城市，再通过一个“做旧”过程，把它与亚历山大大帝的辉煌历史联系在一起。但希腊人否认这种联系（荒唐的是，希腊定期阻挠马其顿用马其顿这个名字加

艺术，斯科普里 2014

入北约和欧盟），反对政府的人，比如斯科普里非政府组织相反点（Kontrapunkt）的格绍斯卡就一直反对整个新计划，对于他们而言，这项计划是个巨大的灾难，不仅因为斯科普里 2014 规划要把另一版规划彻底擦掉，那一版规划所具备的未来感，和当前规划的倒退程度相当——1965 年的斯科普里市中心规划，是日本建筑师丹下健三主持的。关于一座城市是什么，城市是为了什么，这两版规划的理念截然相反：分别作为现代主义与后现代主义的极端案例，被暴力地强加到了同一个空间。

1965 年的规划是一场自然灾害的结果：1963 年，斯科普里发生地震，摧毁了这座城市七成的面积，数万市民被埋在瓦砾之下。南斯拉夫社会主义共和国联盟在地缘政治上秉持“不结盟”——既是共产主义国家，又处于苏联阵营之外——为了反映这种地位，救济与重建的努力都跨越了冷战的边界。临时性的装配式住宅区是由美国、丹麦、英国和保加利亚设计捐献的；波兰规划师用上了他们有关重建被破坏城市的特长；瑞士捐了学校，波兰捐了现代艺术博物馆；苏联捐的是混凝土板厂；美国大学为马其顿建筑师提供奖学金；希腊企业多西亚迪斯集团做了一个规划，为城市谋划基础设施和未来增长。市中心规划竞赛，则由丹下健三的东京

艺术，斯科普里 1965

工作室赢得，当时，丹下健三因为他设计的广岛和平纪念馆以及一项野心勃勃的东京湾规划而饱受赞誉。丹下的设计受到新陈代谢运动的影响，这场日本建筑运动追求的是较强的适应性、快速、超现代，以及超都市。在20世纪60年代，日本创造了全球最快的经济增长，而第二名则是南斯拉夫：因此，想象未来的东京和未来的斯科普里相差无几并不过分。

波兰人设计的现代艺术博物馆是一座用混凝土和大理石建成的画廊，原址是一座15世纪的奥斯曼堡垒，看着这座建筑剩余的部分，一位叫弗拉基米尔·德斯科夫的建筑师（他曾经为2014年威尼斯双年展的马其顿展区工作，该展区旨在纪念丹下的规划）告诉我："这项规划比这座城市领先了100年。"历史上的斯科普里以老巴扎为中心，那里有许多弯弯曲曲的街道，路面铺着鹅卵石，天际线上满是穹顶和宣礼塔。到20世纪60年代，一座现代城市围绕着老巴扎崛起，大部分位于瓦达河对岸，这条河是基督教区与穆斯林区的非正式分界线。鉴于此，丹下试图通过一道"城墙"，将城市的这两部分结合起来，这道墙部分基于堡垒的弧形墙壁。这道墙像一条现代化的环城大道环绕着市中心，它包含着几个相互连接的段落，是一个坚固而起决定作用的不朽存在。联合国的地震专家警告说，河畔的区域在下一场地震中可能最容易被摧毁，因此丹下将河堤规划成开放的绿地，以容纳文化中心、音乐厅这样的建筑，能够让城市的两半走得更近。这道城墙大部分

斯科普里老巴扎旁的圣西里尔和美多德大学

已经完成，不过最终是由克罗地亚建筑师而非丹下本人执行的，可惜最后城墙没能真正跨过瓦达河。河两岸建起一些规划好的中央建筑：圣西里尔和美多德大学像是成群的塑像，非凡的歌剧与芭蕾剧院，这两座建筑都是斯洛文尼亚建筑师的作品；马其顿建筑师设计的则包括电信中心——一个孤零零的奇怪的有机野兽主义代表，贸易中心——一座长而低矮的购物中心，交错在一起的联排建筑很自然地逐级下降到河边，受到巴扎结构的启发，这座建筑将封闭与开放性结合在了一起。这一切最终形成了这样一座城市，纪念性的“墙”背后有花园与广场，墙将一个稀疏的绿色市中心包围起来。无论是其细节还是意象，都没有历史的残存，但其空间是效仿了在附近发现的特定的历史结构：巴扎与堡垒。在战略性的位置上规划了高层建筑，像堡垒一样布置，与那些引人注目的野兽主义住宅大厦一样，这是一种中世纪未来主义的粗略图景。

规划的这部分大体实现了，但另一个更具野心的城门规划，从一开始就失败了。丹下设计的一座火车站于 1980 年投入使用，这是一条长而光滑的钢筋混凝土管，建在一座高架桥上——还规划过一个复杂的高楼与步道系统，能够从火车站开始，穿过贸易中心，直抵河滨，这个规划一直没有实现。现在，这个区域由废地、非正规住房、大的方形购物中心、正在重建的新老教堂组成。在 20 世纪 80 年代，城市重建即将完成，南斯拉夫的“经济奇迹”却步入了衰退，留下了大规模失业和巨额国家债务，到 90 年代，随着整个南斯拉夫经济崩溃，陷入战乱，局势大规模恶化。马其顿没有卷入战争，但数以万计的工人失业，其中大多数还是最近离开农村来到城市的务工者。但仅仅如此，还不足以解释马其顿 2014 规划的极端程度。

这两版规划之间的对比，在一个小公园上表现得最为明显，该公园位于贸易中心与 20 世纪 30 年代建设的国民议会大楼之间，国民议会大楼是少数几座在地震中得以幸存的建筑。雕像就像腹泻一样肆意流进了这两者之间的空间，形形色色，主要是纪念古

住宅楼的连廊

马其顿人、20世纪早期马其顿国内革命组织（现在的执政党视自己为这个组织的后继者）中反抗奥斯曼帝国的民族主义起义者、各种中世纪国王以及民间英雄。其中，还有一座圆形建筑物，装饰着第三帝国式样的金色雕像，位于基柱之上的平台立有一座献给战争游击队的纪念碑，当然还有凯旋门，这座凯旋门一建成，政府就将其列为“国家财富”——全都挤在一个大小相当于一座城市公园的空间里，而且这些雕像全都很大。

这些雕塑都没有古典或者巴洛克式的对称性：它们完全是随机摆放的。这是斯科普里2014规划中一个核心设定的结果，规

欢迎来到斯科普里

划中“公开呼吁”雕塑爱好者们参与。民众主义是这一规划最重要的部分，这项规划故意避开了任何一种专业主义或者专门知识的概念，而青睐一种经过充分协调的“人民之选”——不过总理尼古拉·格鲁埃夫斯基自豪地宣称自己是这个规划的作者。周围的所有建筑都添了些“古风”，要加上一些与古代马其顿的联系，在混凝土、玻璃和瓦片下面，加上了薄薄的一层古典装饰。在搞民主选举的国家不会有这样的东西——这是一种精神错乱的威权主义，把常见于独裁统治和专制政治的粗制滥造的东西野蛮地组装起来。这造就了一个未经规划的朝鲜，政府承担了两亿欧元（如果你和其他人聊，这个数额可能更高）的开支，只不过大部分是贷款。斯科普里 2014 规划中的所有东西，都是表面上的，真正的历史遗产被一种新的叙事包裹起来，这种叙事的核心是公元前 4 世纪说希腊语的军事领袖，或者 20 世纪初的保加利亚革命者。就因为这些高得荒唐的纪念碑，老巴扎里的宣礼塔都被挡住了，社会主义时代的国际性现代建筑也被加上了仿传统的装饰。歌剧与芭蕾舞剧院是一座惊人的建筑作品，其有棱角的不规则形式，一直向下延伸进河里。这座建筑可能昨天才建成，但今天它已经被别的建筑挡住了，这些力图（尽管相当笨拙）让自己

来看风景

看起来像是一百甚至两千年前建的，还带着仿制的 19 世纪大烛台，以及用看起来像金箔的材料做的带有寓言图案的罗马门廊。我问了一位剧院的员工，在这个欧洲最穷的国家之一，谁为这些东西埋单。他回答说："好吧，我一年只拿 9 个月的薪水，所以我猜是我吧。"

这样一个 1965 年的国际项目，联合国和世界上最好的规划师和建筑师们用最前沿的技术重建了一座城市，那么它为什么没能留下遗产呢？戈兰·亚内夫是圣西里尔和美多德大学的一位人类学家，他批评说这是因为 20 世纪 60 年代创造的联系被强制性切断了，作为前南斯拉夫的公民，1989 年之前，人们可以免签前往欧洲分裂的两边旅行，如今却突然被推入一种孤立的状态中，他们的新护照毫无价值——"20 世纪 90 年代，我一度有 5 本护照"。斯科普里 2014 规划的通过，也遭到了反对。马其顿建筑师协会的前主席茨吉·丹妮卡·帕夫洛夫斯卡曾在阿尔弗雷德·罗斯处接受过训练，罗斯是一位瑞士设计师，也是参与城市重建的国际大咖之一，帕夫洛夫斯卡不乏骄傲地告诉我是如何通过公投成功阻止了贸易中心的"做旧"。不过一切都快到令人窒息。用了二十年时间，丹下的规划才完成（了一部分），而仅仅用了四年，斯科普里 2014 规划就把这座城市改造得面目全非。亚内夫指出，速度就是其目标之一，就是要在市政府或者当地人来得及反应之前落定既成事实，这是某种都市休克信条（也的确造成了休克的效果）。

据他说，这些奇观都有真实目的，那就是要巩固庇护主义[1]的网络，以便格鲁埃夫斯基的政党能够继续掌权："各种民族主义和象征都不过是我们眼里的尘埃，终极目标还是利益。"

要取笑的确很容易，而且有些人的确会来这座城市观光，好看看这些傻到令人发笑的雕塑，有拿着画笔的画家，大胸的少女，以及十来个粗犷的骑在马背上的武士，我坐的威兹航空飞机准备落地，无意中听到一个中产阶级英国人的声音嘲弄道："小伙，我们到了，亚历山大大帝机场。"但大多数居民并不觉得这好笑——2016 年发生了一波抗议，雕塑、拱门、"大理石"外墙，都被有规律地喷上了涂料，以表达一种合法的破坏。然而，这座看起来像是被实境节目《音乐游戏》（*MTV Cribs*）的布景师们重新设计的城市，会用一种残酷的幽默感来吸引他们。

斯科普里这两项规划的不同，突出展现了当代的优先次序。民粹主义取代了平等，"做旧"取代了未来主义，表面取代了空间，"漂亮"取代了崇高，地方主义取代了国际主义，作为语言的建筑取代了作为功能的建筑。尽管它看起来可能很古怪，但斯科普里 2014 规划背后的观念在今天却相当主流，而斯科普里 1965 规划，则通常被概括成"20 世纪 60 年代的错误"。今天的市中心，就是这一可怕错误的结果。一座由来自全世界的专家与爱好者设计并

---

[1] 庇护主义 (clientelism)，即恩庇者向侍从者或选民提供各种类型的资源，以换取选票或其他类型的政治支持。

建造的城市，为暴徒们搭建起舞台，供他们实现各自的幻想。有的人喜欢传统主义战胜现代主义的城市，这种人必须来参观斯科普里，来看看他们是否喜欢眼前的东西。

■ 索非亚：开放之城

这本书中的城市可以分为几个明显的类别。勒阿弗尔和纳尔瓦“战后元年”的开放空间，博洛尼亚和利沃夫对历史的完整保存，萨塞洛尼基对过去的剪裁。索非亚市中心的地铁站塞迪卡站周围，则展示了一种更稀疏、但更无所不包的城市，在这样的城市里，过去既没有被擦除，也没有被过度保护。地铁站的入口处形成一个下沉广场，是有所省略的现代主义风格，乱七八糟堆着从罗马索非亚的遗址搬来的碑和基石；入口外面有个乡村风格的小拜占庭式教堂。走上台阶再四处看看，一瞬间一切都浮现在眼前。你周围有两座清真寺、一座宣礼塔、一座新拜占庭风格长方形大教堂、一座犹太会堂、一座有穹顶的浴室、一座两次世界大战之间建造的现代主义高楼、一座从斯大林时代的莫斯科移过来的大厦，屋顶还有克里姆林宫式的尖塔。索非亚的全部历史——罗马都市、拜占庭和奥斯曼的行省、两次世界大战期间及共产主义的首都——都被展示出来了，全都没用“欧洲”高品位的虚假外表加以掩饰。唯一一个没能对这一组建筑有所贡献的时代，则是1989年之后作为保加利亚首都的时期，这一时期仅仅是在胜利柱的顶端敷衍地加了天使像，以及许许多多的大幅广告。即便如此，大多数建筑爱好者从这里走出来的时候，他们的反应一定都是：“这会很有意思。”

在周围走走，这种印象依然不会改变。你无法按时序来探索，因为没有哪个时代处于支配地位，至少市中心不是这样，最早的建筑是罗马时代的圣乔治教堂，这是一座 4 世纪的基督教堂，非常古老——小而对称的圆形建筑，用红砖建成，既严峻又有序，室内有 10 世纪的湿壁画，周围则是罗马塞迪卡的遗迹，再外面，则环绕着那座从斯大林时代的莫斯科移植来的大型建筑，就在巴尔干酒店的庭院里，公众可以通过一条带有新拜占庭风格立柱的柱廊自由进入，再走下一段楼梯。在另一头你可以看到拉格大厦，这是社会主义现实主义在这座城市里最招摇的演出。这座建筑规划于 20 世纪 50 年代末，直到斯大林逝世后不久才建成，这座建

拉格大厦

筑的表亲有柏林的卡尔·马克思大道以及华沙的文化与科学宫，但就其起源而言呈现出更为明显的俄式风格。这座建筑是由一支佩斯托·兹拉捷夫领导的保加利亚团队设计的。建筑有两座翼楼，一翼是祖姆百货公司，另一翼则是巴尔干酒店，还可以通向第三座大楼，以前的共产党中央委员会大楼，就在一个楔形平面图的中间。如果你去过莫斯科，你就会知道这种惯例——低层是粗面建筑，顶端有拱饰，还散布着一些英雄雕塑。1990 年以后，党中央大楼顶部的红星就被拆除了，但从它分阶的新巴洛克风格的塔楼顶端巨大的长钉，你还是能很容易看出其灵感来自哪里，这就

巴尔干酒店中的考古

是战后莫斯科建的“七姐妹”高楼的一个小表亲。当你站在街道中间，会看到拉格大厦展现出一种整体和极权主义的景象，但它只是一个片段，很容易湮没在周围更混乱的街道里。

这座建筑所呈现的，是一段通常被认为很耻辱的历史，但如果这个压倒性的呈现还不足够，那么在许多很明显的地方，还保留了奥斯曼时代留下来的各种碎片。拉格大厦的前面就是考古博物馆，是从一座 14 世纪的大型清真寺改造而来的。建筑只是稍作了些改造，原本的目的还是很清楚的。石头和砖通向街道，内部有多个穹顶，穹顶下的展品还不如索非亚的城市规划具有基督教色彩，因为在奥斯曼侵略时，“考古学”停滞了。不过，就像在“土耳其束缚”时期由教堂改造成的清真寺在修复的时候，修缮人员剥掉伊斯兰装饰就会把下面的湿壁画露出来一样，当这座建筑成为博物馆时，在穹顶的某些部分涂过的石灰水都被刮去了，土耳其装饰就露了出来。在拉格大厦的另一端则是圣内德利亚，这是索非亚数座 19 世纪新拜占庭风格教堂中最好的一座——巨大而厚重，看起来很有力量，而且很像古代建筑。再往北则是犹太会堂，是有些衰颓的折中主义风格，后部有黑色的洋葱头屋顶，以及一些含糊的摩尔式装饰——对于会堂而言，这座建筑太大，而且非常显眼，这是对索非亚的赞颂。会堂对面是修复得稍有些过分的中央市场，这座市场于 1911 年开业：一部分是维多利亚式的铁架玻璃结构，另一部分则是巴尔干式的巴扎。马路对面是班亚 · 巴

索非亚清真寺

索非亚浴室

希清真寺，这是16世纪伟大的米马尔·希南的设计。但清真寺内部却令人失望，现在被临时加装的框架所占据，框架用来撑住穹顶，防止穹顶坍塌，但作为一座都市建筑，它的确庄严堂皇，将一些偶然的要素拼合成一个整体。跨过一座小小的绿色广场有一个浴室，现在被改造成了索非亚博物馆，这座建筑穹顶更多，图案也更多，还有彩色瓦片。正午时分，精疲力竭的宣礼吏在宣礼塔顶端突然大声念诵一段被曲解的经文，索非亚是一座绝佳的巴尔干都市，各个地区、各个时代的文化都呈现在这里，并且和平共处——至少是就建筑而言。

索非亚还有一个更官方的市中心，只是没那么有意思，通向水沟似的佩洛夫斯卡河。这个区域有好几栋无聊的维也纳式市政和政治性建筑，包括早期拜占庭风格的圣索菲亚教堂，还被残酷地剥光了；亚历山大·涅夫斯基大教堂，浮夸又奢华，是由多产的俄罗斯帝国设计师亚历山大·波莫兰采夫设计。这座镀金的建筑，是保加利亚的长期盟友所送的礼物，不过这大概是莫斯科的救世主大教堂缺乏想象力的一个倒退版本。就在旁边是俄罗斯建筑的更好代表，规模更小的东正教巴洛克风的神迹创造者圣尼古拉教堂。沿河往南走，到维托沙山山顶，你会看见更晚期的俄罗斯帝国建筑的片段，比如斯大林式折中主义的瓦西尔·列夫斯基体育场，经常被破坏的红军纪念碑，以及河边许许多多纪念性的男女运动员和工人像，就像英雄的标点。在这里以及索非亚市中心大部分地区实际存在的建筑，都是两次世界大战期间建的投机性现代主义建筑，这些建筑的阳台和楼梯间都有特定整齐的装饰细节，但无疑都低调并有本地风格。然后你会突然面对这片高密度街区的一个中断，这是一片完全具有 20 世纪晚期风格的区域，广阔开场的空间，还有不协调的纪念碑性，这就是国家文化宫。

拉格大厦建在一片被轰炸的区域，除此之外，索非亚市中心就再没有大型工程或者壮观景象，这样一来，国家文化宫就更引人注目了。它相当于在城市结构上炸出了一个大洞——不过需要注意到，这座文化宫的原址是一座军营与货场，而非一片居民区。

文化宫前欢迎难民的标语

最近这片巨大的广场正在维修，那座“保加利亚 1300 年”的纪念碑真的摔成了碎片，该碑是野兽主义与表现主义形象的有趣组合，现在围满了抗议海报，人们主张重建军营里老的战争纪念碑来取而代之。也有相反的提议，希望能够保留现在这座。

文化宫的建设由柳德米拉·日夫科娃所委托，她是保加利亚名义上的文化领袖，也是党领导人托多尔·日夫科夫的女儿。这座建筑设计于 1978 年，设计师是亚历山大·巴罗夫和伊万·卡纳齐列夫，1981 年建成，作为这个政权搞的“保加利亚建国 1300 年”纪念。作为一座建筑，严格来讲，文化宫是纪念碑的对称性与野兽主义棱角状的结合，只是这种结合不太果断，主要形式是钢铁框架外面覆盖着发灰的大理石。在这座复杂的多功能建筑内部，有许多可以欣赏的东西，这是一种经典的重叠空间与交错区域的社会主义“社会浓缩器”。八边形的平面里，塞进了一系列宽敞的大厅，装饰着漂亮的雕刻大烛台，天花板也用八边形板拼成。在国家剧院（几乎是当代剧院）中，丹尼斯·拉斯敦设计了一个复杂的流通空间，文化宫与这个空间类似，但规模大得多，装饰板上还加了大量的现代民间艺术、壁画和浮雕，几乎每一层都有夸耀的意味，比如说一组木雕表现着嬉戏的裸体，或者一组有关保加利亚历史的壁画。而无论是哪一种，都聪明地与建筑整合在一起，并且大多避免了社会主义现实主义民间杂耍式的粗劣作品，虽然在同时期西方的建筑里，你也不会想象有类似的东西。除了留给剧院、音乐和艺术的空间以外，还有好几家咖啡馆。有的采用了嬉皮风格，这在柏林和华沙等前社会主义城市很受欢迎，不过也有一家咖世家——文化宫并没有补贴，所以需要将一部分外包给出价最高的竞标者。在上层的平台上可以看到城市全景，市中心占主导地位的是亚历山大·涅夫斯基大教堂的穹顶与党中央大楼的长钉，另一边则是郊区，全是高层酒店与微型峡谷一样的板楼。

要去往郊区最好乘坐地铁。索非亚地铁规划于20世纪70年代，与文化宫同属一个项目，第一个站于20世纪90年代中期开通——这样一个时间进程，反映了莫斯科地铁公司承建的部分，一些地铁站有装饰性的细节，还有一些则盖成了购物中心。地铁延伸线直接由欧盟资助，为表示感谢，有一站定名为欧盟站。与东欧的许多地区一样，“欧罗巴主义”在实践中是一种官方意识形态——保加利亚的保守派执政党叫作“保加利亚欧洲发展公民党”（Citizens for the European Development of Bulgaria），党的领导人博伊科·鲍里索夫曾是托多尔·日夫科夫的保镖，这也说明了一切。

索非亚有很多适于步行的街道以及许多电车，但都维护得不好。当你走出洛泽内茨区的詹姆斯·布尔奇耶站，你就能看出来。这个区域的主体建筑是维托沙新奥塔尼酒店，可能是1974年由日本人开发的，设计师是除了米马尔·希南之外唯一一位在保加利亚首都工作过的国际建筑师——黑川纪章。这幢高楼的确很优雅，在面向维托沙山的一侧能够显现出山的轮廓，但内部又是标准的高档梭织风格，只是可能比常见的略丑一点。酒店外则是一片混乱——尖锐的商品住宅楼，日本神风敢死队一样的停车场，断掉或者根本就不存在的人行道。很明显，这里是索非亚的新贵们住的地方，但这也表明他们不太有公共精神。这座城市公共住宅的状况更强化了这种印象。在共产主义时代，索非亚面积扩张了三倍，新搬来的人会住进一些名字听起来很有前途的住宅区——希望、青春、友谊。我们选了“青春”。除了去市中心很方便（地铁三站地），欧盟的资金似乎没拨下来，因此这些板造建筑陷入了令人忧郁的混乱。只有居民在更新他们自己的一角，而不是由城市来更新整座建筑；周围的公园和广场倒是大得很慷慨，但杂草丛生，几乎没人维护。街面上有一些糟糕的迷你购物中心：其中一座的标志上写着“阿尔科中心”。

塞迪卡建筑群缺失了一个元素，这也是索非亚建筑普遍缺乏的一个元素——过去 26 年来的“自由”与资本主义留下的记录。我们发现近期建筑里最有趣的一座是索非亚制药公司商务楼群。这是一座平台上的三座办公楼，里面也有一座购物中心，建筑是很讨人喜欢的福斯特式企业现代主义风格，还号称“索非亚第一座可持续建筑”。这几座楼后面，围绕着板造的点和板，还有一片更矮的区域，有一座以前的工厂食堂——简单的现代主义风格建筑，还有革命场景的壁画——现在是社会主义艺术博物馆所在地，每个后社会主义国家都会有一座这样的雕像坟场，作为诱惑西方游客前来观光的刺激点。这里选择了一些不错的纪念物的残余，并且不是说教式，这非常好。不过和市中心和谐的文化碰撞并置在一起，也就不是那么令人激动了——在这里，金融领域的吹嘘与贫困不那么令人舒服地混合在一起。索非亚让人感觉是一座很好相处的大都市：在一个总是神经过敏又近乎偏执的地区（和时代），索非亚能令人耳目一新。就建筑而言，社会主义时代留下了大量的遗产，不过随着工人的雕像被放进了博物馆，以前的工人区逐渐变糟，索非亚就是一座彻头彻尾的资本主义城市。

列宁和索非亚制药公司

| 5. |

波罗的海

■ 奥尔胡斯挺好

奥尔胡斯是丹麦第二大城市，也是日德兰半岛上最大的城市，这座窄而多岬角的半岛，从德国的顶部长出，构成了这个斯堪的纳维亚国家的主体部分。在北欧，我喜欢——几乎总是很喜欢——坐火车旅行。不过主要不是为了风景。在英国，人们对丹麦的做法有小小的狂热，对于舒适、温暖、自然和诸如此类的感受，明显采取了一种更开明的做法，还出版了关于生活品位指南等主题的书。作为西北欧最大的国家——这个国家曾经和丹麦还是敌对国关系，人们现在还能通过“丹麦金”（Danegeld）这个词记仇——总是梦想成为斯堪的纳维亚，这自然也有好处。然而就在从哥本哈根（位于国家东部的一组群岛上）去奥尔胡斯（位于日德兰大陆的东北）的火车上，让我感到惊讶的是丹麦对待其地景非常唐突——平坦广阔而多沼泽的灰色区域，用堤道和混凝土直接地连接在一起。与瑞典和挪威不同，丹麦的乡下没什么浪漫之处。一切都管理得很好，干净又清晰，没有不必要的东西。

火车站和人们想象中一样好。这是20世纪20年代的一座古典建筑，由丹麦铁道的建筑师K. T. 泽斯特设计。火车站临街面很眼熟，有着很正式的柱群与山墙，但是内部却与前面截然不同，制造出一个通风的方形空间，而在这个两层空间的上半部分，还残存着古典主义的柯林斯柱展廊。这种剥光的古典主义达到了最纯粹的地步，你不会再想赞美大量丰富的雕刻与装饰，而是表面材料的典雅与豪华、门廊处的钙华框架、水磨石地板，以及毫不做作但一丝不苟的砖工。火车站里还有一家麦当劳，但即便是麦当劳，也建得极为漂亮。从这里走不远，就是奥尔胡斯最主要的纪念性建筑，这可能也是这座城市（直到最近）仅有的为外界所知的东西——奥尔胡斯市政厅是阿恩·雅各布森和埃里克·莫勒1937年的设计，直到四年后丹麦被纳粹占领期间才建成。

在1930—1950年，“斯堪的纳维亚设计”逐渐成为一种狂热；很难不把它视为与丹麦、瑞典和芬兰（挪威和冰岛不太是这样，他们的品牌知名度要差一些）如何创造他们特有的和平、平等、受社会主义影响的资本主义形式存在密不可分的联系——这主要是通过出口来驱动的，尤其是出口那些接近完成、设计很有吸引力的消费产品。阿恩·雅各布森的作品与沃纳·潘顿和阿尔瓦·阿尔托的一样，都是国际认可的品牌，而且无论是谁，无论你是否进过他们设计的建筑，你都很有可能坐过他们设计的椅子，自从其中一款极富曲线美的椅子在1963年的一幅专业摄影作品中被克里斯汀·基勒跨坐之后，雅各布森设计的椅子就变得多少有些声名狼藉了。斯堪的纳维亚制造的出口物品中所包含的现代主义，通常被认为比密斯·范·德罗与马塞尔·布鲁尔所青睐的钢铁块和单色系要“更友善”“更有机”，密斯·范·德罗和马塞尔·布鲁尔设计的椅子也比房子更受欢迎。奥尔胡斯市政厅就体现了这种转变，既复杂，又相对较早。这座建筑又大又长，顶上有一座钟楼，外面覆盖着灰色的挪威大理石，有光泽，看起来像火山岩，但是摸起来冰凉。钟楼上面刻着有衬线罗马数字的钟盘，外面包着一圈大理石，贴在混凝土框架上，这种可爱的细节让人感到惊讶，使得斯堪的纳维亚主义在1951年的艺术节上一举成功。这是一种既时尚又令人愉快的风格，并与历史主义巧妙地结合在一起，避免了绝大多数新古典主义中笨拙的直译。内部就更棒了：多层画廊，就像一座文艺复兴风格的办公楼建筑，顶灯巧妙地嵌在筒状拱顶上，还带有一些小小的细节——地板、把手、灯具，当然还有椅子——都设计得很体贴，因此产生了轻盈的触感。在

奥尔胡斯市政厅

20世纪的先锋建筑中，这座建筑之所以颇受推崇，是因为它比许许多多模仿它的建筑都要更为出色。

除了这两种胜利——一种是本地，另一种则获得了国际影响力，奥尔胡斯的城镇景观也颇为宜人、实用，但也不容易被记住，就像带你来到这个地方的那程火车一样。历史上，这里是个港口，不出预料的是，比起更盎格鲁－撒克逊化的经济体中类似的城市来，集装箱化以后码头的衰退被控制得更干净，也更谨慎，但无疑也无可挽回地改造了这座城市。市中心有两个区域是游客常去的地方。现代市中心围绕着城市的河流旋转，河流一开始被改造成了暗河，在20世纪80年代，随着市中心的去工业化，港

重力与优雅

口城市的河流变得能吸引人去漫步，河道又被重新打开。效果很好。同样好的还有周边的建筑，都是各种重要欧洲风格的文雅小品——围绕着一条挺好的小河——有古典式、哥特式，稍稍带了一些表现主义以及现代主义。

当然，要寻求更有活力、更富戏剧性的地方也是有的。1898年建的奥尔胡斯市立剧场是一座非常繁忙、极富自由古典风格的纪念性建筑，外立面满是陶瓦、马赛克、壁画和红砖，要是在伦敦，这就会叫“南肯辛顿风格”。剧场的建筑师哈克·坎普曼后来还设计了哥本哈根总警察局大楼，参观者们通常称之为“城堡”，这座建筑用了格外冷峻的古典主义风格，外立面剥光。尽管二者都愿

寒冷天气中的咖啡馆文化

意在古典主义的限制之下进行一些实验，但奥尔胡斯这座建筑看起来就远不如哥本哈根那座那么阴森森的。在城镇景观里另一座与之对峙的纪念性建筑是奥尔胡斯大教堂，这是在 14—16 世纪逐步建成的。尽管丹麦的城市并不太具有“汉萨风”，但这座教堂独特的砖造哥特风格还是泛波罗的海风格的一部分，在吕贝克、格但斯克和里加的滨海天际线上，你都能看到类似的建筑高高耸立。这座方形建筑的砖工很率直，有棱有角，发绿的铜塔楼相当昂扬，不拘小节地升起来，高得如同一根长长的钉，像是在给海员们发出城市的信号，也是在标示着市民的虔敬。然而，如果你更喜欢可爱一点的城镇景观，如果你会喜欢把一些初创企业和精酿酒吧装进保存下来的渔村建筑里这样一个创意，那么“拉丁区”——这是 20 世纪 90 年代改的一个令人发笑的名字——中世纪晚期和现代早期的房子可能就更好。

我可能已经暗示奥尔胡斯不是一座充满景点的城市。其建筑一丝不苟又很严肃，没有一座漫不经心或惹人厌恶，鉴于其历史与加迪夫和赫尔之类的城市并无不同，在英国人看来，可能就比丹麦人看上去令人印象深刻得多。但是作为一座将经济从制造业和港口工业重塑为服务业的城市，在周边地区，甚至更远的野外，就必须有一些“吸引人的东西”，以诱人们参观、定居。市中心就有一座这样的建筑，那里有一座红色的方形艺术博物馆，凭奥拉富尔・埃里亚森的彩虹雕塑赢得盛名。但毫无意外的是，大多类

作为灯塔的尖塔

拉丁区

似的景点都集中在内城的码头区，在过去的几年里，这片地区被改造成了教育与居住新区。当然，欧洲任何一个有一小片海岸的城市都会这样做，如果这世界上最公正、最人道的资本主义，能够做出一些与法国和英国自由放任的码头区大为不同的东西来，那也会很有趣。

沿着码头的主路边排列着艳丽的布尔乔亚楼房，过分华丽，还有一点浮夸，夹杂着一些本地名人的青铜像，种着行道树的大道，以及哈克·坎普曼的另一件作品，宽而不高、带有中世纪风格的海关大楼。这里还有一些卖当地鱼获的木棚——我去奥尔胡斯是教一小批艺术和建筑学生，这些木棚就成了必须向外国来的教员介绍的主要景点之一。2012 年，我所看见的城镇景观只完成了一半，但从那时起，这里就陆续有了居民和工人，建筑出版物也相继刊载一些批评或令人兴奋的评论。这其中最主要的建筑是“冰山”。这是要努力在丹麦的城市景观中引入此前没有的东西——地形——这座建筑确实达成了它所要达成的目标，要创造一种城市能够将自己作为一个“目的地”加以兜售的图景。这栋建筑看起来的确很上镜，近十座迷你塔楼组成了一个建筑群，这样安排是要让人想起大雪覆顶的山岭，外墙覆以极地的白色与蓝色。建筑师 CEBRA 所做的，与数百年前奥尔胡斯大教堂的泥水匠们所做的类似：向海上宣告这座城市的存在，尽管通过这条路线能看见它的人的数量，可能局限在偶尔抵埠的游轮，还有主要是集装箱货

正在建造的冰山

船上的菲律宾籍船员。对当地居民而言，这组塔楼的景观，实际上是通过其看似完全异想天开、视觉导向的设计而得到强调，当然，这也有一个副作用，那就是没有哪座塔楼会被另一座给挡住。港口上的半自动塔吊摇动着，持续做着线性运动，在此也强化了这样一种感觉，即这座城市已经完全转向了另一种尺度，从温暖、舒适、亲切，转向了冷酷的现代、坚硬以及未来主义。

奥尔胡斯码头改造项目的另一部分，大概不会像冰山一样优雅地呈现在杂志封面上。已经运作很久的 C. F. 莫勒事务所，设计了一座整洁而低矮的码头中心，在 20 世纪 50 年代，莫勒还设计了具有本地现代风格的建筑奥尔胡斯大学；丹麦事务所阿克特玛用看起来像磨砂的光滑材料，设计了一组严格方点的学生宿舍楼，人称“高度展演的混凝土”；还有灯塔，这是一组更有起伏、更具曲线感的豪华公寓，公寓外还带有装饰性的、由电脑辅助的阳台，这是荷兰的“超现代主义者”UN 工作室的贡献。这些建筑都是闪闪发光的白色，很明显是当地规划师们为某种本地共同特色而选择的，意在将这些迥然不同的作品全部统一成带有“标志性”的建筑。公共空间是由简·盖尔建筑事务所规划的，他们努力保护住了 19 世纪的哥本哈根，“避免它成为斯德哥尔摩”，而这个星球上各地的地方政府都积极争取这家事务所，要谋求他们在“地方制造”领域的权威性。因此行人与步行空间所占据的主导地位，比英国和爱尔兰更重要。这是一个设计与都市主义完整包，也延续了斯堪的纳维亚设计的伟大传统。雅各布森、潘顿和阿尔托都通过对他们的设计进行大规模生产，让它们的形象传播开来，从而为他们在历史上毫不出彩的小国赢得了一定的地位，与此类似，这也要运用建筑和媒体来营销城市，否则“城市小游”的游客肯定不会来游览这个餐饮巨贵的地方。然而，正如被兜售的梦想已经从社会平等转向了“好”一样，开发豪华公寓区也成为向国外兜售城市的主要渠道，而不是像 20 世纪 50 年代那样主要还是兜售住宅区和新城，绝佳的开发用于出口。正如灯塔的开发商所承诺的那样——“住在风景里”。

■ 亲爱的老斯德哥尔摩

我第一次感觉一座欧洲城市能够在社会意义上“不一样”，就是在斯德哥尔摩。2003 年，我去比约克哈根访友，这个郊区像一组维护得极好的战后公共住房，只有富人才能住在这里。从各家各户门前走一小段，就是真正的森林，尽管从这里坐地铁，只要 15 分钟，就能到达有 150 万人口的城市市中心。锯齿状的碎块射出人行道，仿佛刚刚经历了一场地震。除此之外，还有一座裸露出砖块的教堂、一座高耸的青旅、一个超市，以及一个只卖酒的

走进斯德哥尔摩中央图书馆

国有商店，都是些便民设施。在市中心，我们参观了贡纳尔·阿斯普伦德设计的城市图书馆，图书馆有一条黑色的雕带，装饰着《荷马史诗》中的人物，通向一座圆形大厅，厅里从地板到天花板整齐地码着书籍。夜里我们去了一家叫德贝萨的夜店，这家夜店位于混凝土快速路立交下的一座岛上。在这里，你能看到与伦敦和柏林同步的最新乐队与调音师，糟糕的是，他们的听众有点喝醉了。广告很少，人们看起来都不穷，面包是黑色的。瑞典有皇室，但他们会把孩子送到国立学校。

从那以后，我还回来过几次，这样一幅画面就从未消散：一座坐落在野生但仍受控制的自然环境中的城市，在社会民主制下运作。但千万别搞错，随着欧洲不平等的快速上升，瑞典的社会民主制也在衰退，到2050年，瑞典可能会和美国一样不平等。斯德哥尔摩也是欧洲种族隔离最严重的城市之一，2013年，这座波罗的海的巴黎爆发了一场郊区骚乱。与此相关的是，这座瑞典首都也在“享受”着房地产大发展。不过我不是要揭发斯德哥尔摩，相反，我要称赞它。除了其在社会领域取得的成就之外，这里的地形与建筑体验也令人非常兴奋，这也证明瑞典建筑与所谓的可爱、“经验主义”等名声并不相符。斯德哥尔摩本质上是一组位于群岛上的房子，跨越岛屿和崖壁一字排开。载着汽车与地铁的混凝土高架桥又高又瘦，越过湖泊与海洋，涌进两旁种着公寓、顶端带着尖塔的峡谷里，又涌出来。森林的碎片织进了每一片建筑里。有时这几乎要令人眩晕，但你知道你绝对不会从边上掉下来。这种混合着安全与敬畏的感觉，既罕见又特别。

在斯德哥尔摩漫步应该从保存完好的老城开始——窄窄的街道，17 世纪的尖塔，底层饰有巴洛克风格的细节。老街的规划是中世纪的，宫殿都采用了新古典风格。这座城市物价高到荒唐，本就不多的游客都集中在这里。最好是隔一定的距离去看，古城与斯德哥尔摩市政厅一道，构成了精心维护的天际线的一部分，市政厅由拉格纳 · 奥斯伯格设计，引领了 20 世纪早期市政殿堂的标准形式，尤其是后来的很多建筑都复制了其上有铜冠的朴实塔楼。这种设计风格，是一种发明出来的“传统”瑞典哥特式，充满了托尔金风格的矫揉造作，这座建筑带有柱廊、堤岸和一座隐蔽的花园，整体向水面敞开。在北城区更深处是商业中心，那里还有两座建筑在天际线上格外突出。其中一座是国王塔，这是 1925 年建的两座外包石板的摩天大楼，有着路易斯 · 沙利文一样分成三部分的设计，通过一座桥联结起来，从而整合成了设计的一部分，下方还有一条街穿过。除了其独特的复古现代主义装饰之外，还有必要指出，这是社会民主工人党（Social Democratic Workers’ Party）开始他们长达五十年的执政以前，十年的美好时光里一项协调的城镇规划项目，该党是历史上最成功的政党之一。除了市政厅之外，另一个直到现在依然主宰着老城天际线的建筑是好广场城。这组建

市政大厦

于20世纪50年代的建筑风格要冷硬一些，是五座纵向排列的塔楼，堪称一个缩微版的第五大道。

这周围就是现代主义斯德哥尔摩的中心。这里有一家巴克斯特罗姆和雷纽斯事务所设计的额伦斯百货公司，通过这座建筑，你可以上一堂如何设计一座智慧与美丽并存的无窗长盒形建筑课，但更为重要的是，这里有一组彼得·塞尔辛设计的大型建筑，里面包括粗糙的古典化瑞典银行以及设计极好的文化宫。就空间、类型与时间而言，这座建筑可以放在皇家节日大厅与蓬皮杜中心之间，这座大型玻璃建筑看起来又长又简单，但像迷宫一样复杂，

资本主义规划：国王塔

社会浓缩器：文化宫

在议会大厦修缮期间，瑞典议会曾以此为议场。想象一下威斯敏斯特宫搬进了一座建筑，一部分是伊丽莎白女王大厅，另一部分则是大象和城堡的购物中心，你就能大概明白20世纪70年代瑞典的主流是何其激进。这座建筑前面是一座大广场，以及城市地铁线的交会点。老城和北城区基本都是白色的，相比之下，这个广场则混合了各种色彩。从这里坐地铁离开，一路上的对比甚至会更大。

斯德哥尔摩郊区是有意识的产物，但也是一个复杂的社会工程。市政府与国家政府大规模购买土地来推动城市扩展，与建房协会和工会及合作社运营的房屋公司相结合，当时，房屋公司还在建造大量的瑞典新住房。房屋公司的HSB纹章，既可以在战前的艺术和工艺作品上看到，也能在新的、闪闪发光新现代主义风格大楼上找到；KF合作社的建造师总部仍然矗立在老城对面，这座建筑的窗户呈带状，还有悬着的起重机。因此，住房也获得了大量国家补贴，并且大部分都是租住的，人们可以按候补名单系统轮候，但像英国这样的普遍福利国家，过去没有、现在也没有这样的"社会住房"，可以根据一个经济情况调查表来进行出租。这些郊区本意是为所有人而建。但它们其实不是。

有些郊区是战前建的。比如说，阿斯普登就是为爱立信的员工建造的一座郊区公司，自20世纪90年代以来，这里经历了严重的中产阶级化：既有略带新艺术风格的楼房，也有底层的功能主义住房，中间间插着长条形的森林。阿斯普登很典型，是围绕着一座小教堂建起来的，这座教堂叫主显节教堂，位于一座火山锥的顶端。这样的教堂是做礼拜的地方，但同样也是社区中心、音乐厅或者“社会浓缩器”。尽管这座教堂位于中央，被彩色的抽象玻璃照得熠熠生辉，也非常有力，但却是我参观过的最不吓人的教堂。

更为人所知的郊区，可以追溯到“二战”刚刚结束之时——瑞典是中立国，但也被迫在冲突中实施紧缩政策。一个早期引起

主显节教堂

轰动的地方是绿谷，始建于 1944 年，在设计中，原来是功能主义强硬派的巴克斯特罗姆和雷纽斯让一切变得“柔和”了。建筑的直角与通向斜顶的白墙，复杂但舒适的楼房安排，明亮的颜色与个性化风格的手法。一切都很可爱，而且英国那些你可能认为是仿品的建筑与之比起来，要保守得多。更大、也更让人印象深刻的是维灵比，这几乎是一座新城了，第一阶段完成于 1953 年。新野兽派任意嘲讽“瑞典已经撤出了现代建筑”，但如果熟悉这座新城，这种看法就站不住脚。这里的感觉明亮又温暖，无论是巴克斯特罗姆和雷纽斯（公认的异想天开）的家具，中央购物区的路面，还是塔楼与别墅的布置，只有愚蠢的人才会对它们的严格程度表示反对。高产的怀特建筑师事务所对其进行维修时，曾经给一部分上过釉。怀特事务所多少有些空白的轻微功能主义，可以视为今天瑞典的主流建筑所处位置的一个很好指标，遮着著名的带有 H&M 特色的体态丰满的瑞典模特。

在 20 世纪 60 年代，瑞典希望毕其功于一役，用“百万项目”来解决尚存的所有住房问题。在斯德哥尔摩，就是要确保这座城市里的每一位居民都得在单元楼里有自己的空间，既宽敞又卫生，这样的单元楼需要有社区中心、森林、教堂和地铁站。这的确发生过，几乎每个人都有这样的住房。然而这个通过大规模利用系统住房来达成的“百万项目”，因其创造了一种非人道的、单一的环境而遭到了激烈的批评。我第一次去参观弗莱明斯伯格，碰巧赶上 2013 年的骚乱刚刚结束。这里是索得脱恩大学及卡罗琳斯卡医院的所在地，当年，骚乱就是从这里开始的。怀特建筑师事务所设计的大学大楼，采用了优雅的当代现代主义，对景观的驾驭似曾相识，而更早建设的医院大楼则是更厚、管状的野兽主义，顺着一条混凝土步道延伸。但是住房呢？想想城堡谷和艾尔斯伯里住宅区的风格吧，其明亮与乐观，以及社会便利设施的数量，令我大吃一惊，更不用说它维护得非常好，就在附近的森林空间还得以持续使用。住房的规模无疑非常之大，绝大多数都是长长的装配式建筑。除此之外，这里与比约克哈根、维灵比和绿谷系

索得脱恩大学内的火山景观

出一派。我也不免注意到弗莱明斯伯格的黑人和亚裔与北城区一样多，而南城区则主要是白人。

在许斯比就更是如此了，这里是2013年骚乱的策源地，并且持续时间也最长。弗莱明斯伯格位于市郊铁道上，哈斯比则在地铁线上。地铁也非常特殊：始建于20世纪70年代的地铁，与住宅区一样，和岩石地貌进行了类似的协调，只是让人更为入迷。每个地铁站都像一个山洞，在其间粗暴地炸开隧道，再用超现实风格的艺术作品画在墙上加以装饰。走出哈斯比地铁站的时候，会看到一座很有吸引力的小拱桥跨过路面供进出站用。你能看出，就结构而言，百万项目住宅楼与同时期英国（或者苏联）的装配式建筑何其相似——体量大、用了有波纹的板，这里涂成了和市立图书馆同样的红色和黄色。就像阿斯普登一样，在这里，住宅楼之间也有桌子、凳子、长椅，居民们对阳台的维护，还有住房组织对住宅楼间环境的维护，都无可挑剔。四处走走，你会看到游泳池、社区中心、各种运动设施、规定种植的小片树林，然后跨过小桥，你会看到风格上发生了变化，变成了砖包的楼房与木质的排屋，很亲近，像是乌托邦。

没人会觉得这里是贫民区。从风格和维护程度来看，布莱克希思的斯潘住宅是英国与此最接近的房子，附近住的都是中产阶级雇员——地铁下一站就是被称为“瑞典硅谷”的基斯塔。但即便如此，哈斯比也是斯德哥尔摩最穷的区域，失业率很高，人口构成大多都不是白人。其效果很离奇。一位曾经住在哈斯比附近的居民告诉我："斯德哥尔摩是欧洲最隔离的首都城市，但它的棚户区也比汉普斯特德维护得更好。"从某种意义上讲，这就是百万项目取得成功的一个牺牲品。很长时间以来，瑞典的难民收容所和移民政策都很开明，也有许多很像样的房子让人们搬进去——最便宜与最富裕的房子，都是属于百万项目的住宅区。所以问题不在于人们在哈斯比和弗莱明斯伯格感觉会怎么样，而是为什么他们住不进市中心的新住宅楼。

20 世纪八九十年代，斯德哥尔摩与许多欧洲城市一样，都

骚乱撕裂的哈斯比

转向了对内城的重新开发。最好与最坏的例子，都能在南站——索姆罗代找到，在这个区域，巧妙的公共空间与公园围绕着一组混杂住宅区，既有新功能主义的康森大楼，也有里卡多·波菲新纳粹风格、带有混凝土多立克柱的广场，门廊上装饰着熟悉的"HSB"标志，提醒人们这就是设计了瓦灵比和哈斯比那帮人的作品。然而，瑞典的住房从这种脉络中恢复过来，变得浮夸又招摇。再往外略走一点，就是著名的汉玛比湖滨城，这座新城最近才建成，原址是工业用地。人们之所以记住这里，倒不太是因为这里的新现代主义建筑还可以，或者这里转变成了19世纪的街区结构，

中产阶级的社会主义：汉玛比湖滨城

也不是什么郊区宽敞的布局，之所以能让人记住，是这里对水面以及野生堤岸的运用，这取代了早期住宅区里森林的角色——这是严格按照法律规定进行规划的结果。瑞典的确还能创造出一种漂亮、微妙但现代的环境。但这些房子都很贵，远远超出哈斯比居民的购买力。住房组织不得不扣掉他们投资的成本，特意为“社会”租户提供廉价公寓，尽管这会破坏体系的规则。不过这些规则已经被破坏了，市中心的公寓在市场上公开销售，造就了巨大的房地产泡沫。瑞典过去常常为其福利国家的普遍性感到自豪，这个体系中产阶级可以使用，工人阶级等也可以。这恰如其分，但现在需要的，可能是一些平权行动。

■ 纳尔瓦和伊万哥罗德的要塞

2014 年，俄罗斯兼并了克里米亚，从那时以来，关于俄罗斯与欧洲之间“新冷战”的讨论就络绎不绝。如果这场战争存在一条象征性的边界，那就是跨越纳尔瓦河的桥了。这座桥将欧盟，以及爱沙尼亚的波罗的海城市纳尔瓦与俄罗斯的城镇伊万哥罗德相连。在“战争”激化的末日情节里，这里就是会打响第一枪的地方。爱沙尼亚的东北部主要说俄语，按照官方分类，有数千人都是无国籍人士。要制造一个宣战的理由非常容易。河的两岸都有要塞提醒着人们，数个世纪以来这条河都是军事化的边界。在我到访的那周，北约华沙峰会同意在波罗的海部署军队，要进一步加强军事化。不过观光客还在望向桥对面，河两岸都有人野餐，纳尔瓦 – 伊万哥罗德看起来并不像马上要成为第三次世界大战的舞台。

纳尔瓦与爱沙尼亚整体一样，都是两个不同版本的“欧洲”的交汇点：斯堪的纳维亚，人人喜欢的福利国家与消费主义乌托邦，以及俄罗斯，人尽皆知的贫困、专制与预制件的土地，黑暗又浪漫。这座城市是 13 世纪由丹麦人创建的，后来成为条顿骑士团的一个中心。俄罗斯于 15 世纪末在河对岸建起了要塞。不过现存的纳尔瓦，是 17 世纪末期主要由瑞典与俄罗斯等参与、为了争夺波罗的海控制权的北方大战的产物。“二战”之前，这座城市还属于独立的爱沙尼亚国，瑞典人建造的市中心是荷兰巴洛克风格，还有一座瑞典 - 丹麦式的城堡，以及一座俄罗斯 - 德国式的工业城镇。人口构成主要是爱沙尼亚人，还有大量俄罗斯及德裔少数族群。但只有一部分留存到现在——1944 年，纳尔瓦连续遭遇空袭，巴洛克风的城市被彻底摧毁。现在你能看到的是一座非常普通的苏联城市，不过城堡建筑群与 19 世纪的工业区基本没被破坏。1991 年，爱沙尼亚重获独立，纳尔瓦的人口出现了断崖式下跌，那时纳尔瓦的人口超过八成是俄罗斯裔，还有乌克兰裔、白俄罗斯裔和爱沙尼亚裔等少数族群。其中心就是那两座遥遥相对的城堡，它们隔着一座围起栅栏、有重兵把守的桥，相互对峙，呈现为一幅格外具有画面感的分裂且偏执的图景。

从爱沙尼亚的首都塔林到纳尔瓦，虽然在现实空间里不远，在精神上却是一段漫长的旅程。尽管语言与社会都存在分裂，塔林与斯洛文尼亚的卢布尔雅那一道，普遍被认为是“西方”，也是欧洲最富裕的后共产主义首都。作为一座苏联城市，塔林的不同寻常之处在于，其建筑文化特别生动。爱沙尼亚建筑博物馆是从一座仓库改造而来的，就在罗特曼区抢眼的现代主义汉萨风建筑旁边，在那里，有人告诉我纳尔瓦没什么好看的。他们说，那座巴洛克城市在被战争破坏之后已经夷为平地，“让人们丧失了信心”。你一到车站，立刻就会意识到纳尔瓦的历史政治非常紧张，这里有一座很典型的斯大林式科立克柱，用石

纳尔瓦河口岸，左岸是伊万哥罗德，右岸是纳尔瓦

灰石建成，很漂亮，但是已经遭到严重破坏。出车站是一座纪念碑，纪念 1941 年和 1949 年两波将爱沙尼亚公民驱逐到古拉格的历史。这座城市 94% 的居民都讲俄语，但纪念碑仍是用爱沙尼亚语写的。感觉上纪念碑是要针对现在的居民，他们中绝大多数人的先辈，都是战后的苏联移民。同样，路牌也是以爱沙尼亚语写就——全城我只看到两块双语路牌，一块在商场外，另一块在信息亭。街道围绕在普希金街周围，这是一条缩微版的斯大林式“大道”，在这条漂亮的三车道大街两侧，都建有规模小却挺浮夸的住宅区，有柱廊、塔楼、凉廊和大门，风格介于 18 世纪的彼得堡与 20 世纪 30 年代的莫斯科之间。有一道大门更复杂些，还带有精致的风格主义装饰——后来大家发现这是从已经被摧毁的 17 世纪城市中一座建筑上搬过来的。然后就

会到达彼得广场，这里既有城堡，又有边界。

有一座12层高楼俯视着这个广场，其设计很有趣，装配式的楼层顶上有一座表现主义风格的防灾水塔，用有凹槽的砖块建成。现在盛行将房子租给陌生人，所以我就住在这里。从这里你就能看见爱沙尼亚和俄罗斯是如何相会的。广场的一侧是17世纪建成的堡垒以及城堡，门口是苏维埃纪念战争死难者的纪念碑；另一侧则是安保严格的边界点。高高的围栏沿着城堡的外墙延伸，通过一座用红砖建成的方形边境检查站。找到一座历史堡垒，真正能够兼有真实的、严密巡逻的边界功能并不容易。在后街上，似乎永远都会有排着队的卡车，但在我参访的周末还有一些其他东西：这里在举办纳尔瓦自行车节，全东欧的自行车骑手都会聚集到城堡来，在令人心惊的水道上骑车。到了傍晚，还会听到一些意外很搭的重金属音乐，在河两岸都完全能听见。

两座城堡本身形成了进攻 / 防守的鲜明对比。伊万哥罗德城堡建得更早，设计于中世纪晚期，它坐落在山脊上，有高高的城墙与圆形眺塔，令人印象深刻地扫过河面。弓手可以射箭的缝隙正瞄准着更方正、也更高的纳尔瓦城堡，在这座城堡，瑞典人设计了一些围绕着“高个赫尔曼”的城垛。高个赫尔曼是一座部分重建、刷了白灰的塔楼，还开了一个整齐的巴洛克风开口，你能从开口把头探出去，盯着俄罗斯看看。就在伊万哥罗德城堡背后，你会看到一片苏联晚期的住宅区，试图模仿这座城堡，一长排公

伊万哥罗德城堡，位于边境错误的一侧

寓通往一座“堡垒化”的塔楼。在纳尔瓦城堡内，还有展览以及北方场，这是一座中世纪风格的小型购物中心，里面有木头画廊，还有穿着古代服装的人在卖食品和小工艺品；自行车手们兴奋地为烧烤准备着柴堆。旁边是纳尔瓦的列宁像，很奇怪，这座雕像并没有在20世纪90年代被拆除或者送进博物馆，而是从彼得广场移到了这里。现在它指着通往流动厕所的路。

这座城堡维护得不错，即便没有周末进行表演的武士，也让人相信它很古老，也颇险恶。老城则非常不同。斯大林主义政权通常会乐于重建老城——华沙老城全部、格但斯克和德累斯顿老城的大部分，以及圣彼得堡老城的一部分，都是战后复制的。但是在这里，只有三幢 17 世纪的建筑保存至今。很难说这是否与他们曾经和一度统治波罗的海的德国人结成同盟有关，那是一个要让爱沙尼亚民族失去信心的举动，他们在自己的城市里变成了少数族群。又或者与西欧的惯例一样，这不过是一种功利主义的举动，要优先为这座小小的工业城市提供一些素朴的栖身之所，而不是把资源浪费在历史主义者的幻想世界上。但即便是那时，对老纳尔瓦的处理动作也很大，接近于杀死城市。从 20 世纪 60 年代早期以来，整个市中心都是“赫鲁晓夫”式的标准化砖造无电

老纳尔瓦

东正教基督复活教堂

梯公寓，布局开敞，公寓楼之间有丛生着灌木的游乐场以及停车场。保存下来的碎片都挺悲哀的。一座 19 世纪晚期的多穹顶东正教堂，看起来胖乎乎的，是被工厂包围的一处怪异的存在；还有一座粗糙的 18 世纪仓库，1991 年被改造成了市立画廊，画廊的固定展览很棒，但临时展览就很糟糕。画廊还有一间令人心碎的展厅，里面都是巴洛克城市的画作，很明显，这座城市曾经与塔林及其浪漫的汉萨式天际线有几分相似。

只有一座历史建筑被重建起来了，即市政厅，是 1668 年由吕贝克建筑师格奥尔格·特菲尔设计的，后来瑞典宫廷建筑师老尼戈底姆·泰辛添加了几部分。这座建筑充满了新教色彩，对称、垂直、不拘小节，因为有了轻巧可爱的塔楼以及趾高气昂的入口，你能想象它存在于波罗的海其他更富裕的区域，比如斯德哥尔摩或者汉堡。现在这座建筑有些破败，但它的正对面就是纳尔瓦最棒的新建筑，甚至还应该得到更高的评价，而不是这么模棱两可，这就是纳尔瓦学院，它是 2012 年由爱沙尼亚的卡瓦卡瓦建筑事务所设计的。这是某种时尚但不平衡的后现代风格，这种风格也几乎以此获得了一个恰当的名称。建筑正面的平台对着市政厅，用混凝土给人们留下已经被破坏的证券交易所的印象，与市政厅类

纳尔瓦学院与老市政厅

似，也是瑞典古典主义。不过，这只是一个外壳，顶端还有往外伸出的混凝土屋顶，使得后面形成了一个笨拙的特殊几何实验，规则的红砖网格上又插入了杂乱延伸又彼此重叠的玻璃工作室。无疑存在一种压力，要“如实地”重建这座建筑，但在这里，人们把更多的虔敬献给了纳尔瓦这座复杂又充满创伤的城市。

完成于2014年、获得欧盟资助的纳尔瓦堤岸也同样卓越，在这项尝试中，在连接伊万哥罗德的直接而没有栅栏的战后桥梁下面，开放性与公共精神得以延伸。这也是本书中，意外引人注目的新近完成的公共空间项目。从堡垒和城堡出发，可以通过各种各样的楼梯抵达堤岸——有些楼梯挺有历史，有的湮没在蔓草之中，有的是临时搭建，还有一些新的用考顿钢[1]搭成——这是一条宽大又舒服的河滨大道，路边有长椅、象棋桌、游乐场，还有一座全新又炫酷的青年中心，整体构成很有扎哈的风格。最奇妙的是，这里还有很特别的新公厕。大道的尽头是一片小沙滩，以及一处在地缘政治上反复无常的地方，20世纪50年代在纳尔瓦一岸建造的一座水电站，实际上属于俄罗斯。沿着那里的楼梯走上去，你就会进入城市的工业区。

纳尔瓦曾经是圣彼得堡以外波罗的海最为工业化的城市，其发展受惠于已经消失很久的波罗的海德国人，20世纪40年代，

[1] 考顿钢(corten steel)：是一种耐大气腐蚀钢，常用于建筑外表，表面可形成一层“锈膜”，因而不需要保护漆。

他们搬去了第三帝国，以增加“生存空间”内的人口。在克林荷姆岛上建起了好几座大规模工厂，包括两座纺织厂、一座面包厂，现在要么被弃用了，要么被改成了非工业用途。在周围还规划建设了一座公司城镇，住着多民族的工人阶级。再往外，是 20 世纪 50 年代建造的规模不大的斯大林式郊区，里面有许多小小的巴洛克细节，让人想起没能重建起来的老城，等等。这种类型的都市主义现在很风行，还都带有底商，但这里几乎完全衰败了。巨大的格拉西莫夫文化宫也是如此。文化宫的多立克柱从地面延伸到天花板，非常浮夸。基座上有 1905 年和 1917 年社会主义革命英雄人物的半身塑像，他们孤零零地站在一座公园里。公园虽然杂草丛生，但却用得意外的好。这座公司城镇本身，与从鲁尔区移植来的模式很相似，粗粝的红砖建筑，带有一些粗短的哥特式细节，严格围绕着一座广场分布，居民们把洗过的衣服就晾在广场上——高楼是给工人们住的，更宽敞、装修得也更好的房子则住着工头，帝国巴洛克风的居所是工厂主的住宅。20 世纪 60 年代，在战争中被破坏的房子得以修复，旁边附加了新楼，以及一幅美妙的抽象马赛克，以及献给革命家阿玛莉·克雷斯伯格的纪念碑，她是一位社会民主主义者，1906 年被沙皇政权杀害。但空置在所难免，而且纳尔瓦人口的大失血在这里也最为明显，使得这些站在空荡荡的厂房前面、表现工人阶级英雄主义的纪念碑，变得不可思议、时空错乱。

献给阿玛莉·克雷斯伯格的纪念碑

郊区巨大居民区，无疑比这些破旧的房子更受欢迎。郊区是一种苏维埃与新自由主义的混合物，在一座零售园区以及一片摸不清数量的家具店周围，是一些隔开的厚板（其中的一些，是以伟大的爱沙尼亚建筑师雷恩·卡普最初为塔林做的优雅设计为原型）。这种地景一直绵延了数英里，跨越边界，直到俄罗斯的伊万哥罗德。不过在那边，你看不到像纳尔瓦堤岸这么有质感的东西，可能也看不到主要被本地居民占据的移民大卖场。这是欧盟为像纳尔瓦这样的地方所做出的双重承诺——我们可能让你们的城市变得更好，我们也可以让你们更容易跳出你们的城市。在英国，这样的承诺也许下了一半，只是我们决定我们更喜欢自己的城镇垃圾；另一半却造成了一种歇斯底里的反应，我们现在面对的，就是这种反应的后果。在此地，我们必须用最纯粹的困惑，来看待我们的决定。

■ 维堡：芬兰第 2 大城市，俄罗斯第 208 大城市

从一个较长的时间段来看，就建筑与经济而言，芬兰是波罗的海最成功的案例。长久以来，芬兰都被认为是更宽广的斯堪的纳维亚福利国家繁荣轴线的一部分，这反而混淆了一个事实，那就是芬兰的历史在许多方面更接近拉脱维亚和爱沙尼亚，而不是瑞典和丹麦。一百年前，芬兰还是俄罗斯帝国的一个难以驾驭的省，其经济是由作为少数民族的瑞典人所掌控。赫尔辛基及第二大城市维伊普里的革命工人都支持布尔什维克，在 1918 年，他们会为了控制这个国家而发动一场残酷的内战，并最终失败。在随后的“白色恐怖”期间，许多人逃往苏联。此后在两次世界大战期间，芬兰由温和的社会民主派掌权，这是一段相对安静、相对富裕的时期，再之后芬兰被苏联侵略，割让了一部分领土。随后，芬兰押注在轴心国集团上。与拉脱维亚和爱沙尼亚不同，芬兰没有完全被苏联和纳粹兼并，与两个较小的邻国相比，芬兰也没有经历一段右翼独裁时期——芬兰获得了一个古怪的荣誉，它是轴心国集团里唯一的民主国家。然而，其历史本质上也与其波罗的海表亲一样。1945 年，红军再次入侵，再次兼并了卡累利阿地峡，并且一开始给芬兰强加了一个共产党人领导的政府。本来这应该会造成拉脱维亚或者至少是波兰那样的结果，引起相似的充满争议的苦难历史。然而实际的结果却是一段经济惊人成长的时期，

尤其突出的是，用于向外输出的设计与建筑得到长足发展，也为国家建设提供了原材料。一个庞大并且受欢迎的共产党，至少有一次赢得了多数席位，却从来没有在它参与的各种联盟中取得主导地位。社会民主党和自由党通过与俄罗斯开展贸易，以及断然拒绝冒犯俄罗斯，协商出度过冷战的办法。这被称作“芬兰化”。但历史上的芬兰领土还有一部分仍落在其国界之外，“西部”——被兼并的卡累利阿地峡，以及这一区域的最大城市维堡 - 维伊普里——就是如此。

维堡的文化在历史上非常多元，但几个世纪以来，大部分时候还是属于芬兰，1939 年，它曾是芬兰的第 2 大城市，到了 2018 年，则变成了俄罗斯联邦的第 208 大城市。因为就在圣彼得堡附近，所以它充其量不过被视作列宁格勒州的一座卫星城镇。最早，卡累利阿地峡是苏联加盟共和国卡累利阿苏维埃共和国的一部分，其法律地位与乌克兰、格鲁吉亚、波罗的海诸共和国等一样。但随着俄罗斯裔移民的数量超过芬兰人和卡累利阿人，这个加盟共和国被并入了俄罗斯主体，像拉脱维亚、爱沙尼亚、哈萨克斯坦等国都担心它们最终会面临这样的命运，国家从此彻底消失。不过尽管自 20 世纪 40 年代以来，维堡的居民就几乎全是俄罗斯裔，但这里留下来的建筑依然主要是斯堪的纳维亚——特别是赫尔辛基——的残存，这种断裂会让人晕头转向，是一种建筑认识上的不和谐。被刷上白灰的巴洛克式城堡塔楼，大型的古典办公楼群，

列宁大街上的路标

独特“国家罗马风格”的早期现代主义商业大厅，以及整整齐齐的白墙功能主义住宅区——许多建筑看起来受损都很严重——维堡看起来就像赫尔辛基经历了一场非常漫长的战争。诚然，这种状态很不上镜，但有一栋重点建筑是个例外，那就是维堡图书馆。

如果你用谷歌搜一下维堡，有两个点可能会引起你的特别关注。其一，这座城市是北溪管道（North Stream）的终点。这是地缘政治上一种非常有意思的缓和，该管道由德国与俄罗斯政府建造，从俄罗斯的大型天然气田，经过波罗的海地下，绕开了拉脱维亚、波兰、乌克兰等可能表示不满的国家，直通德国北部。绕开一些国家，有可能是因为这样一来，俄罗斯能对这些国家发号施令，而不必担心通往德国的天然气供应会被切断。你会搜到的另一个引起注意的点，是一幅建筑的照片，即维堡市立图书馆是由在20世纪最受称赞的建筑师中能排到第五名左右的设计师——阿尔瓦·阿尔托——在20世纪30年代的前五年逐步设计的，在这位伟大的芬兰建筑师的职业生涯中，这座建筑具有一定的考古价值，因为它标志着其作品的第二个重要转折。一开始，阿尔托是古典主义者，这在20世纪早期的芬兰（也包括瑞典）意味着一种非常开放、具有实验性的对待传统的路径，但在20世纪20年代末，在设计诸如帕伊米奥疗养院等建筑时，他突然转向了一种裸露但优雅的功能主义。在维堡——那时候叫维伊普里——功能主义也参考了本地元素而有所改变。在图书馆的一间公共礼堂，就是一个单独的房间，阿尔托在短时间内就设计出了一种温和、"有机"的斯堪的纳维亚现代主义风格，直到现在，这种风格仍深具影响力，应用在了现代建筑的木质外墙上。我参观那天，这里在办一场俄罗斯时尚秀，但这也没能让我从这种形式上转移注意力。图书馆的修缮花了接近二十年时间，在芬兰政府的慷慨资助下，数十年期间所经历的损坏由此重回最佳状态。然而这座建筑并不在芬兰，这样的结果也难免让人有些不舒服。

即使存在一些质疑，维堡图书馆也是一项非凡的建筑作品，而且它也恢复了其过去的状态。图书馆位于城市的市立公园，长而矮，外部是耀眼的白色，但到内部，就能看出阿尔托的个人风格了。主阅览室的照明，主要是靠屋顶的许多圆灯，而且每分钟都在随天气变化——我在八月的一个下午到访，这些灯变了很多，从黑色到灰色到白色再到蓝色——改变着这个房间的气氛。最近，修复项目加上了最后一笔，阿尔托最初设计的弧形木栏杆被复制了，在这个双层空间的第二层随意延伸。礼堂里的天花板则非常独特，这是一种很独断的姿态，据称是出于声学要求，一些呈现微妙波浪形的木头——最早是由本地造船厂工人建造的——被放

维堡图书馆礼堂

在了屋顶的混凝土盖子下面。1945 年以后，这座建筑侥幸避免了用“社会主义现实主义”风格的石头与装饰撑得膨胀起来，在 20 世纪 60 年代，又经历了善意但不合适的维修。图书馆里的照片——有一整部分是献给那个伟大的人——可以显示出到 20 世纪 90 年代这座建筑的衰败程度。在里面四处看看，你永远看不出这里发生过什么，可能也不会感觉你并不在富裕到令人难过的斯堪的纳维亚，但这里绝大部分的藏书都是俄语写就。这的确是巨大的成功，但感觉却有些奇怪——在大众悲惨的时候，这里却是一个奢侈的平等主义小天地。

维堡图书馆阅览室

维堡 1945 年之后的建筑并不归功于苏联。要巡视一番可以从火车站开始，虽然是标准的社会主义现实主义风格，但这座火车站既好看又宏伟，与遍布俄罗斯和乌克兰的车站非常相似，有格子装饰的天花板、大烛台，以及各种革命主体的装饰风格。火车站前面是一座类似的新巴洛克风格的大楼，但再旁边就有不一样的东西了——一排涂成黄色的公寓，装饰着表现主义风格的滴水兽，自由而胡乱地刻着一些垂直条纹。如果你去过赫尔辛基中央车站，那你立刻就会认出这种风格来。对面还有一座特别好的公园，有水畔步道，能看见晚期苏联风格的德鲁日巴酒店，这是

你能想到的全部写有“克里米亚是我们的”的 T 恤

一座“宇宙”风格的小品；主广场上有豪华宫殿，是巴洛克风格的残余，以及新艺术风格的市场，有些令人摸不着头脑。市场位于一座有着筒状拱顶的壮观大厅里，里面满是粗鲁又冒犯的小贩，向已经厌烦俄罗斯顾客和充满好奇的芬兰顾客兜售着有斯大林和普京图案的T恤。建筑师名叫K. 哈格·赛格斯塔德，名字就铭刻在入口的石头上。一间笨拙的后现代主义19世纪商业混合物中的大酒店，是为了“适应周围环境”而建造的，但与纳尔瓦的对比还蛮有启发的。这两座城市规模接近、历史相似，但在纳尔瓦发生的“杀害城市”现象，却没发生在维堡。尽管这里曾经被轰炸过，然后用一座20世纪80年代的赫鲁晓夫式装配式建筑取而代之，但几乎整座历史城市都保留下来了；与诸如奥尔胡斯之类的城市不一样之处在于，保留下来的建筑没有被过度修复弄到窒息。远不是那样。

我在维堡参观时，那里正在举办一场叫“欧洲之窗”（WINDOW ON EUROPE）的电影节。维堡的确是欧洲之窗，并且与圣彼得堡本身作为欧洲之窗不同。圣彼得堡是整体规划的，建筑有各种色彩，权力创造出的东西压倒一切存在，在欧洲已经显得足够专制（为什么不像西欧绝对君主制时期建造的建筑呢？）。这里很明显地表现出这座城市是在俄罗斯帝国末年创造出来的，看起来具有明显的“欧洲风格”，你会觉得你是在西欧的一部分，只是纯粹因为历史意外才落入了俄罗斯手中。利沃夫有着独特的哈布斯堡国际风格，但维堡不一样，它的“西式”建筑并不是当地表现的殖民风格，而是世纪之交一种典型的表现地方性与民族主义的努力——这种建筑并不是帝俄风格，而是芬兰民族主义风格。

这座建筑格外完整。当然，也插建了一些苏式建筑——在河滨公园，你会看到一些苏式的高档公寓，旁边是维堡储蓄有限公司大楼，这座大楼很可怕，但不同寻常的是，它也经过修复，这是除了维堡图书馆以外，唯一一座得到严谨修复的建于两次世界大战期间的功能主义建筑。这座建筑的特色在于屋顶上巨大的标志，写着“WELCOME”（欢迎）。这座建筑与同时期苏联城市里建造的许多现代主义建筑并无不同，所以人们可能会希望这样的建筑也能像芬兰人建的图书馆那样被提高到国际水平，从而影响俄罗斯对待现代建筑的普遍态度。在 1929 年，观察者不会意识到，出生在他们那一代人之中，后来会成为现代建筑标志性人物的阿尔瓦 · 阿尔托，是用一种越来越具个人色彩、直到 70 年代才臻于成熟的现代风格进行设计的。没有哪位苏联现代主义者曾经有这样的机会，尽管同时期的诸如莫伊西 · 金茨堡和康斯坦丁 · 梅尔尼科夫等的作品，各方面都与阿尔托的作品同样强大、同样自信，在很多方面甚至有过之。金茨堡与梅尔尼科夫没能获得发展成现代建筑师的机会，而被迫分别成为笨拙的新巴洛克风格，以及艾萨克 · 巴贝尔所谓的“沉默风格”。他们的建筑就没几座被修复了，

维堡储蓄有限公司

大多数走向了破烂衰败，或者流于媚俗。不过在这里，同一时期完全“西式”的建筑也面临同样的处境。

除了图书馆与维堡储蓄有限公司以外，芬兰的功能主义也以同样让人忧郁的状态走向了衰败，那个时代第聂伯罗彼得罗夫斯克和下诺夫哥罗德等苏联城市的当代构成主义也是一样。20 世纪 30 年代的城市建筑师乌诺 · 乌尔贝格的作品就是一个例子。与阿尔托一样，他也转向了现代主义：他早期的风格属于又重又清晰的新艺术风格，堪比艾丽尔 · 萨里宁和查尔斯 · 雷尼 · 麦金托什，其早期设计风格体现在这座城市临码头街道上，这些街道很迷人，但也很可怕，在这一带，被烧毁又没窗户的房子到处都是。哈克曼与郭大楼是乌尔贝格在新艺术风格时期最好的作品，这座建筑粗琢的石工都很大号，小小的凸窗呈锯齿状。乌尔贝格可能会把这个与维堡艺术学校的古典化现代主义交换，维堡艺术学校已经被修复了，但其修复与芬兰人修复阿尔托作品的方式有着极为显著的不同。艺术学校被改造成了圣彼得堡冬宫博物馆在维堡的分馆，其位于一座历史要塞顶上的建筑被修补起来，从这里可以清楚看到维堡港口的漂亮景致，起重机就在高高的廊柱间来回舞动。

哈克曼与郭大楼

维堡冬宫

除此之外，还有一些更具俄罗斯风格的俗气东西，建筑周围摆满了珠光宝气的大标志以及新古典主义风格的雕像，好像在说“这里有文化啊”。可内部及其展览简直难以描述。

紧邻维堡冬宫的是一座面粉厂，这座建筑更咄咄逼人，有点像构成主义风格。它是尔基·胡特恩 1931 年设计的，条件很差，在非专业人士看来，这就是一座功利主义的苏维埃港口建筑。市中心由奥利·佩里为卡累利阿保险公司设计的那幢时尚的曲面高楼也是如此，这幢楼很久以前就修复过了，被认为是一件现代主义的时髦物品，本应该出现在曼彻斯特、斯德哥尔摩或者鹿特丹的市中心。维堡的例子说明，俄罗斯和乌克兰现代主义建筑的糟糕处境，不是苏联或者后苏联建筑所特有——这些破旧的建筑，窗户都被换成了乱糟糟的，灰泥剥落，只不过是国际风格的建筑在被遗忘七十年之后就会变成的模样。在列宁广场，有一座标准化的呈俯视姿态的伊里奇雕像，我往上看的时候惊讶地发现，它正看着一组 20 世纪 30 年代建成的商业建筑，在刚建成的年代，这些建筑既时尚又光滑，但现在却破败失宠了，就像俄罗斯一座地方城市 20 世纪 60 年代建造的二级建筑。当然，维堡就是一座俄罗斯的地方城市。

把列宁像置于城市主广场中心，并不是苏联要将自己的认同强加给这个地方。在十月革命前夜，列宁曾和一位芬兰同志一起藏身于这座城市——与拉脱维亚和爱沙尼亚的波罗的海沿岸地区一样，芬兰沿海地区对布尔什维克也非常友好。正因为如此，维堡还保留着一座现存不多的列宁博物馆。博物馆位于城市南部，刚好在市中心外面，你会经过火车站外维堡主要的苏式建筑，这座有趣但破败得非常严重的建筑建于 20 世纪 70 年代，有咖啡馆，也有百货公司，螺旋的楼梯被封起来了，石工掉落了下来。再走一会儿你会到达郊区，这里有苏联和后苏联时期的高楼，只有一条建有木头房子的小街作为遗迹保留了下来，当然，主要也是因为列宁在这条街上住过。这些可爱的木头房子，能看出与保存得更好的奥尔胡斯或者卑尔根老城的一样。这座博物馆稍稍做了些装修，让它看起来略微不像是在祝贺弗拉基米尔·伊里奇与他的芬兰同志，但这里还是以浮雕装饰板、伟人雕像，以及他的秃头山羊胡轮廓为特色；阁楼上的展览更为动人，这是基于一组普通人的照片，他们在城市里如画的地点前摆好造型，人们可能会在自家的阁楼上找到类似的照片。我从博物馆乘公交车回市里，在路上我发现周围全是装配式高楼，与我在乌克兰城市的郊区看到的那些完全一样。在彼此相隔千里之遥的两个地方却发现自己身处同一个区，这是一个很有用的指标，表明这里还是苏联的世界，由处于主导地位的混凝土板所界定。

维堡列宁博物馆

在欣赏维堡图书馆的时候，你可能会希望20世纪一些被遗忘的大师之作也能像这样被慷慨、谨慎、彻底与完整地加以修复，比如勒·柯布西耶在昌迪加尔的作品，莫伊西·金茨堡设计的莫斯科纳科芬大厦以及谢菲尔德的公园丘。这座市立图书馆能够达到这样的效果，而且挺好，这令人心满意足。但是要修复这整座城市——维堡的建筑足够丰富、足够重要，的确值得重新修复——则是一个比修复一座著名建筑师的伟大建筑复杂得多的问题。坦白地说，需要指出，维堡建筑的处境虽然很糟，但仍有吸引力。老欧洲的所有老城，都被残忍地修复了，并装配上纪念品商店和咖世家咖啡馆，相比而言，维堡的氛围令人陶醉：是那些正在风化的灰泥，铺着鹅卵石的破碎台阶通往大海，把一段尖酸而恶臭的历史掩盖起来了，而不是遗产的味道，苍白又经过粉饰。如果你想看看伟大的欧洲城市在遭遇严重困境时衰落了会变成什么样子，维堡会有好几个竞争者——赫尔、里加、布拉德福德、列日都是它的兄弟姐妹，但没有哪座城市衰落得如此彻底。除了维堡之外，再没有哪个地方会因为接近而使“西方”与“东方”之间的沟壑呈现得如此明显，这一定程度上是因为战后的芬兰是一个最“东方的”西方国家，因为它有着规模很大的共产党，左翼、新城、国有化的工业、高层住宅区，以及苏联导向的对外关系。与苏联保持友好关系，但又与其保持一臂之距，为创造一种人道而令人愉快的资本主义带来了红利，这种形式的资本主义完全超越了苏联解体后各国所采取的资本主义，无论是自我界定为与苏联的遗产彻底决裂（爱沙尼亚、拉脱维亚，以及现在的乌克兰），还是延续苏联（俄罗斯与白俄罗斯）。

纪念伟大卫国战争的海报，在维堡贴得到处都是，不过表现的是斯大林格勒保卫战或者柏林战役，而不是占领维伊普里。人们不必为勇敢的芬兰人感到过度伤感，他们协助纳粹国防军展开了集团屠杀式的列宁格勒封锁，而这一行动，明显就是意图让数以百万的市民饿死。但是苏联随后完全出于军事目的兼并了这座城镇，意在强化圣彼得堡周边的边境防御，以确保封锁不会再次发生。占领维堡本身，以及——我们可别忘了——对维堡的人口进行族群清洗，只是一种后续效应，这座城镇只是碰巧坐落在苏联想建造防御工事的土地上。城市本身倒无关紧要。

如果你像我一样坐火车离开维堡，经过一段不长的距离就能抵达赫尔辛基，这种体验完全不像离开苏联领土去往波兰、德国或者斯洛伐克，在这些过程中，是逐渐向富裕转变的，而且不完整。在这里，你还没来得及说“结合但不均衡的发展”，就被快速列车从第二世界迅速带到了第一世界。穿过维堡一直输往德国波罗的海海滨的天然气会对这座城市产生什么影响还很难说，但鉴于俄罗斯最近的一些先例，不要寄望再分配能起多少作用。你觉得哪里的再分配运作得好呢？挪威？

| 6. |
北海

■ 卑尔根——沿着我们的路来

卑尔根是一座蔓延的城市。在机场就已经能看出这一点，你会经过一条走廊，走廊上有天空与峡湾的照片——“诚实、纯粹、原生”，以及诱惑人的“沿着我们的路来”——你会来到一间乘客大厅，厅里有“住宅伴侣之家目录”的大幅广告。从广告上，你能买到三种可能的住宅包，全都位于乡下，在被雪覆盖着的沼泽与森林之间，都是独栋住宅。你可以从这里搭乘公共交通或者私家车，穿越一系列隧道或者高架桥，穿过布满森林的山坡，每座

赞美卑尔根的房子

山上都散布着相似的郊区住宅——尽管和广告比起来，它们挨得更紧些。一开始，你会觉得它们完全是随机分布的，但过一会儿，你就会意识到它们是沿街道分布，在这些森林密布的山丘上随着地势起起伏伏。沿路除了赞美高速公路的混凝土工程外，你还可以记下许许多多电动车充电站。很明显，英国与挪威共享的东西除了北海之外，还有虚伪——这个国家通过卖石油而成为地球上最富裕的国家，却在鼓励你开电动汽车。要是我们的虚伪也有这样实在的结果就好了。

如果说瑞典、丹麦和芬兰等斯堪的纳维亚国家，为 20 世纪五六十年代的英国建筑师和城镇规划师提供了具有吸引力的范本，但自 20 世纪 70 年代中期以来难以避开，也更具吸引力的范本则是挪威。和其他情况不同，这倒不是因为已经模仿了挪威，而恰恰是因为并没有模仿。新自由主义在英国的奠基有诸多故事，都取决于 1974—1979 年的工党政府决定开采 70 年代在北海发现的石油，这是天上掉下来的一份印钞执照，无论是地理上还是实践中，英国都与挪威共同拥有。当时负责相关事务的部长托尼·本恩建议英国由国家来获取石油的所有权，再将收益都存入一项基金，用来资助社会项目。但与 20 世纪 70 年代左派提出的由工人掌权以及技术创新的“疯狂”计划一样，这个提议也被拒绝了，最终来自石油的税收收益还是大量流进了财政部的腰包，随后提出的刻意制造阶级冲突与去工业化的政策，引起了大规模失业，继任的保守党政府则用这笔石油收益来提供失业补助。伊拉克出生的法鲁克·阿尔卡西姆是国营挪威石油理事会（Norwegian Petroleum Directorate）资源部的负责人，在他的推动下，挪威人力图摆脱“荷兰病”，也就是在获得意外之财后陷入衰落，与英国不同，挪威成立了一个国有公司“国油”（Statoil）来管控石油，又创立了一个主权基金来负责收益的管理和分配——这就意味着其中一项举措就是把钱存起来，而不是通过税收减免或者社会项目立刻花掉。

这成就了挪威，在诸多的排名里，挪威都是世界上最富裕的国家，可能唯一的对手是美国，但挪威的收入分配之公平是美国没法比拟的。在2014年苏格兰举行独立公投时，在格拉斯哥随处可见的一幅海报就写着“苏格兰——唯一一个发现了石油却变得更穷的国家”。鉴于西北欧最穷的地区，十个有九个都在英国，就英国整体而言这种看法可能也适用。与挪威的比较就像是一种控诉，不仅仅是对撒切尔主义的控诉，也是对英国工人运动中一些恐怖的新想法的控诉。挪威也尚未加入欧盟，一个具有影响力的农业游说团体以及激进左派都对欧盟感到厌恶，挪威也不喜欢“资本主义俱乐部”，搞了两次公投，都反对加入。现在英国工党的领导层都明显比较乐观，认为脱离欧盟能够转向左翼路线，这已经被挪威的经验所支持，以“挪威式”成员身份留在欧洲经济区内，对于英国而言可能是明显最不坏的后果，尽管在我写这本书的时候这似乎已经不太可能。挪威属于申根区，排斥移民不是挪威不加入欧盟的原因。

就挪威本身而言，石油鸿运——即便到现在也还没流出来多少，政府通常只会花掉主权财富基金的 4% 左右——的影响，还是不太清楚。即便就斯堪的纳维亚的标准而言，石油都使得这个国家变得极度富裕、极度舒适，同时，石油也促成了卑尔根的蔓延，而过去，卑尔根是一座非常紧凑的城市，夹在山与北海之间狭长的地带里。挪威富得很晚，和芬兰一样，直到 20 世纪，它才从瑞典独立出来，这里也没有瑞典和芬兰那种大规模的战后住房项目，丹麦有，但规模小一些。在战争中，挪威遭到了严重的打击，最后南部被英国解放，北部则被苏联解放。但挪威与其邻国还是很相像的——全面的福利国家、处于主导地位的工党、对地景非常敏感的有智慧的现代建筑。致富之后，从 20 世纪 80 年代到 21 世纪前十年，人们可能都以为挪威所做的与英国没有太大不同。尽管自 20 世纪 30 年代以来工党创立的大多数社会保障体系都还在运作，但在 20 世纪 80 年代降低了对住房的管控。这一举措的后果之一就是山上那些拼起来的目录住房，每座都能看见海景，而花在房子上的财富也来自大海。把这些房子连起来的道路基础设施规模不小、体量巨大，而且无论这个系统包括了多少电动汽车、公交车与有轨电车，都造成了郊区化，我到过的其他斯堪的纳维亚城市，比如斯德哥尔摩、奥尔胡斯、哥本哈根与赫尔辛基，城市规划都是高度集中的，而卑尔根的郊区化规模大到令我吃惊。尽管这可以用历史成因来解释，毕竟无论如何，卑尔根的历史建筑主要不是楼房与公寓，而是质量很轻的木头房子，搭起来和拆掉都很容易。

卑尔根周围保留下来的木头房子郊区，建于18—19世纪，这些房子都挺诱人，只是有点华而不实。我在其中一个叫桑德维肯的郊区住过。几片小小的公寓飞地潜伏在街道周围，毫不起眼，街上有白色墙板建的别墅，有半独立也有独立式的，或者排屋，通常中间还有一座小广场，但大多数都挺随意的，就像一组目录住宅；在这些房子背后就是山，正因为山的存在，这些开发项目的深度与密度都受到限制（往上看，缆车造就了一种陡峭、引人眩晕的景象）。从这里沿着港口上的山脊一直走到市中心，你会看到一些别的东西：有一些爆破形成的门，嵌入山崖里，看起来像是军事设施，就是那种冷战时期超级反派的风格。挪威没有加入欧盟，但与芬兰和瑞典不同，挪威加入了北约（前任工党首相延斯·斯托尔滕贝格是现任北约秘书长），而且在挪威的海岸线上，建起了惊人的防御工事，有一些是从纳粹的挪威北海沿岸防线继承过来的。从这里看，尤其是在夜里——夜里这些房子的温柔就不那么重要了——是这样一些东西。至少按照我的经验，以及根据统计，卑尔根的气候是欧洲西北部最糟糕的，甚至比格拉斯哥和贝尔法斯特更糟，一年中有七成时间都下着冰冷的毛毛雨。因

桑德维肯，都市村庄

此形成的雨雾、黄色的光线，以及船舶缓缓进出码头的景象，只要你穿着适宜，就会觉得它们看起来格外漂亮。

卑尔根市中心很小，但已经足够有趣，尤其是与奥尔胡斯这样的地方比起来。这里给人一种他者之感，之所以有这种感受，一方面是因为码头一直紧紧贴着满是森林的山丘一侧，也因为大量满是木头房子的街道。还有一面小小的山墙，卑尔根市政府强制要求麦当劳避免使用金拱门标志，而是用礼貌的古典衬线字体将名字写在上面；旁边是一组霓虹灯，写着：周围有很多好人。还有一些其他地方，比如国家浪漫主义与一大批现代主义建

秘密通道

筑，能够看到视觉上更强烈的东西。火车站与市立图书馆是美术与工艺的奇迹，用了大块暗色粗琢石头与宽矮的屋顶；火车站内部的铁架玻璃屋顶让人非常兴奋，就像一座迷你版的英国或德国的站房大厅。面向港口的是一座新鱼市场，还有一座 2012 年由埃德尔·比赛尔设计的游客信息中心。这是一条悬空的长管，外面用铁条包成糖果店的图案：这是自从这座城市获得巨额财富以来，建造的明显最具“地标性的”吸引游客的设施，尽管规模非常之小。离开码头走远一些，是卓越的桑德特百货公司，这座构成主义建筑是 1938 年由格里格建筑师事务所设计，内嵌了先锋派的排版，以及有锋利带状窗户的地板，末端是一座抽象的塔楼。还有一座用熟铁建成的可爱演奏台，建于世纪之交，我在 12 月拍下了百货公司的照片，正好在这里躲雨。

游客信息与鱼

然后就是这座城市的行政管理与文化中心。这座建筑围绕着一片湖，还有一座巨大的混凝土基座，顶端是前首相克里斯蒂安·米歇尔森的青铜雕像，1905 年，他与瑞典进行了挪威独立的协商。这座雕塑极高，似乎是因为它旁边就是卑尔根不多的几幢高楼之一——1974 年建成的市政厅，是厄灵·维克肖设计的一座

卑尔根市政厅与城市之父

理性主义混凝土建筑。湖的另一边是1934年的艺术宫，这是本地设计师奥莱·兰德马克的作品，用了瑞典很常见的简洁现代化古典风格。这座建筑与后期建造的野兽主义风格的扩展建筑形成了一个整体，往外望向一个高大健壮的裸体女郎，而裸体女郎又自豪地望向山腰郊区。背后就是格里格厅，由丹恩·克努德·蒙克在1978年设计，长长的黑色玻璃幕墙，面朝着小雨，还有为礼堂设计的纪念性混凝土王冠。对于这样一座历史与规模都和诺里奇、赫尔接近的城市而言，这些文化与市政基础设施有点太多了，而且全都是在挪威发现石油之前建成的，这意味着已经存在某种议

格里格厅

定的、耐心的规划文化，促成了后来对法鲁克·阿尔卡西姆那个延迟满足感的方案。要看在弧形的山上延伸的小房子，这里也是个好地方，它呈现出一种没那么严格规划的街景。

游客们希望参观的卑尔根，是被联合国教科文组织列入世界遗产名录的那部分地区，叫布吕根，这曾经是由汉萨同盟运作的城中之城，挪威曾决定从这个由德国人控制的贸易团体中退出。卑尔根是汉萨最北端的海外贸易点，布吕根则是北德商人们管理贸易基地的地方。相信我，就像我拍的照片因为下雨的缘故没法印刷，你现在在那里能看见的，就是18世纪早期经历一场大火之后，经过彻底修复重建的建筑，只不过保留了最初的中世纪平面图。这些高高的货栈带有山墙，面朝街道以及码头，庄严地排成纵列，但最高的有塔楼的部分，是维多利亚时代添加的。最早的布吕根就是相邻的那个隔板迷宫，房子要么往里倾斜要么往外，还有交错在一起的步道与滑轮，被持续不断的大雨打磨得光滑锃亮。这并不是桑德维肯那种漂亮的木头渔村风格（或者奥尔胡斯的意大利街区，或维堡的郊区），二者秉承一种商业功能主义的致密、繁忙的逻辑，通过涂着红色与黄色的板子表达出来。在空间意义上这会令人很兴奋，因为可以不断开拓新的空间、小广场与柱廊，修复工作也从未间断，因此过去可能有过的任何氛围，任何时代感，都被清洁程度和物价奇高的有机汉堡商业中心否定掉了。从这片汉萨飞地，可以通向卑尔根的历史政府中心，以及更硬核的罗森克兰茨塔，呈现出烧死异教徒的惨状，这座塔楼呈方形，加强了防御工事，非常可怕。卑尔根博物馆坐落在一座野兽主义风格的建筑群中，这里收藏了从该处出土的各种维京和汉萨文物。该建筑是奥伊文·莫尔谢特在 1976 年设计的，采用了一种类似的粗暴对待形式的手法；这绝对没有因为布吕根的木头山墙本身作出让步。为了让棕色的混凝土与上过漆的木头之间的对比变得不那么强烈，附近的一座新酒店，采用了新中世纪风格进行设计，在英国也会采取类似做法。

不过你觉得不可能出现在邓迪、赫尔以及诺里奇的，是卑尔根建筑学校。该校建于 1986 年，受到波兰建筑师与社会主义者奥斯卡·汉森（学校的创立者斯韦恩·哈特罗伊是汉森的学生）的“开放形式”理论启发，明确将自己定位为社会学校。现在的校址过去是一座谷仓，就在桑德维肯的码头旁。尽管建筑现在的功能大不相同，但除了结构被加固过，这座建筑总体上没有改变。气味还是让人难以忍受，一些轻质的临时楼梯，看起来摇摇晃晃的，为这个落差很大的空荡荡的混凝土壳子里增加了新的楼层。穿过楼梯，我才惊讶地发现，这整座房子都是由学生们在底层建起来的——在一座建筑学校里这非常罕见。这与在机场里打广告的目

卑尔根建筑学校内部

录住房不太一样，是一种奇怪的微缩建筑：像棚子、装配式建筑、报摊，被碎屑包围起来。学校鼓励向本地建筑传统“学习”，这在建筑圈已经流行了好一段时间，但更主张去进行干预，把学生派去印度、巴西、莫桑比克等没有主权财富基金以及周密福利国家的地方，去学习他们是如何在当地环境里进行建造的。鉴于北欧的建筑封闭得令人意外，这所学校的开放性值得赞赏，它远远超越了冷静、紧张的理性主义，以及技术治国的政治论调。卑尔根建筑学校似乎是为一种朋克风格、毫无感情的、无序的世界进行建设，我对此感受复杂。在建筑主流中，这令人非常兴奋，也非常政治化。在这里感觉会很好，可以享受到一种未来主义、甚至可能是末世之后占屋的温暖。与在斯德哥尔摩一样，我很好奇，为什么对于一个在自己国境之内已经成功消除了贫困的国家而言，贫困会如此有趣。然而，当你开着电动汽车上山，进入森林之中，到自建的无政府主义别墅殖民地，而这一切却是由一个巨大的国有跨国石油公司付钱，这样的未来可能会更糟糕。

■ 汉堡：自由与汉萨，社会与民主

2013 年 12 月到 2014 年 1 月，在德国人均百万富翁占比最高的城市发生了骚乱。这场骚乱非常之严重，以致美国大使馆采取了一项广受嘲笑的措施，大使馆正式阻止美国公民前往“危险地带”旅行。德国是欧洲人口最多、力量最强的国家，汉堡则是德国第二大且最为富有的大都市，所谓的危险地带包括了汉堡市中心的大片地区，和以旅游为主的红灯区绳索街。我看到这次事件的新闻时，立刻想起以前我见过那座作为这次冲突中心的主建筑，三年以前我还绕着它走了走。

这座建筑过去是，现在还是“红色弗罗拉”（Red Flora），一栋刷成黄色且布满涂鸦的新古典主义风格剧院。自 1989 年以来，这座建筑一直被左派用作社会中心，到 2013 年，很早以前就被德国社会民主党所控制的市议会批准了一项规划，这座建筑最终将清除并出售，附近被占的房子也面临同样的命运。抗议者们有的进行示威，有的支持更广泛的共同体，还有的采取了两种行动，达成了他们的主要目的：现在，红色弗罗拉依然是社会运动的中心，也是略有些暴躁的俱乐部之夜的场地，而在统一后的德国首都，类似的地方都逐渐被清理了，比如著名的塔赫乐斯。无论起因为何，能够在这样一座城市里制造这样的混乱，甚至迫使市议会和开发商们让步，的确是巨大的成就。无论是伦敦人还是柏林

红色弗罗拉

在汉堡，对社会民主党的态度很不一样

人都会很嫉妒。

三年以前我在红色弗罗拉附近转悠时，没有这样的感觉；我更感觉有点暧昧和不舒服。2017 年夏天，我再次来到这座城市，依然有类似的不确定感，几周之前，20 国集团峰会在这座城市举办，使得骚乱达到了高潮，随后，像是要故意挑衅这座城市里大量情绪不稳定的政治左派，警方将内城的大片地区划为“红区”，红区内禁止任何形式的抗议和公众行动。无论是哪一次，都会混合着羡慕与挫败感。

我第一次去汉堡，是应一家名为“无限责任”（Unlimited Liability）的画廊之邀，这家画廊向顾客出售廉价艺术品，但顾客必须先签署一份声明，表明他们的收入与存款低于一定水平，这非常明显地透露出这座城市里的阶级张力。我受邀时想的是我可以去讨论一下“海港城”（HafenCity，是一个德语复合词，也写作 HarbourStadt）。这是欧洲最大的内城改造项目之一——有人认为就是最大的，而我发表过各种关于英国类似项目的东西，比如伦敦、索尔福德、加迪夫、格拉斯哥，以及我的家乡南安普顿，虽然没留下什么深刻印象。我不想把观点强加给别人，但我却有一种印象，人们之所以邀请我来汉堡，是认为我会用最强烈的词来谴责这个项目，就像我对之前提到的英国项目所发表的批评一样。可我做不到。虽然我完全同意这个项目的确会增加政治批判——更何况又是为富人搞的改造，是另一场土地掠夺，是对真正的“社会城市”这个概念的又一次侮辱——我知道就规划与建筑而言，如果我说这并没有给人留下深刻印象，那就是在撒谎。事实上，我大部分的时间都在汉堡以前的码头区漫步，希望诸如利物浦码头区这样的地方，也能够用同样的敏感与智慧来处理。我只是不会对海港城感到愤怒。

尽管汉堡的码头已经不在原址，也不是那个形象被夸大的“自由港”，但仍离市中心不远，从市中心能看到码头的大部分。你可以穿过最早的中央商务区康托豪斯区去那里。这是1918年以后，由建筑师弗里茨·舒马赫设计的，当时这座城市由社会民主党执政，意在展示德国的表现主义，一种锯齿状的叛逆建筑，生物形态的一种，水晶与新汉萨风格的复杂砖块与瓦叠。绝大部分区域是由建筑师弗里茨·霍格设计的，1933年之后，他成为一个狂热的纳粹分子（尽管纳粹依然没给他任何佣金）。每一个对魏玛共和国历史感兴趣的人，可能都多少看到过康托豪斯区的“地标”智利大楼，这座楼其实是规划的一个意外产物——形状古怪的图，被舒马赫分成几份，给了不同的企业客户——这就造成了一种可以被立刻记住的形式，一艘梦一样的军舰上突出的“舰尾”。建在码头边，看起来就像一艘船，尤其是在20世纪20年代，那时的建筑通常都呈平滑的流线型，但这艘阴暗、古怪、喧闹的尼采式舰船，并没有什么时尚之处。

在康托豪斯区的办公大楼内部，是有着独特氛围的宽敞庭院：

智利大楼

如果需要的话，公共空间可以立刻被封闭起来，设下门禁（这是一种从内部到外部的都市主义路线，汉萨的海外商战，比如卑尔根的布吕根，伦敦的钢院，都是先锋）。在魏玛共和国前期，汉堡比较紧张，沟通失败意味着全德共产主义者计划于 1923 年在这里发动一场起义，而不是别的什么地方；在全国总部叫停起义之前，街头冲突非常激烈。关于汉堡激进时期的书，比如拉里莎・赖斯纳的《汉堡路障》（*Hamburg at the Barricades*）以及扬・瓦尔丁的《长夜之外》（*Out of the Night*），都只是简单地提起康托豪斯区的建筑，书中写道，一座巨大的警察局是该区最早建造的建筑。现在这个区域很安静，接近两条沿易北河的车道，使得这个区域多少显得有些孤立，而智利大楼前的空间，本应是某种弗里茨·朗的活动中心，却变成了停车场。随着康托豪斯区的开发从20世纪20年代进入了30年代，其建筑风格也由紧张趋向保守。重复的直线大楼，沿着主街逐渐变低，有几幢具有纪念性，在楼下的拱廊下面以及穿过这些拱廊，还保持着运动；就在背后是一座纳粹建筑。康托豪斯区的大楼，是20世纪30年代末由鲁道夫·克洛普豪斯设计的，保留了尺度与庭院，但失去了20世纪哥特式的热情，而满足于更保守的新彼得麦厄风格的细节，以及大的荷兰式

康托豪斯的装饰

山墙。在克洛普豪斯的第三帝国康托豪斯中，比较有趣的是跨在通向办公室与庭院入口上方的文雅的现实主义图像。在其中一个入口上，有一个怀旧的画廊，那是19世纪晚期的汉堡，细节与服饰都很有魅力。随着时间流逝，这些应用的雕塑就变得和生搬硬套的纳粹肖像学越来越接近——巨大的新古典裸体雕塑，目光冷峻而清澈。

扫过康托豪斯区的宽街走到尽头，就进入了海港城。你到的第一个地方是仓库区，这是一个壮观的仓库区域，等同于利物浦的斯坦利或者阿尔伯特码头。当然，现在已经改成了办公室和公寓，但由于它们还挨着水，所以仍然创造了一种富裕的氛围；许多小牌子还在为东方地毯的供应商做着广告。一些新建筑也尊重仓库区，就像一座瓦叠铺的停车场，使得尖尖的细节成了废物。新的步行桥梁将码头的两个版本连接在了一起。由加泰罗尼亚及意大利裔建筑师本尼德塔·塔格里亚布设计的一个连绵的景观项目，将一系列的小地块与办公室和/或公寓连接在一起，这些办公室与公寓沿着码头边的每一寸土地分布，就是边缘上一些更任性的独栋建筑。塔格里亚布的地景建筑，离海港城最初的区域非常远，一定程度上也正因如此，才让它们变得非常有趣。灯柱会诱使人们的眼睛绕着它看一圈，追溯穿过这些地方的独特波浪。这样一来可以避免任何布尔乔亚在上面挂东西。我在那里待了几周，幸运的是，阳光一直很好，因为面对北德的雨，塔格里亚布

仓库区

的房子几乎没提供躲雨的地方（尽管房子里藏着不少咖啡馆）。

这个区域的命名方式也强化了某种帝国主义主题公园的气息：所有东西都是这样，这个叫瓦斯科·达伽马，那个叫马可·波罗，这里是麦哲伦，那里是苏门答腊。当地出版社把这个地方叫作“建筑动物园”，这个名字相比实际呈现的效果更具奇观色彩。绝大多数建筑风格都一目了然，大多数都是建造得很好的轻现代主义，并进行了严格的管控。在康托豪斯区，很容易解读出规划法令造成的建筑效应。每座码头边，你都能找到至少十幢大楼，每一幢的宽与高都大体一样，顶端还有塔楼。每一幢大楼的细节有各种各样的风格，有含糊的汉萨风 / 表现主义瓦叠、密斯式的钢铁、明亮的灰泥等，以便在受到严格控制的维度里实现多样性。但全都非常具有条顿色彩，表现得最明显的是由本地事务所设计的，比如博特 · 里希特 · 特黑拉尼设计的颇具活力的中国海运总部。但并非所有建筑都好。埃里克 · 范 · 埃格拉特设计的大楼本身造成了一种独特的小题大做，也是这个区域唯一明显延续表现主义的建筑（只有一个例外，我们稍后会谈到）。贝尼施为联合利华设计的大厦，更像是在对奥斯卡 · 尼迈耶表示赞许，这位伟大

海港城的灯柱

人物可能会告诉我们，建筑模仿女性的曲线，都是受到巴西女性漂亮的臀部，以及古巴无产阶级英雄斗争的启发，但在这里，看起来更像是易北河的河岸。这座大楼有办公室与顶层公寓，用“为百万富翁所设计的马可波罗大厦”进行营销。这构成了到目前为止海港城最昂贵、最富争议的项目：赫尔佐格和德梅隆事务所设计的易北爱乐厅。

易北爱乐厅就是位于这组方形建筑群末端的那个呈俯冲状的庞然大物，全然不顾周围环境的整洁与低调。这组建筑包括了酒店、停车场、豪华顶层公寓以及一座音乐厅（奇怪的是，这组建筑的名字只提到了音乐厅）。这座建筑就像卡斯帕·戴维·弗里德里希所画的荒谬的崖顶，在一座20世纪60年代建造的方形红砖货栈码头仓库顶上翻滚着、碰撞着。这其实完全不是海港城初版规划的一部分，而是两位当地“商业领袖”的私人项目，他们私下委托赫尔佐格和德梅隆事务所为这个场地制定一个“地标性”方案，并且声称他们将为方案的执行提供资金，于是为汉堡的百万富翁们举办了多场募款餐会以便筹集所需资金。不消说，人们很快就发现这个方案比预期贵得多，于是巨额支出被卸责给了市议会。成本提高了超过五倍，因此在这座城市也是颇受争议的事情。至少有部分肯定是因为这个设计的复杂与铺张，这座新建筑的每一片玻璃板，本身就是一件眼睛状的艺术品，而早前建造的货栈，需要承受其巨大的重量。然而到2017年夏天，这座建筑完工，准备迎接这个星球上的领导人们，举办二十国集团峰会，因此被红区深深地保护了起来。在这一年剩余的时间里，它都扮演一个“公共”建筑的角色，只是你得付门票才能到观景平台参观，观景平台位于码头仓库与设计在它上方的气泡玻璃支出物之间（赫尔佐格和德梅隆事务所还设计了另一座观景平台，那就是伦敦的泰特现代美术馆开关间，与汉堡的观景平台明显不同）。2017 年 8 月，在下方塔格里亚布设计的排屋上，我看见风把一位持看台票的不幸观众的假发吹掉了，直往下落到易北河的台阶上。

从海港大道上看海港城，通往易北爱乐厅

作为一座充满妄想的建筑，易北爱乐厅有一些奇怪的让人很熟悉之处。在许多升级方案里，都能看到在方形的顶上加一座奇观式的地标这样一种城镇规划语境，不仅如此，这种风格也被扎哈·哈迪德用在了给安特卫普港口管理局大楼上，给建筑扩建了一个甚至更咄咄逼人的玻璃部分。这种动机可以与德国革命的失败联系在一起，这种失败最早的例子，就是柏林的摩斯出版社大楼：斯巴达克同盟在这座出版社大楼里发动了1919年的一月起义，导致建筑有一部分被轰炸摧毁。它的正立面是流线型的混凝土结构，靠上楼层于1922年重建，尽管没有取代下面的威廉明妮风格建筑，但也形成了鲜明对比。同时，易北爱乐厅参差不齐的碰撞形式，已经不仅仅是在暗示格罗皮乌斯的卡普运动纪念碑，该纪念碑是献给1920年对抗右翼暴动的大罢工遇难者。冷静而毫不起眼的码头仓库，与上方的玻璃山之间的断裂，是一种令人格外好奇的奇观式娱乐，打入了阴沉的工业之中。我第一次去参观是2010年，我在建筑工地周围看见了为承担这个东西建设任务的工人们设计的广告：不仅仅是为了工作，也是为了房子，为了起居卧室，而不是为了蒙特卡洛大楼里的公寓。这些广告大多用德语和波兰语双语写成，移民工人们也能读懂。

在魏玛共和国时期，汉堡就开始为工人建造体面的建筑；那时期建造的最大的住宅区在郊区的贾尔镇。这个街区的总规划是20世纪20年代末期由弗里茨·舒马赫做的，他也为康托豪斯区做了总规划；建筑师是卡尔·施耐德，他是“圈子”（Ring）的成员，这是魏玛时期一批坚定的现代建筑师所构成的团体，后来因反对纳粹而流亡。没有太多复杂的表现主义细节，只是简简单单的棕色或紫色砖块，大门周围还用瓦叠加以装饰——在这里，我们离智利大楼的幻觉效应就很远很远了。突然之间，所有的东西都变得清晰、理性、通风，充满阳光；但就是光秃秃的，在建造的时候，在建筑周围还没种上绿色植物之前，就肯定已经非常明显了。曼弗雷多·塔夫里的《建筑与乌托邦》（*Architecture and Utopia*）等书认为，贾尔镇看起来像是一幅最荒凉的两次世界大战期间的现代主义画面。之所以如此这般简朴，可能是因为建造资金太少了，只好遵循“存在极简主义”的原则，也就是说，只要必需的各种东西，再无其余。还有人认为，对于这个区域（巴姆贝克，和现在一样，当时也是个工人阶级区域）真正的穷人而言，这些房子的价格还是太贵了些：价钱是故意定这么高的，因为这些房子是供当下语境中被称为“值得的人”居住，现在在英国把这样的人叫作“辛勤工作的家庭”，他们会投社会民主党的票而非共产党。与康托豪斯区的相似之处在于一种自由空间的感觉——在空间的下方、中间、上方移动，没有门禁，也没有栅栏。无论对海港城还是对海港大道的无政府主义都市主义，它都是一个非常有吸引力的反向模型，既不需要太多钱就能住进一套房子，也不需要某种彻底、完整的承诺，以及它所带来的有问题的对待

社会民主党的贾尔镇

物质舒适的方式，这是住在其他地方时能够享受的。

20 世纪 80 年代发生了反法西斯的占屋运动，海港大道是这场运动的中心，并且自此以后再也没有回归“正常”。圣保罗教堂之所以出名，是通过著名的无政府主义足球俱乐部，这里也是一系列活动的所在地，比如通过披头士传记为人所知的肮脏汉堡，还有“汉堡自治”（Autonomous Hamburg）残留下来的东西，这座港滨城市，是带有预示性的无政府主义、都市主义飞地。著名的红灯区，以及披头士为 20 世纪 60 年代早期的时髦人物表演的地方，不是很有趣，但那些地名还是在不断引起战栗——大自由街、绳索街。还有一些颇具想象力的霓虹灯，以及一些店面，起了引人注目但与性无关的名字（性的天堂点），还有一组披头士的雕塑，那里聚集着不少流浪者。从你所在的地方往码头走，你就来到了海港大道，这是无政府主义城市还在坚持抵抗的一个主要据点，好几栋大楼都被占据了，或者当作社会中心使用。2010 年，德语、英语和西班牙语标语在这里交替出现：“世界和平已死”“无政府主义万岁”“所有囚犯应获自由——不要监狱、不要国家”“反对驯化人类，追求自由生命”，都用红色的对话泡泡升起来，形成拳形，击碎星星。到了 2017 年，大多数的标语和横幅都针对就在不远处的海港城举办的二十国集团峰会。贴纸上写着“我们不报警”“格拉斯哥凯尔特反法西斯主义者”“游客滚回去”，等等，还有一块指示牌，提醒人们注意这片地区是半正式的非官方空间，是“合法涂鸦区”。就地形而言，海港大道得益于码头边一块抬高的位置，所以你能看见起重机，还有一艘亚马逊牌船，写着“你只需要爱”，以及这座城市里最著名的建筑圣保罗码头。这种实用的码头结构——登陆平台、隧道入口——排布成了令人不适的轮廓线，有着绿色的新艺术穹顶，还有陡峭的粗琢塔楼，这是汉堡的一幅肖像，可以与利物浦的码头顶比拟。

汉堡的一位市政名人说到海港城时，认为这个地方之所以过分整洁、私密、安全，主要是因为——“这里不能成为另一条海港大道”。这不只是言语上的不屑，这非常严肃。2017 年 8 月，一个星期六的夜里，几队警察成群结队地跺脚走，一直进行巡逻，声音很大、咄咄逼人。这样做的目的很明确——我们不能驱逐你们，但我们要讲明白，我们不欢迎你们。因此在下文中，我不想只是把贾尔镇的国家社会主义路径，与海港大道和圣保罗临时的无政府主义模型，做一个不太恰当的类比——它们都处于困境之中，需要它们所能获得的各种帮助。很明显，尽管后者给我以深刻印象，但它还是一个更能令人信服的平等主义城市的模型，而与特定但并不普遍的品位和亚文化关系不大，两个地方都必然被限制在了对利润之城的侵入。作为一片飞地，海港大道不仅仅是在保护占屋与获取，而是确保发生在这里的事情都有可能被扩展，可以在更广的意义上对城市产生影响。对于我在海港大道上的发现，我曾经写过一篇批判性的博客，在文中，我假定一列 19 世纪楼房中的一座新楼，会是一座雅痞大楼，与那里其他的所有新东西一样。实际上，在评论区，有人非常简洁地告诉我这是一所学校，激进分子们在这片仍然存活的占屋地上，就是为其而战。我之所以犯错误，是因为他们杜绝了用模板与标签覆盖它的可能性。占屋者没有因为担心合法性而受到限制，对于他们而言，土地价值毫无意义：如果一片空间是可以获得的，那它就在那里，供人获取。

这把汉堡市中心的大部分地区都变成了战场。有一部分非常安静——比如购物街，比如阿尔斯特湖平静的远景——但这又可能突然转变，就像在 2010 年我随一些本地活动家在城市里走来走去时所看到的那样。计划中，一个威廉明妮时期的腹地会被拆掉，但很快就被夺回来了，从而确立了一项计划。很明显，这片新取得的空间混乱而未被开发，它面对着一片没有缝隙、冷冰冰的商业都市主义，而且采取了让人毫不奇怪的侵犯姿态。在被占领的地方，位置很显著的一块黑板上有粉笔写下的宣言，似乎是在针对我的异议，用德语翻译过来，大概是："如果建筑只能致力于布尔乔亚的私有财产与社会模式，我们就必须拒绝建筑……直到所有的设计活动都主要集中于人们的需求，在那之前，设计必须消

紧急自治

失。没有建筑我们也能活下去。”这段话引自阿道夫·纳塔里尼，他是意大利建筑讽刺作家超级工作室的成员。在这座城里，继资本主义发展之后，似乎还有另一种都市主义，在对此喋喋不休。这种都市主义笼罩在另一座表现主义的摩天大楼之中，就在汉堡电视塔下的贸易展览馆旁边。商业用地与占屋地形成了某种僵局。“工业之死”“操贸易展览馆”，一座巨大的纳粹地堡已经被改建成了巨大的容纳创意产业的空间。汉堡的任何东西，无论何其单调或何其独特——冷战基地、新艺术百货公司、名副其实的战时地堡——都会被资本与占屋者接管，再改建成办公大楼或者社会中心，两者还挺像的。希望还能持续下去。

■ 现代主义的兰斯塔德

各种类比都会存在不准确之处，鉴于此，就历史、经济和文化而言，与英国最接近的欧洲国家不是法国、比利时、挪威或德国，而是荷兰。荷兰基本上是清教国家，以温和与自由主义著称，这与其在海外搞帝国主义掠夺与大屠杀的记录不符。这个国家基本上都是城市，大多数人都说一种西德方言的变体。最重要的是，这是一个独特的资本主义国家。早在17世纪，阿姆斯特丹就是世界资本主义体系的中心，这接力棒后来被传到了伦敦（再然后传到了纽约，可能在不久的将来，还会从纽约传到北京），在此之前，阿姆斯特丹的证券市场会在世界的各个角落激起涟漪（即便是在其公司的军队占领远及苏里南和印度尼西亚等地之前）。与伦敦金融城一样，阿姆斯特丹也是以钱生钱的先锋。它们的衰落比“我们的”持续时间更长、速度更慢，从18世纪早期开始，而不是19世纪末，但即便是对两个国家有最基本的认识，都会承认荷兰人在缓和衰落的冲击方面做得更好。但最大的相似之处——也可能是不同之处——可能在于对待城市建设的方式。

阿姆斯特丹没有凡尔赛宫，甚至没有一座白金汉宫（真的，即便是在海牙皇室也没有，那里的宫殿相对有节制）。这里没有香榭丽舍大街，没有格兰维亚大道，也没有哈布斯堡式的林荫大道。献给王权或者共和权力的纪念性建筑的确存在，但比起伦敦和布鲁塞尔来，在阿姆斯特丹鲜少看到，更别提巴黎、维也纳、马德里或者莫斯科了。这并没有让游客止步。人们去阿姆斯特丹或者代尔夫特，看的主要是一些连续不断的作品，它们将城镇规划、工程与投机结合在一起——从17世纪末起一直延伸到20世纪，拥挤但受约束的布尔乔亚楼房沿运河一字排开。与绝对君主制时期在法国、奥匈帝国、西班牙、德国和俄罗斯进行的纪念性规划相比，这个工程与布卢姆斯伯里、巴斯、爱丁堡和都柏林更接近，尽管前述纪念性规划通常被认为是欧洲都市成就的根源。在荷兰城市，没有轴线、没有远景，街道无论蜿蜒还是笔直，大多都是通向未经设计、规模较小的市政建筑。因为这种种原因，在荷兰城市里漫步，肯定是搞清楚英国与“欧陆”的都市文化之间何时存在差异、哪里存在差异、是否存在真实差异最好的地方。

因为断裂是非常明确存在的。如果你要搜建筑网站或者新闻聚合——比如说在线图片库MI现代建筑[1]（MIMOA），这个库搜集了世界上许多著名或者获奖的当代项目——你会发现阿姆斯特丹的条目数量与伦敦的几乎相等（伦敦的规模是阿姆斯特丹的十倍），而鹿特丹的条目，则是伯明翰和曼彻斯特等同等城市的至少十倍。如果在1917年就存在这样一个列表而不是2017年，这几乎是不可能的。鹿特丹、阿姆斯特丹或者海牙的维多利亚/爱德

[1]　MI现代建筑图片库(MIMOA)：著名的现代建筑图片库网站，于2006年建立，2019年5月23日关闭。

华时代建筑，与利物浦、伦敦和格拉斯哥相比，原创性、实验性和留给人的印象都要差一些：典型的例子包括鹿特丹的码头办公室，或者19世纪末期阿姆斯特丹的市政建筑（火车站、现代艺术博物馆和国立博物馆，这两座建筑都是皮埃尔·库贝设计的，都是17世纪荷式巴洛克风格的升级版），同英国的类似建筑比起来苍白无力。这一转变似乎发生在第一次世界大战之后，荷兰在“一战”中保持中立；从那时起，这两个国家有时转得更近，有时又离得很远。现在，它们乍看起来可能非常遥远。现在，我想试着验证一下对蔓延的组合城市的印象，荷兰接近一半人口住在这座组合城市之中，这就是“兰斯塔德”，或者说边缘城市。

从北海到德国边界，这些市镇彼此融合，每一座都有各自的卫星城，通过带状的工业区或者细长而单调的农业绿带分开；荷兰角变成了海牙，再变成代尔夫特，再变成鹿特丹，再变成乌得勒支，再变成阿姆斯特丹，而阿姆斯特丹本身又有巨型卫星城和新城，如阿尔默勒和希尔弗瑟姆。与大伦敦、大曼彻斯特和西米德兰不同，兰斯塔德的蔓延是受到严格管控的，不能种野生的东西，只有几个如画的农业点——当你给一架风车拍照时，你得留心，不要在画面里误拍到一排高压电塔或者一座炼油厂——这是与英国最大的不同之一。就人口居住情况来看，两个国家基本都是城市国家，但就土地利用而言，只有荷兰才是——而且荷兰还有用堤坝和运河抑制自然的必要性，以免城市被淹没——这就解释了英国为什么对其更为多样化的乡村具有更强的依恋。至少，这是我们可能不会嫉妒的地方。

第一个巨大差异，来自被称为“阿姆斯特丹学派”的建筑与应用艺术运动。在阿姆斯特丹，如果你在19世纪的工人阶级区里走走，你会发现一些裸露的高楼，它们像荷兰黄金时代的楼房，但更为普通、更为直接，保留了高度、密度、狭窄的旋转楼梯，以及楼顶上能够把东西运进运出的滑轮——但与同时期英国的工业住宅相比，没什么不同寻常，也没什么特色（英国工人整体上住房条件更好，没那么拥挤，而且更可能有花园），比起布鲁塞尔或者列日来，这里的新艺术实验要少得多。现在，这些房子都挺宜人，而且略有些中产阶级化，但在一百年前，约尔丹或者德派普的街道一定是糟糕而令人厌恶的。在建筑史上，随后出现的前所未有的特点，通常被归功于建筑师 H. P. 贝尔拉赫的影响，阿姆斯特丹证券交易所就是他最早的作品，他的作品不同寻常地将工艺的率直，以及一种对现代早期美国建筑进行的结构实验的喜爱结合在一起。但证交所即便是在维多利亚时代的伯明翰，看起来也不会不合适。能明确看出合适的，是航运大楼，这座建筑是1913年根据约翰·范德梅、皮特·克雷默和米歇尔·德·克拉克（Michel de Klerk）的设计建造的。这是一座为多家航运公司建造的角落办公楼，位于码头与火车站之间。其砖工非常繁复，但不是传统的哥特式，而是用了一种参差不齐的风格，看起来部分源

航运大楼

于表现主义绘画（有人奇妙地宣称是受到梵高的影响），以及弗兰克·劳埃德·赖特相互交错的锋利片状物体。这很现代，但与维多利亚时期的任何东西一样充满装饰——甚至可能更甚，用花岗石塑造出海中巨怪一样的人格化形象，贴在外墙上。内部有一个部分装了玻璃的中庭，采用了新的建造，并且很适应其现在的用途，亦即一座极度奢华的酒店。

阿姆斯特丹学派最著名的是他们设计的社会住宅，和英国一样，荷兰是20世纪前二十年开始大规模建造社会住宅的；但正如德国一样，大部分社会住宅是由获得补助的建房协会或者社团建造的，这些团体与工会或者社会主义政党有关系，而不是直接与国家相关。即便是游客，也会前往一个名为“船”（Het Schip）的社会住宅参观，它在火车站一侧，车站另一侧就是航运大楼。这座社会住宅是1917年根据米歇尔·德·克拉克的设计建造的，现在仍然作为社会住宅使用，即便是在当时，这艘“船”（看看这图案）也具有实验性。你可以看出其血统——塔楼与角楼的不对称安排源于哥特式，一丝不苟的砖工则源于运河边的那些巴洛克式楼房，但除此之外，一切都是新的。外墙一直都在变化。你的眼睛首先会看到一个整体很像一张脸的角落，入口则像在打哈欠的嘴（或者是八字胡？），然后扫过一个悬着的山墙，就像一个巨大的红砖瘤。从上面看，这组复合体的轮廓像是帆船附载的大艇，这座建筑也因此得名。过度的砖工接近于汉堡的康托豪斯区，但没那么苛刻，而是形式各异——暗紫色、英国风的明红、深棕色、火烧似的橘红，每种色彩都以长而薄的砖拼成了图案。这不只是某种表面上的奇思妙想，或者在普通的军营外加上宜人的外墙，但正如雷纳·班纳姆所说，这是一种基于建筑的可塑性与集体空间界定的“空间建筑”；建筑的不同功能，通过一个对完全三维的精通关联起来。建筑内部有间博物馆公寓，你可以随便转转，最早的邮局也在楼内。一座握着警棍的拳头雕塑写着“禁止”，标明邮局是非公共区域，这表明可爱的外表下掩盖着略带尖刻的幽默。

名为“船”的社会住宅

尽管这艘船就位于阿姆斯特丹旅游区北边一点点，可能被误认为是一种私人癖好，但其观念实际上主导着这里的大规模住房与规划长达十年。在 20 世纪第二个十年后期，H. P. 贝尔拉赫承接了在德派普工人区之外为阿姆斯特丹设计一项扩展规划的任务，即“南区规划”（Plan Zuid），这是欧洲最令人愉快的大片建筑景观之一。这项规划设计了一组网格状的公寓楼，非常传统，但内部还有大规模的绿色庭院（在 19 世纪的“出租营房”里你很难看到庭院），旁边是运河，还间插有学校、图书馆和咖啡馆；按照当代的标准，底层都非常“活跃”，有的设有托儿所或商铺，但进楼的大门都开在街边，而且还是最引人注目的地方——实际上，因为建筑师一直在强调墙角、门廊、窗户与阳台，大门越来越重要。这项规划最早的一个部分是德达格拉德（De Dagerrad）（意为“开端”，这是由同名的社会主义建房协会开发的），是在20世纪20年代早期由米歇尔·德·克拉克与皮特·克雷默设计的，采用了这艘船怪异但可以感觉出来的表现主义。这组住宅区自己也有一个（更小的）博物馆，博物馆用翻滚的砖块，制造出波浪一般的转角，在处理时为这种坚硬材料赋予了近乎不可能的可塑性，

开端

就像混凝土一样把它舀起来再铺开。当然，这也可能转向矫揉造作——德·克拉克设计的高高的斜顶，夸张地邀请人们穿着紧身连衣裙来围着它跳舞——但要对抗如此有力，如此丰富的东西就毫无意义了。而且这全都是——现在还是——社会住宅，没有上市。这是一种无可比拟的成就。

在建造的时候，这片住宅区是为谁建造的呢？南区规划真正可以对比的，是由政府或者私人建造的半独立式住宅带，这在英国的每座城市都有。它们拥有这一时期的荷兰住房不具备的东西：私人花园，你可以把东西搬上去的楼梯，以及某种明显的私密感，仿佛只要把吊桥拉起，一切重要的东西就都安全了。有些东西很好，但我要怀疑，是不是任何一个从彭奇或者威森肖到南阿姆斯特丹的人，都会真诚地说他们更喜欢英国的郊区。不过即便在当时，这艘船或者德达格拉德的千禧乌托邦主义都没能主宰荷兰住房，尽管普遍的标准仍然维持了很高。南区规划的大部分就是由开发商建造的中产阶级住宅——尽管用了地方政府的沉重风格——它们逐渐转向了一种更为熟悉的现代主义。如果你前往阿姆斯特尔站，跨过贝尔拉赫设计的桥，去往维克多普里兰，你就会看见一栋一栋的房子，都是这种豪华、精致的风格。在南区规划的中心，在一座广场的中央有一栋高楼，以其贯穿全楼的玻璃楼梯最富特色。这是欧洲最早的高楼之一，名叫十二层大楼，这是 1930 年由 J. F. 斯塔尔设计的。这座大楼清除掉了表现主义与浪漫主义，但你也能看到某种同样令人兴奋的做法，这是基于优雅和高技术现代性的，而不是工艺达成的几乎不可能的壮举，或者令人眼花缭乱的变形。然而，这种做法与鹿特丹关系更密切。

风格主义是一种与阿姆斯特丹学派相反的运动，但在很多方面也是其后继者。作为一场艺术运动，这场运动青睐黑色与直线，并孕育出了皮特·蒙德里安，但当这场运动的发起者特奥·范·杜斯伯格开始采用斜线时，蒙德里安就退出了。在何种程度上存在一种风格主义建筑，在历史学家中引起争议。唯一一座符合风格主义建筑标准的，就是乌得勒支的施罗德住宅，这是

南阿姆斯特丹的“摩天大楼”

用相互穿插的体块进行的一次几何学实验，也是唯一一座真正符合话痨的澳大利亚电视主持人罗伯特·休斯说法的建筑，他声称，的现代建筑都包括了某种“居住在一座蒙德里安里”的感觉。不过有许多建筑师在不同时期参与了这场运动，其中就有 J. J. P. 奥德，他一度是与勒·柯布西耶和密斯·范德罗齐名的现代大师。奥德在鹿特丹的码头畔设计了两片大型的工人阶级住宅区，但只有一片保留了下来。消失的那组在斯潘根，这里现在仍然是内城最穷的区域。奥德设计了一系列的砖造公寓，可以通向码头，公寓的外立面又平又规则，相比之下，德·克拉克和克莱默设计的

两次世界大战期间建造的凌空街道

那些，既有表现力又招人注意。这些建筑在20世纪90年代被拆除了，这在荷兰相当不寻常，因为荷兰根据一道几乎有点可笑的法令，将现代主义遗产普遍保存了下来（事实上，如果现代建筑被战争或者开发破坏，是可以重建的——由奥德设计的联合咖啡馆非常上相，俨然一幅海报，这座咖啡馆位于市中心，其实就是重建的，而且位置与原址不同）。这组建筑没有被升级改造，而是由简单得像方体一样的房子和公寓取而代之，大概也是沿袭了风格主义的传统。这个区域唯一幸存下来的奥德建筑，是一栋像玩具一样的方体结构，看起来似乎毫无用处。而斯潘根的其他区域要更为有趣。

建筑师米歇尔·布林克曼设计了贾斯图斯·范·艾芬建筑群，这同样是20世纪20年代早期为社会主义住房协会建造的，当时，克雷默和德·克拉克正在设计他们骄奢淫逸的砖造仙境。这里的所有线条都又直又硬，建筑只关心空间与流通。这组建筑群包含了一系列彼此连通的院落，既宽阔又开敞，比南区规划的任何建筑都更开阔，更通风。这里最重要的特征是连续的混凝土步道，塑造得就像突出的现代主义浮雕。比起20世纪20年代的建筑来，这些建筑更接近野兽主义，将公共空间与其向上的扩展固定下来；非常可耻的是，这之间的空间非常荒凉、裸露，有股穷酸气息，让这个地方显得有些制度化。很明显，这一区域声名狼藉，但看起来它们的状况都挺不错，而且用得也很好——然而，这里不如鹿特丹其余的某些地方白，这是建筑师们可能没有预期到的建设，说不定也认为没什么关系。

第二个留存下来的奥德设计的住宅区是基夫霍克，这个住宅区位于一个没那么古怪的地区，离码头更远，风格冷静优雅。墙面是光滑的曲线，呈糖霜白的墙面曲线光滑，这个墙面使之在亨利 - 拉塞尔 · 希区柯克 1932 年编写的《国际风格》（*The International Style*）一书中赢得了一个重要的位置，也为创造某种现代主义提供了最大助益，这种现代主义清除了社会性，也清除了对某座特定建筑周围环境的任何兴趣。基夫霍克有不少的小排

基夫霍克的纯粹主义

屋，刷成了风格主义的色彩——鲜黄色金属的窗框、红门、粉刷成白色的墙。每边都投下了阴影——这里有一座新哥特风的教堂，那里有一座摩天大楼，砖造楼房紧贴着花园。这里给人感觉就像一片飞地，不过不是社会意义上的飞地——相似的人住在这里的，似乎比起周围那些工作日区域要更多——而是建筑意义上的飞地。这是因为这个理性化的工程在执行的时候非常顽固，还延伸到了路灯、栏杆，以及一座歇斯底里的教堂——简直就是一个带烟囱的白色方块，人们可能很容易把它认成锅炉房。如果你实地参观，而不是在照片上看看，这片住宅区——仍然在发挥社会住宅的功能，而没有明显受到绅士化的影响——不再只是空间中一片纯粹的物体，一组理想中不切实际的物体，而成了争论的对象。主要不是那么反对阿姆斯特丹学派的自负、手艺与可爱，而是对今日的鹿特丹是哪种类型的城市进行前瞻的争议。

最纯粹的现代主义依然很先锋，但没有像“学派”支配阿姆斯特丹那样在荷兰的第二大城市成为支配性的存在。鹿特丹的许多普通建筑，其实都略带阿姆斯特丹学派的风格，在荷兰许多其他城市也是这样，可爱的本杰明博物馆就是鹿特丹最好的一个例子。两次世界大战期间，鹿特丹公认最伟大的建筑，不是住宅区，也不是办公楼，而是为范·内尔公司设计的烟草工厂，这是由约翰尼斯·布林克曼和林德特·范德弗洛格特设计的，也得到了作为共产主义者的包豪斯教师马特·斯坦的协助。鹿特丹的强硬派现代主义者，对非常私人化的风格主义口号进行了延伸，就像在德国一样，在 20 世纪 20 年代末期，采用了一种更乏味的口号“新建筑”（Het Nieuwe Bouwen）。这是那种转变的经典作品，更接近俄罗斯构成主义的想象工程，而不是奥德那种文雅的、粉刷过的方体曲线排屋。这座建筑早就已经不再是实际的烟草工厂了，而是被改造来作为多种“创意”工业。它离市中心更近，只是走过去有点麻烦，但你一到那里，可能就会惊讶得掉下下巴。一幢小小的玻璃大厦沿着一条半圆形的路径弯曲，成了一栋不朽的混凝土玻璃量体，顶上还有一座圆形的玻璃大厅，以及巨大的“范·内

鹿特丹的构成主义

尔”标志——一条长长的玻璃步道，像机器人的腿一样以一定的角度伸出来，通向更小的引擎室。毫无疑问，建筑师们会为每个部分赋予必要的功能，而他们的某些母题，是借自阿尔伯特·卡恩为福特公司和通用汽车设计的美式厂房，但这是一座美学项目，每个不对称的地方都经过精确的计算，步道以及平衡得很悬的楼顶圆厅，都是建筑梦想的产物，与烟草加工过程毫无关系。

两次世界大战期间，荷兰之所以能取得如此巨大的成就，是因为同一时期实施的两个工程，它们用自己的方式，变得与这艘船和范·内尔工厂一样极端、一样激进，它们是同时实施的一系列实验，而不是什么孤立的行动。这就是与英国实践明显不同之处。主要也因为20世纪20年代，可能是英国建筑史上美学最保守的时期，在这个阶段有帝国顶峰的新古典主义办公楼，以及工艺美术运动末期的郊区住房：即便是大型项目，像利兹的黑德罗一样的街道，或者维文花园城一样的新城，在风格上都是建筑托利主义的实践。然而，也不能说两次世界大战期间，荷兰建筑就对英国没有影响；恰恰相反。贝尔拉赫于1916年在伦敦金融城为一家荷兰公司建造了一栋小小的办公楼，不过就没有后续了。相反，在20世纪30年代，另一位荷兰现代建筑师成为在英国最具影响力的设计师之一，尽管英国从未建起他设计的建筑：这就是威廉·马里努斯·杜多克。在英国的城镇里，你只要看见一栋20世纪30年代的现代建筑，用了精确砌成的黄色砖块，以及立方体块，这栋建筑的建筑师就一定看过杜多克。伦敦的学校、地铁站和区政厅，北方的坑口浴池和合作社，无处不在的各种奥登电影院，全都在重复着“杜多克里”。

杜多克里的诞生

杜多克是希尔弗瑟姆的城市建筑师。这座小城有好几个形象：它是阿姆斯特丹的一座中世纪卫星城；后来是布尔乔亚的花园城，别墅就坐落在种满树的小巷里；再后来是荷兰媒体工业（最初是广播，后来是电视）的中心。正是在这最后一个形象中，杜多克进行了扩展设计。那是一项整体性的工程，包括为住房（无论是社会住宅还是私人住宅）、学校、商业区等进行的原创设计，但最主要的，是一座规模巨大、影响力惊人的市政厅。人们或许会熟悉希尔弗瑟姆的建筑声望，但要参观它可能就没那么有趣了。在某个周日，这里完全就是一座死城，高街上的连锁商店都关着门，像卢顿和唐卡斯特一样阴沉。在杜多克精心培育这座城市的那几十年里，他的风格发生了转变，主要是缩小了阿姆斯特丹学派的尺度，在重心上也发生了改变，开始强调这个学派矫情的一面——长而低的排屋是为工人所建，更精致的则是为布尔乔亚建造的，全都用了陡峭的屋顶与漂亮的细节。还有一座像是给霍比特人设计的警察局。在这里，阿姆斯特丹的都市性，降格成了农舍和排屋，而不是纪念性的住宅群与桥梁，你能在英国的工艺美术运动中看到这个学派的遗产——在一些地方，你就像是到了莱奇沃思或者威森肖。但杜多克的名望以及他的英国皇家建筑师协会（RIBA）金牌，并不是靠这些来取得的——主要是因为那座市政厅，对其位置的标注无处不在，请你跟着"杜多克路线"走。当你看见它的时候，虽然与这艘船和范·内尔同样成就非凡，同样令人印象深刻，但却显得更为保守。这座不对称的组合建筑位于一片装饰性湖泊的前方，逐级升高，最后是一座高高的钟塔，非常上镜。这座建筑是用方块和矩形拼在一起形成的组合，借助了风格主义，就像是马列维奇或者蒙德里安的画作。繁复的砖石细节以及豪华的工艺则借自阿姆斯特丹学派，这是一种非常刻意的综合。它也没有那种让现代建筑变得可怕的东西——范·内尔近乎敌托邦的机器世界，或者在这艘船和德达格拉德感觉像是在某人的幻觉里。这构成了一种妥协：所以它风靡英国也就毫不奇怪了。杜多克的这种综合可能也影响到了 20 世纪 30 年代的荷兰设计师。海牙市立博物馆是 H. P. 贝尔拉赫最后的作品，它采用了杜多克风格，但使之进一步抽象化，让步道延伸出去，把方块堆叠起来。这里收藏了大量蒙德里安的作品，可以说再合适不过了。

贝尔拉赫最后的作品，市立博物馆

1945 年之后，荷兰打前锋、英国随后来这种叙事就不太成立了。荷兰被纳粹德国占领。荷裔犹太人被灭绝了——尽管在阿姆斯特丹发生了大罢工，以抗议对犹太人的驱逐，这是少有的几次对大屠杀的反抗。在战争快结束时，数以千计的荷兰市民被饿死。不过对城市造成最大影响的行动，是对鹿特丹的全面轰炸。之所以要进行轰炸，意在宣示抵抗是徒劳的，这是在当时，也就是 1940 年，发生在那个地方的对一座城市的彻底清除，只有后来在东线战场上发生的清除规模会超过这个。鹿特丹和考文垂很有可比性，而且确实经常被拿来作对比。这两座城市都差点被抹除，在此之后，它们做的几乎是同样的事情。都造起了住宅区和花园郊区（瓦山和霍赫弗列特，以及步行商业街。鹿特丹的林班区与它的考文垂表亲几乎难以分辨，酒吧现在成了难以避免的乏味之物，但极受关照，维护得极好，这受惠于近期的一项修复工程，因为我不太清楚的种种原因，这项修复还惹恼了保护主义者，它们看起来仍像是 20 世纪 50 年代的样子：又干净又精神，里面人很多，而且没人看起来病恹恹的或是很有挫败感。它相比之下更为成功，而不是像英国一样造成了独特的威严，原因之一就是规划的根本性不同。林班与周围的地区不是只有单一功能，不只是商店。在步行街区周围，满是中等高度的公寓楼，用了同样的砖块与混凝土网格。这些单元楼背后的底层，用于工作坊和车间。即便是在那时候，这座重建的城市，有些部分还是太严格了——比如说布拉克是一条苏式林荫大道，却没有与之匹配的纪念碑性，完全暴露在风中。

这座重建的城市里具有纪念性的部分是 1940 年广场，这就比考文垂的大教堂群简单得多（鹿特丹巨大的哥特式大教堂，是市中心唯一从轰炸中幸存的主要建筑）。广场宽阔空旷，俯瞰着一条运河，中间是奥西普·扎德金设计的一座纪念碑，是一个摆出恐怖姿势的人物形象：身体中部被炸开了。

1940 广场

在 20 世纪五六十年代，阿姆斯特丹和鹿特丹都建起了新的郊区。它们称之为“花园城”，比起维文、里奇沃思、斯蒂夫尼奇和哈罗等英式郊区，荷兰郊区与母城的联系更为紧密。从史基浦无论到阿姆斯特丹还是鹿特丹，你经常都会看到它们，它们看上去有点令人恐惧，低层的板房与中等高度的塔楼形成严密的网格，通常会刷上风格主义的颜色。从位于市中心的鹿特丹车站出发，经过绿带，大约 25 分钟就能到达霍赫弗列特，一开始，你绝对就像置身于任何一处战后英国的边缘住宅区（还是不考虑维护情况的那种）。大部分是围绕着广场的整齐小排屋，有运河、池塘，以及许多树，几幢高一些的楼让人相信这里是城市，否则这就是一片含糊的景观。第一部分略带 20 世纪 50 年代的现代主义，往后走逐渐变成光秃秃的，就像你会在伦敦郡议会建造的一些更坚固的住宅区看到的那样，或者接近某种“当地风格”，与你会在随后 20 世纪 70 年代的新城建筑中所看到的样子类似，试图既具有现代感，又给人以家的感觉。还有一片购物区，大规模的地面停车场与许许多多停着的自行车组成了一幅很不协调的画面。在英国发生的转变，导向了野兽主义纪念碑性，这也可以在阿姆斯特丹边缘的比尔梅米尔看到，这个区域多少有些臭名昭著，成了欧洲的大型“失败住宅区”之一，可以与比如曼彻斯特的休姆新月街相比肩。我无法评论这个区域十年前是什么样子，但最近去参观——一部分已经拆除了，还有一部分得到更新——它看起来其实非常好。比起霍赫弗列特的简单现代主义来，这里更具未来感，也更不守成规。“比尔梅”是一系列蛇形的公寓楼，用步道连接在一起，中间是密集的种满树的景观。居民们在阳台上自己种了不少东西。这里非常宜人，只是维护程度不够，使之与比如泰晤士米德和公园丘这样的地方有所不同。然而自此以后，荷兰和英国的城市就又会分道扬镳。

不是特别敌托邦的比尔梅

无论是平静的新城还是纪念性的野兽主义都市组合建筑，两种模式都会遭到抗议者的拒绝，在 20 世纪 60 年代后期，也越来越被“公共意见”所拒绝。与英国不同，当时的抗议运动给城市留下了决定性且不可磨灭的印记。诸如青年无政府主义者（Provos）等半情景主义都市激进分子，提出了一些很边缘的观点——比如一座城市的主要流通形式应该是步行或者骑自行车，而不是开车或乘地铁，如果你想在咖啡馆里抽大麻，那城市就应该满足你——几十年前就已经被接受。虽然阿姆斯特丹看起来是在其密集的结构中给自行车借道，但在宽敞的现代主义鹿特丹（甚至是在霍赫弗列特），你会看到大批自行车队，提醒着人们这是运动与选择的结果，而不是受某种文化或者形式决定的。人们让荷兰的城市变得更好，伯明翰和圣彼得堡不能被同等对待实在毫无道理。

自行车的推广除了可能阻止与阿姆斯特丹地铁相关的许多大型拆迁项目以外，这种无形之中的变化还对建筑造成了许多明显的影响：并不存在“青年无政府主义”建筑。真正存在的，是有时被称为“超现代主义”或者“超级荷兰”的荷兰现代建筑，MI现代建筑网站上充斥的就是这种建筑。大都市建筑事务所（在本书出版时由设计师与作家雷蒙·库哈斯所主导）、麦肯诺事务所、MVRDV事务所、埃里克·范·埃格拉特等设计机构，都青睐一种现代建筑风格，将理性主义与乌托邦工程丢在一旁，转而追求奇观、酷炫和工程上不加克制的奢侈，以及外立面实验，总体而言，都避开了与后现代主义存在关联的明显历史回顾。除了他们之外，还有其他荷兰设计师，比如汉斯·范德海登等，他的建筑将风格派的理性主义，与一种更古典的静止与延续感结合在一起。这就意味着从20世纪80年代到21世纪前20年，鹿特丹和海牙的建筑很少有与伯明翰和利物浦相同的感觉，在伯明翰和利物浦有的，首先是非常可怕的反现代性，然后是开发商们的边角料，但他们都采取了类似的过度开发与高密度的做法，近年来变得特别明显。鹿特丹采纳了库哈斯有关超高密度都市“狂热”的观念，在北欧建起了一座摩天大楼之城。海牙的行政管理与官僚中心也越来越有样学样。

关于“超级荷兰”，你可以追溯到1984年皮特 - 布洛姆事务所（Piet Blom）设计的方块屋，就在鹿特丹的布拉克地铁站旁，这无疑是20世纪60年代的乌托邦主义近期的一个副产品，就像一棵长满钻石型居住舱的“树”，悬在城市的市场广场与由码头改成的旧船坞之间。这座建筑除了居住功能，也可满足你的观赏需求，既是一组现代建筑，也是旅游景点。与大都会建筑事务所在20世纪90年代早期设计的鹿特丹艺术厅那种硬线条、有棱有角的作品相比，这座建筑采取了一种很不同的做法，用了易碎的材料和空间扭曲的形式，将20世纪20年代的古典现代主义，带入了一个更有进取感，也更令人迷惑的领域。确实有几位荷兰后现代主义者，但他们都热衷于从别的地方请人过来——单就海牙而言，就有英国怪人约翰·乌特勒姆设计的一座回收材料混凝土购物中心，英国的新后现代主义者FAT设计的“无念碑”[1]（Nonument），

[1]　无念碑 (Nonument)：用“没有”(no) 和“纪念碑”(monument) 组成的复合词，指那些被遗忘、忽视、缺乏认同，但具有一定纪念碑性结构的建筑。这里权译为“无念碑”。

以及已故美国后现代主义者迈克尔·格拉费斯设计的荷兰屋形状的摩天大楼。

兰斯塔德已经涌进了大量的玩笑。鹿特丹把战后的开放空间填满了，但用的不是类似今日的扎德金一样的人物，而是巨型高达雕塑或花园小矮人。新的市中心建筑，包括现代艺术博物馆扩展建筑那种非常聪明的“浴缸”——浴缸将这座浮夸的哥特式博物馆，与博物馆的景观公园平滑地连接在一起，到MVRDV设计的非常可怕的新市场大厅。这组巨型建筑包括一座似乎看不出形状的办公大楼，围绕着一片被连锁餐厅填满的挖开的开放空间，大胆的设计屋顶，用壁画盖起来，壁画就是那种你在不同的市场上都可以买到的大路货，但在一家杰米·奥利佛的餐馆附近，就没有这样的东西。不过在鹿特丹，最主要的问题是纠缠在一起的摩天大楼。每个人都小试牛刀，建筑师们多到足以填满一本《必看的1000座现代建筑》——MVRDV、伦佐·皮亚诺、阿尔瓦罗·西扎、威尔·艾尔索普，还有好几位设计了古怪高楼的建筑师。某些地方的确令人非常兴奋，而且比南城更令人兴奋，南城是阿姆斯特丹自己的场址，只是采用了更为保守、理性的设计，像金丝雀码头一样，特意分开，进行总体规划；但这又奇怪地会让人有些沮丧，仿佛想法被随意扔到墙上。因此，这些摩天大楼群中最好的，可能是大都市建筑事务所最近建成的德·鹿特丹，这是当代欧洲最具灾难性的建筑群。和库哈斯的许多项目一样，

公司敌托邦：大都市建筑事务所，德·鹿特丹

你可以将其视为与20世纪的高度现代主义的一种对话，是与美国的国际风格设计事务所SOM对话，SOM于20世纪70年代，在斯潘根附近的码头上，建造了三幢网格一样的令人恐惧的高楼。这里建起体量巨大的三座挤在一起的战后玻璃摩天大楼，意在效法世界贸易中心，不过正在经历一种紧张不安的崩溃。它们就像超级大反派的巢穴一样，笼罩着鹿特丹市中心。

阿姆斯特丹的东西更好。IJ附近的码头，以及东部港区的诸多岛屿，都填满了近年来建造的现代建筑，风格与汉堡的海港城非常相近，而汉斯·克尔霍夫为海牙政府设计的新摩天大楼，是一种文雅的都会与不透明的官僚机构的景象。几年前，我还以为这样的建筑不可能出现在英国，但至少在伦敦，诸如国王十字这样的地方，正在转向用规则的砖块体块、古典的比例，以及更清晰、合理的公共空间，来模仿这些建筑。荷兰也在学英国，为了地产开发、为了社会清理，把战后的社会民主遗产给撕得粉碎。当然，他们做得比英国“更好”，但奇怪的是，结果却非常相似，用种族主义与偏执妄想，来回应不平等与不稳定。英国有奈吉尔·法拉吉，荷兰有基尔特·威尔德斯，一个超级麦克斯一样荒谬的人物，他明确提出了种族主义政治，表面上看却像是在捍卫

新阿姆斯特丹

荷兰的包容与种族。威尔德斯的政治生涯起于鹿特丹和希尔弗瑟姆那些多种族混居的郊区的“宜居城市”运动。在这些地方，社会住房无论是作为概念还是实践，都饱受攻击，只是没有英国自1979年以来已经逐渐习惯的极端速度与暴力。在荷兰，这种变化不是通过攻击来达成的，而是通过共识。正发生在霍赫弗列特的事情，就将这一点体现得淋漓尽致。

这座新城的缝隙里，填满了新的私人住宅，其中不少都挺好，而且与英国不同，明显是在用建筑与老的新城对话——很好的砖造房子，甚至还有三座新的高楼，从一定的距离看来，这三座房

超现实主义社区中心

子是直接对20世纪60年代早期的塔楼进行了重建。只有新城中央一座孤零零的摩天大楼，因其处于社会民主空间正中央这种位置，有了英国那种“去你的”的感觉。这一系列的东西造就的最好结果，就是某种被称为“霍赫弗列特土地庄园”的东西。它是公园里的一个社会中心，霍赫弗列特在这里与一座炼油厂的多座冷却塔相遇，炼油厂是鹿特丹巨大港口的一部分。这座中心是由VAT联合荷兰历史建筑师克里姆森设计的，力图将新城变得更时髦，以吸引中产阶级前来置业，与对当地的社会住宅住户有所助益结合起来。为了达成这一目的，当地用一种古怪但的确很大胆的方式，把传统市政建筑——一座栈桥、一种纪念性的轮廓——与后现代主义观念的波普艺术相结合，比如在屋顶用木头做了个炼油厂的镜像，在门口有一簇黄色的“树”在翻滚。在这里，社会民主的死去是通过共识实现的，而不是通过一场公开的阶级之战，与之类似，这座建筑也试图通过将幽默与民众的苦难相结合，来达成和谐。这个项目的口号叫“温毕”[1]，这是“欢迎来我后院！”的英文——不是其他语言——首字母缩写。

[1] 温毕(WIMBY)：“欢迎来我后院”(Welcome in my backyard)的首字母缩写，与著名的“邻避运动”——别在我家后院(Not in my backyard)形成对比。这里权译为“温毕”。

■ 歌颂赫尔

艾伦·本内特注意到，身在伦敦的作家们，对待这座被菲利普·拉金视为家的城市，就像对待地球尽头的某个绝望之地。本内特说，伟大的诗人、恶毒的反动分子与色情狂，都因生活在这里而获得了无尽的荣誉，似乎赫尔并不是英格兰最大的城市之一，有一所好大学、一间得体的画廊、一种很发达的市政文化，以及一列可以用两个半小时就把你带到伦敦的火车。与那些在文学杂志的封底打广告的乡间休养处比起来，赫尔离伦敦没有那么远，从约克过来距离很近，而约克也从未因其遥远、偏狭和贫困而让人同样敬畏。赫尔河畔金斯顿在中世纪的时候，是英国最佳的港口所在地：面朝北海，就像泰恩河畔纽卡斯尔、（英国）波士顿以及伦敦。与这后两座城市一样（呃，还有金斯林），这里有一座汉萨同盟设在英国的贸易基地，这个由德国人控制的跨国贸易网络，从波罗的海一直延伸到北海。从本质上讲，赫尔是一座国际性城市，赫尔的国际性越是降低，就越要忍受更多的痛苦；这里脱欧派得票极多。在我写这本书这一年（2017 年），赫尔是英国官方指定的“文化之城”，但它必须应对许多问题，将来来自欧盟 1 号目标、用于支持其经济剩余部分的所有钱都会撤走，赫尔要应对的问题也很多。因此本书将赫尔与不同的欧洲城市对举并不是在开玩笑，也不意图进行一场简单的比赛，将一座“屎一样的镇子”

欢迎来到赫尔，英国文化之城

摆在汉堡、斯德哥尔摩和波尔图旁边。就建筑以及许多其他方面而言，赫尔是英国最有趣的城市之一，因此，赫尔的衰落，就有助于我们弄清英国究竟是不是一个相对的“欧洲”的一部分。

英国大西洋海港的衰落——最严重的是利物浦——通常被追溯到20世纪70年代中期，英国加入了欧洲经济共同体这个最终变成了欧盟的东西，和大英帝国的终结一道，意味着大西洋不再是英国的经济生活的中心，而英吉利海峡和北海才是。如果真是这样，那么加入欧洲经济共同体会对赫尔稍有帮助。但正面效应更明显的地方是伦敦（从20世纪90年代中期以来，伦敦最终建起了与欧洲相连的铁路，通过解除管制，英国的金融部门能够从事一些欧洲银行不会做的可疑的事情）；南安普顿、蒂尔伯里和费力克斯托的集装箱码头；以及苏格兰，其海域拥有属于英国的北海油田，部分财富至少是对阿伯丁与爱丁堡及其郊区有一定影响。事实上，它也面临预料之外的新问题——在赫尔，被提及最多的问题是共同渔业政策（Common Fisheries Policy）对当地经济的影响，渔业与造船是赫尔经济的重要支柱。

与东英格兰大部分地区一样——除了伦敦这个明显的例外——赫尔没有遭遇20世纪的大规模移民，而在利物浦、布里斯托、伯明翰、大曼彻斯特与约克郡西区，移民规模都很大。但事实上，赫尔之所以被人们记住，是其作为东欧人、特别是犹太人的入口点，从19世纪80年代到20世纪前二十年，因贫困和屠杀而逃离的人们，穿过赫尔，前往利兹、索尔福德、利物浦，甚至更远的美国和加拿大定居。相应地，近年来赫尔有数量较少的移民，也是自2004年以来数个后共产主义国家加入欧盟的直接结果——这里开一家波兰商店，那里有一面立陶宛国旗，公交车上有几个说保加利亚语的人。与一百年前不同，东欧人决定在此生活。当然，少量人口的迁入也没能弥补自“二战”以来这座城市面临的人口流失。还是在英格兰东部地区——可能有点奇怪，因为英格兰东部离欧陆最近，几百年来一直是这个国家受影响最直接的地区——形成了一个强大的脱欧阵营，纵然人们提出北方的特定地区，尤其是亨伯赛德与提赛德（当然也就包括了赫尔）非常依赖欧盟注入的资金，但他们还是无动于衷。

赫尔通常被用作那些“遗留”之地的同义词，用委婉的话说，正因为伦敦加足了马力，所以反而越走越掉队。这也波及了对脱欧的报道，尤其是那些寄望这能够刺激工党（长期在赫尔执政，除了2000年后自由民主党执政过一段很短的时间）转而采取某种更本土主义的“一国社会主义”的人群，希望能够重新将铁路国有化，并且对移民加以控制。用工党一位高级政客的话来说，工党变得“太过汉普斯特德，而不够赫尔”。这座城市支持脱欧的人很多，达到了67%，即使布莱尔主义的长期支持者、市议员艾伦·约翰逊还正式担任了“工党留欧”运动的领导人，也是如此（需要指出，也是在这一年，赫尔举行了一场大规模集会，以支持杰里米·科尔宾的连任竞选）。这些事件中明显都有盲从的影响——可能令人有些沮丧，尤其是众所周知，许多现在开着波兰商店的店铺，过去都已经破败了，而且自从20世纪40年代以来，这座城市已经损失了50000人口，不过对于英国政治话语中的排外主义，以及人类偶然变得极为可怕，也可以找到证明。一个似乎说得通的解释是，这是投票反对自命不凡的建制派们谈论的衰退之后的“恢复”，这在赫尔从没发生过，失业率高达四分之一。

尽管有些夸张，但将赫尔视为遥远孤立之地，也的确有几分道理。这里是铁道网中某条线路的终点，不是火车途经的什么地方，而是它们结束之地。赫尔著名的奶油电话亭显示出市政上顽固的独立性，这是地方当局建造的，在这里，电话网络是由他们控制，而不是政府。在1978—1979年的"不满之冬"，赫尔发生了大规模的极端罢工，这座城市将自己封锁起来，以城邦的形式运作了好几个月。但如果觉得这里与英国的其他地方脱离了联系——甚至是与约克郡的其他区域——但却与荷兰、斯堪的纳维亚和德国有着紧密的历史联系。2017年文化之都的某些景观，就想强调这一点。女王慷慨地向费伦斯画廊借出了一幅伦勃朗画的造船工及其妻子。在画廊里，这幅画与17世纪鹿特丹和赫尔的一些都市景观和地图挂在一起，以显示两地看起来的相似之处和贸易联系，上方还有标语："伦勃朗在赫尔？"——这泄露出在他职业生涯的早期，伦勃朗确实到访过赫尔。要考察这种历史上的密切关系，一个更可信的地点是赫尔的主建筑圣三一教堂，这是中世纪晚期的设计，比许多大教堂更为有趣。

教堂的钟楼不高，但是很精致、也比常见的更轻，是赫尔天际线上众多好风景之一，但其内部才真正与众不同。教堂是垂直式的[1]，用建筑史学家们定义英国哥特式建筑的术语来说，就是：长、低、宽敞、缥缈、有一点神秘，用瘦削的拱廊，以及彩绘玻璃搏动的广阔，去除了各种不必要的重量。唱诗班背后的玻璃窗

[1] 垂直式教堂（perpendicular）：14、15世纪盛行于英国的一种建筑风格，以使用垂直线和大拱券为特征。

饰是有机的，以绝妙的弧线缠绕交织。有一些窗饰是沃尔特·克兰的作品，他既是工艺美术师，也是充满热情的社会主义者，装饰颜色生动得有些刺眼——用了锐度最高的绿色与红色——细长而抽象躯体，指向德国的表现主义，这是无神论者与马克思主义者对宗教入迷的观念。其他一些附件就比较异想天开了，比如长椅末端刻了异教动物，一个有胡子的绿人骑在狮背上，鸟儿从旧椅子的扶手上长了出来。还有一幅有点问题的画作，是 18 世纪一位法国艺术家的作品（就在外面，还有一座比利王的荷兰金像），但正是这些纪念物，表明这是一座国际性的城市，而且过去一直

圣三一教堂内沃尔特·克兰绘制的窗户

都是。你会走过海员们的墓石，还有乔治时代献给斯堪的纳维亚高官的纪念碑（比如威廉·古德的家族，他是丹麦领事，也是“丹纳布罗格骑士”），还有一些海难纪念碑，记录着渔船上的赫尔水手们模糊死去的所有模糊之地。1974 年，“英勇的 D. T. 高卢号（D. T. Gaul）全体船员在挪威北角外海罹难”，1968 年，“英勇的 S. T. 罗丝·克利夫兰号（S. T. Ross Cleveland）全体船员，除一人幸存外，全体在冰岛伊萨菲厄泽罹难”，如此等等。这里写着“安全下锚”。大海在这里不像在南方气候中那样是温和的通道，而是致命的对手，这能解释不少事情。

一阵北海的寒风肯定会吹拂这里的不少建筑。从约克坐火车过来，你会看到提示宣称你已进入这座城市的第一座建筑，即 20 世纪 70 年代建的亨伯大桥，一座雄心勃勃的单跨悬索桥，曾经是世界上最长的单跨，其设计中的极简主义令人印象深刻。然后会看见被部分弃用的工厂、排屋，以及一系列近期改造过的横向排布的塔楼，它们会引你去往帕拉贡换乘站。这座建筑命名很恰当，一组连续的拱形玻璃棚，指向一座新的公交车站。车站由威尔金森 - 艾尔事务所设计，既好看又节制，和火车站整合在了一起，火车站原来的天篷，现在用作公共汽车的候车室。所有元素看上去都没被充分利用，尽管（以英国的标准而言）这座车站既干净又吸引人。你所到的街道，就装着赫尔的问题之一。费伦斯街以当地的一位自由派政客兼公民慈善家命名，在两次世界大战期间，随着贫民窟被清除，这条路切开了城市，这也是19世纪80年代到20世纪50年代，伦敦、利兹、维文、伯明翰等英国多地尝试像巴黎一样建设林荫大道的努力之一。除了伦敦可能是重建摄政街以外，其他的都不太可靠：没有哪条街会让你有那种帝国大道的感觉，而在大多数欧陆大城市，你都能找到这种感觉。甚至早在20世纪30年代，这类规划就已遭到批评，认为这些道路太过浮夸，太过反动，无论是对繁忙的交通还是两侧的行人而言，也都太过危险。这些指责当然都是对的，这可能是因为我们现在拥有的可能都是一些碎片，是双向车道周围一些浮夸的楼房，没有树木，没有底商，没有上层的公寓，也没有真实的通常意味着市民凝聚感的奥斯曼主义，还有许多可说的东西。最好也不过就是一种不连贯的建筑，比如在伯明翰的企业街，或者伦敦的沙夫茨伯里大街，有时，这种不连贯也比单调的石灰石更有趣。而最糟糕的结果就会像费伦斯街一样，过度设计，敌视行人，深深切开城市，再用一群略带新乔治风格的楼房作为不得体的补充，这是拼图上的一块，无论它多么自命不凡，最好也还是要拼完整，而不是留下一些荒草蔓生的破败碎片。

赫尔最好与最糟的新建筑都在费伦斯街上。最好的建筑是赫尔的特拉克剧院，差不多十年以前，由怀特与怀特事务所设计的，是一座不大但很集中的建筑，棕色的工程砖，粗糙的立面，裸露的混凝土框架，供一家剧院公司使用。自从建成以来，最初极好的红白色标志，就被某种更像剪贴画的东西所取代，不过当我2016年和2017年前往参观时，建筑状况看起来都还很不错。在面向外面的广场一侧，还有一家宜人的咖啡馆 / 餐馆。酒水价钱和伦敦相若，上演的剧目是《凡夫俗女》(*Educating Rita*)。至少作为一间剧院，这座建筑要比爱丁堡和利兹等更大，也比更富有的城市里那些现代剧院要好得多。剧院旁边是另一座艺术建筑阿尔伯马尔音乐中心，其设计就更廉价、更玩弄噱头：不过这两者还是一同构成了一个更强的组合。这样一来，这些安排在这里的建筑，与其他一些建筑一道，都是同一个计划的一部分，而这个

新新野兽主义：赫尔特拉克

计划则有鲜明的英国特色——这个文化的部分，明显是要“抵消”一项压垮一切的商业开发。费伦斯街这一区域的重建是在接近新工党繁荣的末期，主体是圣史蒂芬购物中心。这是一座封闭式购物中心，无聊而且有种压迫人的俗气感，对于这座建筑而言，这些都是市政遮羞布：其实是英国的规划体系强制执行的，按照这个体系，只要开发商们留出一些资金，在其他地方用于公共目的，市议会就可以让开发商们拿到他们在卑尔根、汉堡甚至是纳尔瓦想都不敢想的东西。这栋建筑最糟糕的部分，就是那座笨拙到令人痛苦的假日酒店，完全未经思考，廉价到令人绝望，很明显，规划师们认为这家酒店公司非常重要，他们甚至不敢挡住他们，直到拿出一个得体的方案，就让他们在城市里强加一座标准化的规划。本来赫尔的天际线可以很好，却被这座建筑破坏了，令人气愤的是，赫尔的天际线可能要在这座酒店狗屎一样烂的房间里才能看得最全，因为东约克郡很平，在像荷兰 / 北德 / 波兰一样的沼泽地景上，就很少能看见景观与全景。

不过跨过费伦斯路，你就进入了赫尔市中心，这要令人满意得多。在英国，赫尔是第二次世界大战期间被轰炸得最严重的城市，这也是因为它最接近欧陆北部。被摧毁的乔治时期或者维多利亚时期的街道，被一种尚未命名的风格加以取代，同样被夷平的一些城市，在重建时也采用了这种风格，比如南安普顿、普利茅斯、斯旺西和谢菲尔德——现代考文垂可能也是，只是不太确定。在欧陆却没有同类城市，尽管这种风格与战后勒阿弗尔与东柏林的轴线式古典规划多少有些相似，只是规模要小得多，电压也明显被调小了。这种风格很保守，但却不是极权主义，通常用于购物街，鲜少混合使用。大致处于现代主义与传统主义之间——没有太多装饰，通常是平顶、平的砖墙面夹杂着一些现代主义的幕墙，嵌进波特兰石里，或者还有一些残留的古典风格立柱，与下面的混凝土钢架融为一体。背后则有垃圾桶与停车场，有时会穿过一些新古典风格的拱门。规划作家艾德里安·琼斯形容这种产物的时候，说它看起来像“一座更坚实的韦林花园城”。赫尔还

战后的妥协

有一版颇有雄心的规划，是由狂热的新古典主义者埃德温·路特恩斯（他规划了新德里，是20世纪少数几位规划了整座新首都的建筑师），以及伦敦、普利茅斯和海法的规划师帕特里克·阿伯克龙比共同操刀，却从未实施。相反，这里有老街，还有翻新过的老建筑，大都呆板过时（只有两个例外——弗雷泽百货的现代风格出人意料，BHS则杂乱地延伸着，那幅精彩的绿色和金色的“三艘船”马赛克发着微光——现在都面临拆除），这并不是糟糕的城镇景观——但却标志着规划的失败，战后倾向于只是在旧规划的基础上进行重建，所有权就还是留在了同样的人手里。

这种规划的正面效应在于，新旧街道之间的联结非常容易，也非常简单，实在太棒了。从维多利亚时代保存至今的许多街道，建筑水平都特别高，只是它们的状况可能各有不同：新哥特风格的短短的帕拉贡拱廊街让人略有些沮丧，而赫普沃思拱廊街则是一个光彩夺目的空间，与巴黎的任何一条通道同样有趣，而且令人满意的是，这里满是独立唱片店，而无论是在英国的穷城市还是富城市，类似的东西都开始消失了（尽管其标价意味着它们是直接面向收藏家的，还会花点时间经营易趣或者Discogs网，还有浏览赫尔这条拱廊街的人）。穿过拱廊街可以通往有顶市场，再走就是巨大的码头区。就像其标榜的那样，“赫尔老城”的街道充斥着通道与小巷，17世纪与18世纪的街道，蜿蜒曲折，或者是笔直的帕拉迪奥式，有的用拱道框起来，通常都铺有鹅卵石。也

赫普沃思拱廊街

能找到几座乔治时期的排屋，与利物浦和都柏林的排屋一样好，只是更断断续续些。在赫尔市中心漫步会格外有趣，这主要是因为并不存在一幅平面图，没有作任何整理。乔治时代的门廊、荷兰山墙与华丽的维多利亚码头办公室形成了一个意外的组合，面对一座混凝土停车场或者一座弃置的办公楼，会有些艰难。这本来都是失败的标志，所以人们不应该喜欢，但我却喜欢——这种城镇景观，拥有一定程度的弹性空间。但要知道只需两三次拆除（比如拆掉金斯顿大楼，这是麦克韦尔·弗赖伊和简·德鲁设计的一座孤零零的、看起来非常疲惫的办公楼），就会让市中心看起来基本上是前现代主义风格，这就让拆房子变得很吸引人。然后你可以把时间倒回去一点，到轰炸之前（那时候也没有免费医疗保健，没有带中央供暖与热水的社会住宅、普遍选举权、工会权利，等等）。你为什么会想这样做呢？赫尔的市民主广场会给一些提示。

广场规模虽然很小，但在赫尔也占据着支配地位。赫尔不像利物浦或者格拉斯哥一样，不是一座庄严的古典城市，它也没有众多 1945 年后为遗忘的将来建造的纪念碑，这些纪念碑使得谢菲尔德和考文垂激动人心却又令人痛苦。即便是赫尔最大的建筑，规模也不算太大，但它们对城市实际比例的重视，让它们在城镇景观中获得了巨大的力量。维多利亚女王广场是一座三角形的“广场”，它是爱德华时期的作品，整个空间令人兴奋，各条主要街道均在此交会，如果把这样的地方改造成人行步道，可能会造成严重后果，而在我第一次与第二次去赫尔之间，这里就被改造成人行步道了。广场中央是一组过度精细的维多利亚时期雕塑群，用铺张的廉价货讲述了一个小心翼翼的故事，拿着三叉戟的海洋少女托着拱顶与帆船，而维多利亚本身就在顶端。广场周围有一系列带拱顶的市政建筑。维多利亚时代末期的码头办公室，现在是海事博物馆，这座建筑就有四个穹顶，位于装饰豪华的意大利风格砂岩块顶端；爱德华时期的市政厅有一个巨大的铜穹顶，周围的商业建筑都各自有更小的穹顶与小顶，都遵从市政厅的大穹顶，

市政厅

新古典风格的费伦斯画廊也是如此，它的风格很棒，用了波特兰石，似乎是更想去一座更优雅、无趣的城市。

这些建筑都大量使用了雕塑与装饰，你可以坐在中间的纪念碑处，然后将它们尽收眼底，这是对帝国时代晚期的庄严建筑以及令人刺激的糟糕品位一次匆忙的体验。一定程度上可能是因为爱德华时期的市长，自由派阿尔弗雷德·格尔德本身就是一位建筑师，他觉得这座城市缺一个市政中心，于是就由着自己的喜好加以纠正。在 20 世纪早期，赫尔当时是继利物浦与伦敦之后英国的第三大港口，因此要为它建一个配得上它地位的壮丽的市政中心，这样的努力相当成功。在赫尔的纪念性建筑里，最古怪的一座是赫尔行会会馆，从维多利亚女王广场走不远就能到，靠近后来建的女王花园。它的正立面有些令人失望，展现了某种被好意所杀害的乏味的新乔治式风格，这种风格对20世纪的赫尔影响巨大。然而这座建筑对着阿尔弗雷德·格尔德街的内立面则非常惊人：这是一种有节奏的践踏，鼓起来的壁柱，顶端有塔，托着瓦格纳风格的船上一些活跃到歇斯底里的海洋形象雕塑，这艘船即将航向北海——不是“统治吧，不列塔尼亚”，而是“骑上女武神而去”。你可以因为各种原因而不喜欢这座建筑——不用怀疑，这就是用巨大的咆哮表现出来的帝国主义美学，在实践中，所有形象都在向你吼出其意图，那就是要统治波浪——尽管这令人非常兴奋，在伦理上却是存在问题的。大约在1914年，赫尔明确下定决心要成为帝国最伟大的城市之一。剥掉这种雄心，这座城市就陷入了死胡同——除非它能从搬到这里来的人以及它能通商的国家获得什么东西，再基于此重建一种新身份，现在它似乎完全不可能做到了。在行会会馆对面建于20世纪八九十年代的建筑上，满是“出租”的标志，比我在其他任何地方看到的都要多得多。

市中心的对面是最有说服力的20世纪空间。女王花园曾经是一座码头，在20世纪30年代被改造成了一座下沉公园，到50年代，利物浦都市大教堂的建筑师弗雷德里克·吉伯德又加以重新设计，在墙上加上了抽象的混凝土浮雕。这里作为现代主义的公共空间，就如同维多利亚女王广场作为古典公共空间一样好，这里带有喷泉，平静的湖面，还有封闭的花园，有一种真实的开放、舒适，以及丰富的感觉——在这里透过树梢去看码头办公室的穹顶，将会是在英国所有城市的市政空间里最棒的时刻之一，这种景象井然有序，空气清新，呈现理性色彩，这种感觉不太会被周围的建筑所破坏，这些建筑是 20 世纪 80 年代以来偷偷插入这座城市的（英国广播公司所做的努力非常可悲）。这些花园尽管精致而富现代感，也是按照轴线分布的——轴线的一端是码头办公室，另一端则是野兽主义的规模很大的赫尔学院。在连接学院与花园

赫尔行会会馆的瓦格纳式古典主义

的一个广场上，有一座威尔伯福斯柱，这本来是建在离码头办公室更近的另一个地点，但在20世纪50年代被移到了这里。作为一名政治人物，威廉·威尔伯福斯曾是反对奴隶贸易的倡导者，也曾是代表赫尔的国会议员。砂石多立克柱已经开始泛黑，非常引人注目，威尔伯福斯的雕像在顶端，穿着古罗马式的宽外袍，既令人印象深刻又透露出某种荒唐的意味。与许多献给威尔伯福斯或者涉及他的纪念碑一样，对此也多少有一些攻击——这个国家通过奴隶贸易挣了最多的钱，这些钱又用于建造乔治时期的道路（还有许多其他东西），再用来展示姗姗来迟的废奴制，然后叫

女王花园安静的一角

整个世界都对此表示感激。我表示感激的，是柱子背后那座由吉伯德设计的学院大楼，用了柯布西耶式的抽象网格，还有一幅由威廉·米切尔创作的能引起幻觉的浮雕，主题是科学与超现实主义，还有陶瓷制成的未知生命形式。旁边是一座无聊但相称的野兽主义亭阁，现在用作艺术与建筑系的系馆。到这里，你就接近河流与码头了，这座城市就是围绕这些河流与码头生长出来的。

前往赫尔河与亨伯河有好几条可行的路径。其中一条直路让人有些恼火，它从圣三一教堂出发，直到亨伯河。不过走这条路，你得跨过一条建于 20 世纪 80 年代、满是卡车的双车道道路（现在有一些有望通过的规划，要让这条路改走隧道），抵达一片安静但有活力的空间，满是乔治时代的货栈，空地方，一座奇妙的爱德华时期的公共厕所（还在使用中，这在英国非同寻常），以及某个被称为“赫尔与亨伯世界贸易中心”的地方，这是一座办公楼，虽然很小，但讨人喜欢，和诺尔曼·福斯特更古典的一侧非常类似，在这片地区与亨伯河口相会之处，有几个巧妙的不连续的广场和码头，从那里你可以看见船只经过（也可能看不见）。亨伯河很凉，在一大片广阔的区域里，排列着冷却塔以及集装箱起重机，这是赫尔唯一一个谈得上壮美的地方，而不是密集或者粗糙。当你走到更浅更窄的赫尔河时，那种感觉又会回来。但你在去之前，得去看看一座叫“深邃”（The Deep）的建筑。这是布莱尔执政时期，赫尔对“毕尔巴鄂效应”所采取的举措。为在城镇里建造像这样雄心勃勃的公共建筑提供资金，这可能是人们会记住的新工党的好处，尽管那时候，这总像是——对我而言现在仍是——伴着大棒提供的胡萝卜，所谓大棒，包括私有化、雇佣临时化，以及市场扩展进市政和私人生活的每一个角落，这是我很难原谅的事情。不过就其本身而言，这座建筑很棒。深邃本身是一座带有咖啡馆的水族馆，但特里·法雷尔的设计，让它变成了河流交汇处的一座纪念碑，带着某种表现主义，将碰撞、重击和突然跌落打入了空间之中，与汉堡智利大楼的精神略有些相似之处，尽管就自然而言这些细节并不在同一个层次上：一种略微类似钛的盖

深邃

板，尺度多少有些相似，在突出的一角用了骨骼一样的玻璃点。要不是它，现在很难想象这也是河流交汇之点。

沿着赫尔河有许多高高的货栈，其中的一些改造成了公寓，旁边树立起令人满意的摇摇晃晃的木板路，一条有沼泽和淤泥的河流，散发着一种宜人的刺鼻气味。挡潮堤是野兽主义风格的重型机械，形成了一座凯旋拱门，通往一组可以伸缩的钢铁桥梁，这些都既有活力，又很有趣，其中的一些是很晚近建造的。船从河上离开，或者陷在泥里，上方是吊机的拱架：在本书所有的近海城市中，这是第一座真的有臭味和铁锈的城市。自然而然，这些东西必须被清除掉，这也是现代规划所要做的事情。那座糟透了的普瑞米尔酒店，比起市中心的假日酒店还要更糟糕，也标准得更为乏味。在欧洲，如果哪座城市有赫尔这么多的人口，像赫尔一样重要，是绝对不允许建一座这样的建筑的。这座酒店低劣的蓝色墙砖，以及极小的窗户，是挥动在这座城市脸上的两根手指（之所以接受了这样的侮辱，好吧，也是因为这里要发生的其他事情：我们需要工作，至少这也是在开发，总发生了点事情……）。几座装饰艺术的砖造筒仓最近被拆掉了，以便多建几座同样的筒仓，留下的，就只有货栈，以及看起来像是被遗弃的工厂，就在往外走的路上。这还是一种奇异与丰富的城镇景观，但与市中心属于不同的类型。空间悄悄地混了进来。筒仓与迈泽科的天桥，与能引发普鲁斯特式的匆忙的 20 世纪 80 年代早期的文

普瑞米尔酒店的救生圈

字，立刻把我送回了南安普顿的童年岁月，如果你向右转，会走到一家新巴洛克风格的酒吧，还有一组小小的公共住宅区。

赫尔因其公共住房而声名狼藉，这主要是因为赫尔热衷于建造边缘住宅区和系统建设，对于战后颇受拥护的住房重建项目，这两者都是其经常受到质疑的一面。但这些住宅区却被保留了下来，简单的砖造房屋或者公寓，围绕着一座 20 世纪 60 年代建设的小学，学校既明亮又优雅，但附近既有筒仓，又有起重机，还有货栈。这感觉就像一座新城，而不是一个内城的住宅区，都有草坪和前院——这是人们想要的。但这也不会让人感觉荒凉，也不会感到悲伤，而是开放与乐观，所有东西和工作地都可以步行抵达。只是工作不在这里，除了强迫人们去参加由职业中心提供的无穷无尽的课程，强迫人们成为“目标很高”的个体，或者干脆无视这一切，离开这座城市以便“应对”衰退，以及鼓励那些更聪明的人搬去伦敦，就没什么别的想法。这部分解释了为什么这里有 67% 的选民想要脱离欧盟，而不一定是因为人们想送他们回去——尽管有的人的确会这样想——这是对一整个政治阶级说一个巨大的“我操”，以为最坏可以放弃他们，最好还可以保护他们，一整座城市及其居民，都是这样。

当然，赫尔是一座有文化的城市，所以指定它做一整年的文化之城而不会引起争论。在新工党时期，文化被用作“升级”的一种载体，通常和大学的扩展，与某种叫作“知识经济”的东西联系在一起。这确实引起了研究和发展的扩张，也创造出一些服务业的工作，来服务学生与教职员工，所以聊胜于无，但你只要下车去往赫尔大学，就可以看出，如果没有一个更广泛的恢复方案加以配合，这些措施的效应会何其流于表面。前文提到的帕拉贡换乘站的确很完美——要走多远就能走多远。从一座合理而清晰的公交车站，你可以登上一辆公交车去往不同的目的地，这些线路的终点站，似乎要么就叫“某某住宅区”，要么就叫“某某阿斯达”，但私有化的公交网络本身发展得就不太好，可能只是能定期发车。从某种程度上讲，伦敦以外的公共交通，比如格拉斯哥、曼彻斯特和纽卡斯尔，都是基于这样一个信念，那就是只有住在城市里的人才会乘公交车出行。要去往大学，你得乘 5 路汽车，因为我从没去过那里，所以后来发现远比想象中复杂，因为每个车站都没标站名，更不用提伦敦公交或者曼彻斯特电车那种标准的报站。最近我在罗斯托克待了几天，这段经历让我在赫尔的体验变得格外伤心。这座东德的汉萨港口经济也衰落了，它要比赫尔略小，不过也可以与赫尔类比。罗斯托克的公有电车网络平稳、快速、优雅，而且价格低廉，最近罗斯托克还要拓展这个系统，添加一座地下车站，这就使其达到了曼彻斯特的水平，比赫尔的水平要高得多。但如果你在市政厅会议或者财政会议上提出，赫尔也应得到类似的待遇，会让你落得群嘲出城。

车开过了相对富裕的路边咖啡馆（这很欧洲！）以及纽兰兹大街上的一家精酿酒吧，我下错了站，不得不徒步走了 15 分钟。赫尔大学是一座非常标准的北方大学，其核心是新乔治式的，外面围着时髦的现代主义方形院落，由颇有影响力的战后现代主义代表人物莱斯利·马丁设计的，核心是布林莫尔·琼斯图书馆。这是由图书馆长菲利普·拉金委托的，听起来非常莫名其妙，因为拉金引起右翼政治而惹人讨厌，这座图书馆由几部分组成，上部悬着的几层是尖刻的野兽主义风格，底下则是一座早期建的新乔治式体块，最近还加了一个新的入口，是毫无恶意的古典 - 现代主义风格。在文化之城活动期间，这里举办了来自拉金本人档

拉金的图书馆

案的零碎东西展（尤其是图书展），这形成了这座大学一组非常好的艺术藏品。这些藏品都令人非常赏心悦目，如果这座大学离市中心更近些，就像谢菲尔德和利兹一样，我可能感觉会更好——然而，这个树木茂密、人口众多、活力四射的世界，感觉与码头边的公共住宅极为不同，那些区域的建筑密度掩盖了人口的稀少。“文化”可以和这座城市的其余地区产生联系，从而对所有人造成影响，而不只是鼓励通常只是少数的工人阶级聪明孩子找到一些新的、意料之外的出路呢？

在脱欧之前，赫尔工业最大的指望是一座西门子持有的风力涡轮机工厂。这座工厂始建于 2011 年，2016 年年底投入使用。为了对此表示支持，在文化之城的诸多公共项目中，有一项就是把这些涡轮机的一组叶片，摆到维多利亚女王广场上，这样一来就能成为一幅表现抽象工业力量的画面。围绕着它的项目叫“公共领域提升”（用了都市主义者的黑话），这个项目最后获得了文化之城奖以及参与者预算资助——这个项目要对市中心的许多街道进行维修和重铺，也要将一些广场改造成步行区。我虽然有所保留，但这个项目的结果还是受人喜欢，令人放松，多了许多可以徜徉的长椅与空间，加了少数烦人的街头家具，或者一些傲慢的公共艺术。仅有的一处令人紧张不安的东西，是竖起了照明灯，要往那些伟大的市政建筑上投一些光束——这些照明灯看起来像是巨型监控摄像头（赫尔已经有很多监控了），又高又瘦，压倒一切。而就伴随这个长达一年的文化盛事而来的艺术品而言，令人鼓舞的地方在于，这些作品中绝大多数都与这座城市有关，结合了这座城市的空间与历史。对于我这个来自南安普顿的人而言，那座南方的城市如此熟悉，又如此不同，但这样的结果并不像是他们在资助，或者突然给人分派，把艾伦·约翰逊从下面的米尔班克发送到亨伯赛德来的文化对应物。即便如此，在赫尔举办文化之城这一年，我对赫尔是印象最深刻的一次，并非某个特定的艺术作品，而是一场游行，庆祝赫尔的橄榄球队赢得优胜杯。看到这些由夸耀与自豪组成的大型广场，被自豪而乐观的人群所填满，是一件令人兴奋的事情。我很好奇在一年以前规模大得多的科尔宾集会上感觉会是什么样。也许，人们必须开始思考，或许这种潮流要变化了？

赫尔的未来可能是挪威式的，与让 - 克劳德 · 容克的援助比起来，社会民主制会让城市更为繁荣。也许。保守党提出，脱欧之后的英国，会像腐朽的维多利亚时代的新加坡一样，税率低、利于创业，这对赫尔来说总有好处，但任何“左派脱欧”的未来，也就是说脱欧的各种矛盾，会以更有利于亨伯赛德工人的方式得到解决，都受困于一些又早又大的障碍——比如说，怎么处置各

赫尔是冠军

种欧盟的钱，在城市与彻底崩溃之间，往往就只剩这点东西了。在 2017 年 8 月，赫尔船坞的入口进行了装饰，这是在马被明确拴住之后，要锁住牢固大门的举动，装饰了欧盟旗帜，以及用花摆成的“2017”字样。从这里你可以坐艘船去鹿特丹，到那里之后，再搭几程火车，再徒步几段，你会发现北欧其他的几乎任何地方，都能表明赫尔的命运是可以避免的。也许在将来，我们可以超越用更好的交通、更干净的街道和更漂亮的建筑来让一个本质上不公正的体系变得更公正。对北欧的社会民主主义者而言，那就很好，就像我们曾经获得的那样——这是人类成就的一个顶峰，再往上走，就是一个未标明的、令人恐惧的领域。也许在赫尔，我们会多少知道在那个领域里存在着什么。

参考书目

这不是一部学术书，因此我觉得不必使用脚注或者提供参考文献列表。不过在写作过程中，我还是参阅了大量书籍，最有用的一些罗列如下：

关于“欧洲”

Anderson, Perry, *Passages from Antiquity to Feudalism* (Verso, 1974)

—, *Lineages of the Absolutist State* (Verso, 1974)

—, *The New Old World* (Verso, 2009)

Balakrishnan, Gopal (ed.), *Mapping the Nation* (Verso, 1996)

Bickerton, Chris, *The European Union: A Citizen's Guide* (Penguin Books, 2016)

Braudel, Fernand, *Civilisation and Capitalism, 15th–18th Century*, vol. 1: *The Structures of Everyday Life: The Limits of the Possible* (Collins, 1981)

Federici, Silvia (ed.), *Enduring Western Civilization: The Construction of the Concept of Western Civilization and Its 'Others'* (Praeger, 1995)

Flassbeck, Heiner and Costas Lapavitsas, *Against the Troika: Crisis and Austerity in the Eurozone* (Verso, 2015)

Frank, Andre Gunder, *Capitalism and Underdevelopment in Latin America: Historical Studies of Chile and Brazil* (Pelican, 1971), 有关葡萄牙与英国关系的描述

Judt, Tony, *Postwar: A History of Europe since 1945* (Vintage, 2010)

Luxemburg, Rosa, *The National Question: Selected Writings* (Monthly Review, 1976)

McEvedy, Colin, *The New Penguin Atlas of Recent History* (Penguin Books, 2002)

McNeill, Donald, *New Europe: Imagined Spaces* (Hodder Arnold, 2004)

Pyzik, Agata, *Poor But Sexy: Culture Clashes in Europe East and West* (Zero, 2014)

Sand, Shlomo, *Twilight of History* (Verso, 2017)

Taylor, A. J. P., *Europe: Grandeur and Decline* (Penguin Books, 1990)

UgrešiĆ, Dubravka, *Nobody's Home* (Telegram, 2007)

Wilson, Andrew, *Belarus: The Last European Dictatorship* (Yale, 2011), 有关白俄罗斯对“欧洲”的理解

关于欧洲建筑、现代主义与都市主义

Adam, Robert, *The Globalisation of Modern Architecture: The Impact of Politics, Economics and Social Change on Architecture and Urban Design since 1990* (Cambridge Scholars, 2012)

Banham, Reyner, *Age of the Masters: A Personal View of Modern Architecture* (Icon, 1975)

Bergdoll, Barry, *European Architecture 1750–1890* (OUP, 2000)

Charley, Jonathan, *Memories of Cities: Trips and Manifestoes* (Ashgate, 2013)

Colomina, Beatriz, *Privacy and Publicity: Modern Architecture as Mass Media* (MIT Press, 1996)

Colquhoun, Alan, *Modern Architecture* (OUP, 2002)

Frampton, Kenneth, *Modern Architecture: A Critical History* (Thames & Hudson, rev. edn 2007)

Hall, Peter, *Good Cities, Better Lives: How Europe Discovered the Lost Art of Urbanism* (Routledge, 2013)

Irving, Mark (ed.), *1001 Buildings to See before You Die* (Cassell, 2012)

Johnson, Philip and Henry-Russell Hitchcock, *The International Style* (W. W. Norton & Co., 1997)

Kidder Smith, G. E., *The New Architecture of Europe* (Penguin Books, 1962)

Mordaunt Crook, J., *The Dilemma of Style: Architectural Ideas from the Picturesque to the Post-Modern* (John Murray, 1989)

Murphy, Douglas, *The Architecture of Failure* (Zero, 2012)

—, *Last Futures: Nature, Technology and the End of Architecture* (Verso, 2016)

Overy, Paul, *Light, Air and Openness: Modern Architecture between the Wars* (Thames & Hudson, 2007)

Pevsner, Nikolaus, *An Outline of European Architecture* (Penguin Books, 1990)

—, *Pioneers of Modern Design* (Penguin, 1991)

— and J. M. Richards (eds.) *The Anti-Rationalists* (Architectural Press, 1973)

Rasmussen, Steen Eiler, *Experiencing Architecture* (MIT Press, 1964)

Rossi, Aldo, *The Architecture of the City* (MIT Press, 1982)

Spencer, Douglas, *The Architecture of Neoliberalism: How Contemporary Architecture Became an Instrument of Control and Compliance* (Bloomsbury, 2016)

Tafuri, Manfredo, *Architecture and Utopia: Design and Capitalist Development* (MIT Press, 1976)

— and Francesco Dal Co, *Modern Architecture* (Rizzoli, 1987)

Vasudevan, Alexander, *The Autonomous City: A History of Urban Squatting* (Verso, 2017)

Weber, Max, *The City* (Free Press, 1966)

关于特定的地方、城市与国家

Alexeyeva, Linda and Grigory Ostrovsky, *Lvov: A Guide* (Raduga, 1987)

Amar, Tarik Cyril, *The Paradox of Ukrainian Lviv: A Borderland City between Stalinists, Nazis, and Nationalists* (Cornell UP, 2015)

Ascherson, Neal, *The King Incorporated: Leopold II and the Congo* (Granta, 1999)

Biris, Manos and Maro Kardamitsi-Adami, *Neoclassical Architecture in Greece* (Getty, 2004)

Broughton, Hugh and Melanie Ashton, *Madrid: A Guide to Recent Architecture* (Batsford, 1997)

Burniat, Patrick et al., *Modern Architecture in Brussels* (L' Editions de l' Octogone, 2000)

Cabrero, Gabriel Ruiz, *The Modern in Spain: Architecture after 1948* (The MIT Press, 2001)

Campbell, Barbara-Ann, *Paris: A Guide to Recent Architecture* (Batsford, 1997)

Casey, Christine, *The Buildings of Ireland: Dublin* (Yale UP, 2005)

Connah, Roger, *Finland: Modern Architectures in History* (Reaktion, 2006)

Darley, Gillian, *Factory* (Reaktion, 2003)

Etienne-Steiner, Claire, *Le Havre: Auguste Perret et la Reconstruction* (L' Inventaire, 1999)

Ghirardo, Diane, *Italy: Modern Architectures in History* (Reaktion, 2013)

Grafe, Christoph, *People's Palaces – Architecture, Culture and Democracy in Post-War Western Europe* (Architectura & Natura Press, 2014)

Güell, Xavier and Carlos Flores, *Architecture of Spain 1929–1996* (Caja de Arquitectos, 1996)

Hultin, Olof et al., *The Complete Guide to Architecture in Stockholm* (Arkitektur Förlag, 2009)

Ivanovski, Jovan et al., *Findings: The Macedonian Pavilion at the 14th International Architecture Exhibition* (Youth Cultural Centre Skopje, 2014)

Jäggi, Max et al., *Red Bologna* (Writers and Readers, 1977)

James-Chakraborty, Kathleen, *German Architecture for a Mass Audience* (Routledge, 2000)

Jones, Adrian and Chris Matthews, *Towns in Britain* (Five Leaves, 2014)

—, *Cities of the North* (Five Leaves, 2016)

Kopleck, Maik, *Munich, 1933–1945* (Christoph Links Verlag, 2007)

Kulić, Vladimir et al., *Modernism In-Between– The Mediatory Architectures of Socialist Yugoslavia* (Jovis, 2012)

Mathieson, David, *Frontline Madrid: Battlefield Tours of the Spanish Civil War* (Signal, 2014)

Mazower, Mark, *Salonica, City of Ghosts: Christians, Muslims and Jews 1430–1950* (Vintage, 2006)

Meyhöfer, Dirk, *Hamburg: Der Architekturführer* (Verlagshausbraun, 2007)

Mijalkovic, Milan and Katharina Urbanek, *Skopje, the World's Bastard: Architecture of the Divided City* (Wieser, 2011)

Miller Lane, Barbara, *Architecture and Politics in Germany 1918–1945* (Harvard UP, 1985)

Museum Het Schip, *On the Waves of the City: An Amsterdam School Cycling Tour* (Het Schip, 2009)

Neave, David and Susan, *Pevsner City Guide: Hull* (Yale UP, 2010)

Neuvonen, Petri et al., *Vyborg, Architekturnii Putevoditel'* (SN ‘Vyborg’, 2008)

Powers, Alan, *Britain: Modern Architectures in History* (Reaktion, 2007)

Rogers, Richard and Mark Fisher, *A New London: Two Views* (Penguin Books, 1992)

Wagenaar, Cor, *Town Planning in the Netherlands* (010, 2010)

Widenheim, Cecilia and Eva Rudberg (eds.), *Utopia and Reality: Modernity in Sweden, 1900–1960* (Yale UP, 2002)

人名、机构名中英文对照表

A

阿伯克龙比，帕特里克	Abercrombie, Patrick
阿武尔托，拉斐尔	Aburto, Rafael
阿登纳，康拉德	Adenauer, Konrad
阿尔卡西姆，法鲁克	al-Kasim, Farouk
阿尔托，阿尔瓦	Aalto, Alvar
阿克特玛	Arkitema
阿拉德，罗恩	Arad, Ron
阿列克谢耶娃，琳达	Alexeyeva, Linda
阿莫尼克 + 马松	Hamonic+Masson
阿斯普伦德，贡纳尔	Asplund, Gunnar
阿舍森，尼尔	Ascherson, Neal
埃尔金爵士	Lord Elgin
埃菲尔，古斯塔夫	Eiffel, Gustave
埃勒尔，福里茨	Erler, Fritz
艾曼努尔，维多利诺	Emanuele, Vittorio
埃里亚森，奥拉富尔	Eliasson, Olafur
艾森曼，彼得	Eisenman, Peter
安德森，佩里	Anderson, Perry
奥伯恩，爱丝琳	O’Beirn, Aisling

奥德，J. J. P.	Oud, J. J. P.
奥芬迪克，英根霍芬	Overdiek, Ingenhoven
奥加提，瓦勒里欧	Olgiati, Valerio
奥勒布里斯基，达尼尔	Olbrychski, Daniel
奥曼，弗里德里希	Ohmann, Friedrich
奥斯伯格，拉格纳	Östberg, Ragnar
奥斯特洛夫斯基，格里戈里	Ostrovsky, Grigory
奥塔门迪，朱利安	Otamendi, Julian
奥托，弗雷	Otto, Frei

B

巴贝尔，艾萨克	Babel, Isaac
巴博萨	Barbosa
巴尔蒙德，塞西尔	Balmond, Cecil
巴克斯特罗姆和雷纽斯事务所	Backström & Reinius
巴罗夫，亚历山大	Barov, Aleksandr
班德拉，斯捷潘	Bandera, Stepan
班纳姆，雷纳	Banham, Reyner
班森和福赛斯	Benson + Forsyth
鲍里索夫，博伊科	Borisov, Boyko
贝茨，瑟吉森	Bates, Sergison
贝尔拉赫，H. P.	Berlage, H. P.
贝拉尔迪，比弗	Berardi, ‘Bifo’
贝尼施	Behnisch
贝聿铭 - 考伯 · 弗里德事务所	Pei Cobb Freed
本恩，托尼	Benn, Tony
本内特，艾伦	Bennett, Alan
比里斯，塔索斯	Biris, Tassos
比利王	King Billy
比赛尔，埃德尔	Biesel, Eder

毕苏斯基，约瑟夫	Piłsudski, Jozef
波德松，费尔南	Bodson, Fernand
伯顿，阿伦茨	Burton, Ahrends
波尔坦斯基，克里斯蒂安	Boltanski, Christian
波菲，里卡多	Bofill, Ricardo
伯吉，约翰	Burgee, John
波兰斯基，罗曼	Polanski, Roman
波第，波林	Boty, Pauline
波莫兰采夫，亚历山大	Pomerantsev, Alexander
博塔，马里奥	Botta, Mario
波切内尔，梅尔	Bochner, Mel
波兹南斯基，以色列	Poznanski, Izrael
布尔乔亚，维克多	Bourgeois, Victor
布拉德利，菲尔登·克莱格	Bradley, Feilden Clegg
布劳菲尔斯，史蒂芬	Braunfels, Stephan
布莱克，威廉	Blake, William
布林克曼，米歇尔	Brinkman, Michiel
布林克曼，约翰尼斯	Brinkman, Johannes
布鲁尔，马塞尔	Breuer, Marcel

C

查理曼大帝	Charlemagne
超级麦斯	Max Headroom

D

丹下健三	Tange, Kenzo
迪翁格勒，约瑟夫	Diongre, Joseph
德·奥伊萨，弗朗西斯科·哈维尔·萨恩斯	de Oiza, Francisco Javier Saenz
德·克拉克，米歇尔	de Klerk, Michel

德鲁，简	Drew, Jane
德·莫拉，爱德华多·索托	de Moura, Eduardo Souto
德斯科夫，弗拉基米尔	Deskov, Vladimir
德·瓦莱拉，埃蒙	de Valera, Eamon
杜多克，威廉·马里努斯	Dudok, Willem Marinus
多尔采塔，朱利奥	Dolcetta, Giulio
多西亚迪斯集团	Doxiadis Associates

E

厄布拉尔，欧内斯特	Hébrard, Ernest

F

发电厂乐团	Kfraftwerk
法拉吉，奈吉尔	Farage, Nigel
法雷尔，特里	Farrell, Terry
法斯宾得	Fassbinder
范·埃格拉特，埃里克	van Egeraat, Erick
范德海登，汉斯	van der Heijden, Hans
范德弗洛格特，林德特	van der Vlugt, Leendert
范·德罗，密斯	van der Rohe, Mies
范德梅，约翰	van der Mey, Johan
范·杜斯伯格，特奥	van Doesburg, Theo
范·内尔	Van Nelle
费多罗夫，伊万	Fedorov, Ivan
费希尔，布累尔·弗雷	Fischer, Burrell Foley
费希尔，马克	Fisher, Mark
冯·内克，约瑟夫	van Neck, Joseph
冯·于菲尔，阿尔贝	van Huffel, Albert
福克斯，科恩·佩德森	Fox, Kohn Pedersen
弗赖伊，麦克韦尔	Fry, Maxwell

怀特与怀特事务所	Wright and Wright
霍格，弗里茨	Höger, Fritz
霍兰，阿格涅丝卡	Holland, Agnieszka
霍塔，维克多	Horta, Victor

J

基勒，克里斯汀	Keeler, Christine
吉伯德，弗雷德里克	Gibberd, Frederick
吉马良斯	Guimaraes
基耶斯洛夫斯基，克日什托夫	Kieślowski, Krzysztof
加特赛德，格林	Gartside, Green
金茨堡，莫伊西	Ginzburg, Moisei

K

卡多索，埃德加	Cardoso, Edgar
卡恩，阿尔伯特	Khan, Albert
卡夫雷罗，弗朗西斯科·德·阿西斯	Cabrero, Francisco de Asis
卡拉特拉瓦，圣地亚哥	Calatrava, Santiago
卡纳齐列夫，伊万	Kanazirev, Ivan
卡兰蒂诺斯，帕特洛克罗斯	Karantinos, Patroklos
卡梅纳，曼努埃拉	Carmena, Manuela
卡普，雷恩	Karp, Raine
咖世家	Costa
卡瓦卡瓦建筑师事务所	Kavakava Architects
坎普曼，哈克	Kampmann, Hack
康，路易	Kahn, Louis
科伯恩	Cockburn
柯布罗，卡塔兹娜	Kobro, Katarzyna
科德奇，何塞普·安托尼	Coderch, Josep Antoni

拉斯敦，丹尼斯	Lasdun, Denys
拉斯金	Ruskin
莱伯金，贝特洛	Lubetkin, Berthold
赖斯纳，拉里莎	Reisner, Larissa
赖特，弗兰克·劳埃德	Wright, Frank Lloyd
兰贝尔，皮埃尔-爱德华	Lambert, Pierre-Edouard
兰德马克，奥莱	Landmark, Ole
蓝天组	Coop Himmelb(l)au
朗，弗里茨	Lang, Fritz
劳埃德，戴维	Lloyd, David
劳伦斯，D. H.	Lawrence, D. H.
勒·柯布西耶	Le Corbusier
乐芝牛	Laughing Cow
利奥波德二世	Leopold II
李博斯金，丹尼尔	Libeskind, Daniel
李卜克内西，卡尔	Liebknecht, Karl
里特尔，休伯特	Ritter, Hubert
利文斯通，肯	Livingstone, Ken
林奇，大卫	Lynch, David
罗赫尔，鲁道夫 团队	Rohrer, Rudolf and Collective
鲁德涅夫，列夫	Rudnev, Lev
卢森堡，罗莎	Luxemburg, Rosa
路特恩斯，埃德温	Lutyens, Edwin
鲁西格南	Lusignan
罗杰斯，理查德	Rogers, Richard
洛奇，凯文	Loch, Kevin
罗西，阿尔多	Rossi, Aldo

M

马丁，莱斯利	Martin, Leslie

马加什，鲍里斯	Magaš, Boris
马卡里奥斯三世	Makarios III
马列维奇，卡济米尔	Malevich, Kazimir
马特乌斯，曼纽尔·埃利斯	Mateus, Manuel Aires
马耶夫斯基，希拉里	Majewski, Hilary
马佐韦尔，马克	Mazower, Mark
麦金托什，查尔斯·雷尼	Mackintosh, Charles Rennie
麦克克里诺-拉文顿	MaccreanorLavington
麦肯诺事务所	Mecanno
迈泽科	Maizecor
梅，恩斯特	May, Ernst
梅德纳，乔万尼·巴蒂斯塔	Meduna, Giovanni Battista
梅尔尼科夫，康斯坦丁	Melnikov, Konstantin
蒙德里安，皮特	Mondrian, Piet
蒙克，安杰伊	Munk, Andrzej
蒙克，丹恩·克努德	Munk, Dane Knud
米德，乔纳森	Meade, Jonathan
米洛舍维奇，斯洛博丹	Milošević, Slobodan
米塔尔，拉克希米	Mittal, Lakshmi
米切尔，威廉	Mitchell, William
米沃什，切斯瓦夫	Miłosz, Czesław
米歇尔森，克里斯蒂安	Michelsen, Christian
莫尔谢特，奥伊文	Maurseth, Øivind
莫勒，埃里克	Møller, Erik
莫勒，C. F.	Møller, C. F.
莫尼奥，拉斐尔	Moneo, Rafael
穆尼奇，弗拉基米尔	Munić, Vladimir

N

纳塔里尼，阿道夫	Natalini, Adolfo

纳索尼，尼古劳	Nasoni, Nicolau
奈恩，伊安	Nairn, Ian
奈格里，安东尼奥	Negri, Antonio
尼迈耶，奥斯卡	Niemeyer, Oscar
努韦尔，让	Nouvel, Jean

O

欧弗利	Offley

P

帕布斯特，西奥	Pabst, Theo
帕夫洛夫斯卡，茨吉・丹妮卡	Pavlovska, Ciji Danica
帕默斯顿勋爵	Lord Palmerston
帕图姆，埃娃	Partum, Ewa
潘顿，沃纳	Panton, Verner
佩夫斯纳	Pevsner
佩里，奥利	Pöyry, Olli
佩雷，奥古斯特	Perret, Auguste
彭普，安托万	Pompe, Antoine
皮特-布洛姆事务所	Piet Blom
皮亚诺，伦佐	Piano, Renzo
普茨，彼得	Putz, Peter
普莱特	Platt
普鲁韦，让	Prouve, Jean
普瓦里埃，雅克	Poirrier, Jacques

Q

齐普菲尔德，大卫	Chipperfield, Davia
切亚，乔万尼・巴蒂斯塔	Ceas, Giovanni Battista
琼斯，艾德里安	Jones, Adrian

舒克维奇，罗曼　Shukhevych, Roman
舒克维奇，尤里　Shukhevych, Yuriy
舒马赫，弗里茨　Schumacher, Fritz
司迪曼，汉斯　Stimmann, Hans
斯蒂芬森，山姆　Stephenson, Sam
斯柯达，鲁道夫　Skoda, Rudolf
斯克利莫夫斯基，杰兹　Skolimowski, Jerzy
斯科特，迈克尔　Scott, Michael
斯塔泽夫斯基，亨里克　Stażewski, Henryk
斯坦，马特　Stam, Mart
斯特泽明斯基，瓦迪斯瓦夫　Strzemi ń ski, Władysław
斯托尔滕贝格，延斯　Stoltenberg, Jens
斯诺奇，路易吉　Snozzi, Luigi
斯塔尔，J. F.　Staal, J. F.
斯特灵　Stirling
斯特灵，詹姆斯　Stirling, James
斯图尔特，詹姆斯·“雅典人”　Stuart, James ‘Athenian’

T

塔夫里，曼弗雷多　Tafuri, Manfredo
塔格里亚布，本尼德塔　Tagliabue, Benedetta
泰拉尼，朱塞佩　Terragni, Giuseppe
泰勒　Taylor
泰辛，老尼戈底姆　Tessin, Nicodemus the Elder
特菲尔，格奥尔格　Teuffel, Georg
特黑拉尼，博特·里希特　Teherani, Bothe Richter
特鲁斯特，保罗·路德维希　Troost, Paul Ludwig
廷科，安德烈　Dynko, Andrey
图尔南，雅克　Tournant, Jacques
图季曼，弗拉尼奥　Tudjman, Franjo

Y

亚当，罗伯特	Adam, Robert
雅各布森，阿恩	Jacobsen, Arne
雅各布斯，简	Jacobs, Jane
亚内夫，戈兰	Janev, Goran
亚努科维奇，维克托	Yanukovych, Viktor
易捷	Easyjet
约翰逊，艾伦	Johnson, Alan
约翰逊，菲利普	Johnson, Philip

Z

泽斯特，K. T.	Seest, K. T.
扎德金，奥西普	Zadkine, Ossip
政治文件乐团	Scritti Politti
兹拉捷夫，佩斯托	Zlatev, Pesto

地名中英文对照表

A

AG- 莱文蒂斯	AG Leventis
阿尔伯马尔音乐中心	Albemarle Music Centre
阿尔伯特码头	Albert Docks
阿尔加维	Algarve
阿尔默勒	Almere
阿尔斯特湖	Alster lake
阿库西奥宫	Palazzo d’Accursio
阿拉比达桥	Arrabida Bridge
阿姆斯特尔站	Amstel
阿斯达	Asda
阿斯普登	Aspudden
阿斯图里亚	Asturias
阿塔图尔克广场	Ataturk Square
阿提卡	Attica
埃比尼泽楼	Ebenezer Building
埃雷菲塞里亚广场	Eleftheria Square
埃斯科里亚尔	El Escorial
艾尔斯伯里住宅区	Aylesbury Estate
艾格纳提亚大道	Via Egnatia

艾克斯拉沙佩勒	Aix-la-Chapelle
艾米利亚 - 罗马涅	Emilia-Romagna
爱劳塔	Tours Aillaud
安东尼奥・葛兰西路	Via Antonio Granmsci
安南街	Annenstrasse
奥尔德姆	Oldham
奥古斯都广场	Augustusplatz
奥康奈尔街	O’Connell Street
奥林匹克中心	Olympiazentrum
奥林匹斯山	Mount Olympus

B

巴勃罗・聂鲁达大街	Pablo Neruda Street
巴尔干酒店	Hotel Balkan
巴姆贝克	Barmbek
白厂	White Factory
白教堂	Whitechapel
白塔	Torres Blancas
班亚・巴希清真寺	Banya Bashi Mosque
北城区（斯德哥尔摩）	Norrmalm
北溪管道	North Stream
贝尔格莱维亚	Belgravia
贝尔莱蒙大楼	Berlaymont
贝尔维尔	Belleville
贝肯特里	Becontree
贝・哈马姆	Bey Hamam
本杰明博物馆	Boijmans Museum
比尔梅	Bijlmer
比尔梅米尔	Bijlmermeer
比约克哈根	Björkhagen

毕尔巴鄂 Bilbao
毕加索塔 Torre Picasso
边防大楼 Haus Grenzwacht
边缘城市 Rim City
波美拉尼亚 Pomerania
波特梅里恩 Portmeirion
伯克利图书馆 Berkeley Library
博格丹·赫梅利尼茨基文化休闲公园 Bogdan Khmelnitsky Park of Culture and Leisure
博尼范登博物馆 Bonnefanten Museum
博物馆（柏林） Museumsinsel
博伊姆礼拜堂 Boyim Chapel
布尔伦山 Montagne de Bueren
布拉德福德 Bradford
布拉克 Blaak
布拉瓦海岸 Costa Brava
布莱克希思 Blackheath
布兰德霍斯特博物馆 Museum Brandhorst
布林莫尔·琼斯图书馆 Brynmor Jones Library
布卢姆斯伯里 Bloomsbury
布吕根 Bryggen

C

仓库区 Speicherstadt
昌迪加尔 Chandigarh
城堡谷 Castle Vale
慈悲教堂 church of the Misericordia

D

大都会建筑工作室 Office for Metropolitan Architecture

大客栈	Büyük Han
大象和城堡	Elephant and Castle
大洋村	Ocean Village
大洋码头	Ocean Terminal
大元帅大街	Avenida del Generalisimo
大自由街	Grosse Feriheit
戴克里先宫	Palace of Diocletian
丹纳布罗格	Dannebrog
岛屿区（里昂）	Islands
德贝萨	Debaser
德本南姆百货	Debenhams
德达格拉德	De Dagerrad
德国中央合作银行	DZ Bank
德鲁日巴酒店	Hotel Druzhba
德·鹿特丹	De Rotterdam
德涅斯特	Dniester
德涅斯特酒店	Hotel Dnister
德派普	De Pijp
德绍	Dessau
德特福德	Deptford
的里雅斯特	Trieste
迪纳拉阿尔卑斯山脉	Dinaric Alps
帝国咖啡厅	Café Imperial
第聂伯罗彼得罗夫斯克	Dnipropetrovsk
蒂尔伯里	Tilbury
东部港区（阿姆斯特丹）	Boreneo and Sporenburg
东正教基督复活教堂	Orthodox Church of the Resurrection of Christ
都柏林码头区发展机构	Dublin Docklands Development Agency

都柏林码头区发展局	Dublin Docklands Development Authority
杜多克里	Dudokery
杜罗河	River Douro
“对讲机大厦”	Walkie-Talkie
顿巴斯	Donbas
顿巴斯尔码头	Docks Dombasles
顿涅茨克	Donetsk
多布里广场	Dobri Square

E

俄斯特拉发	Ostrava
额伦斯百货公司	Åhléns

F

法兰克福商业银行	Frankfurt’s Commerzbank
法西奥房	Casa del Fascio
方块屋	Cube Houses
菲茨威廉广场	Fitzwilliam Square
菲耶拉区	Fiera
费利克斯托	Felixstowe
费伦斯画廊	Ferens Art Gallery
腓特烈斯海恩	Friedrichshain
弗莱明斯伯格	Flemingsberg
弗雷泽百货	House of Fraser
福煦大街	Avenue Foch

G

盖茨黑德	Gateshead
港口之光	Harbour Lights

钢院	Steelyard
“高个赫尔曼”	Tall Hermann
格拉西莫夫文化宫	Gerasimov Palace of Culture
格兰维亚大道	Gran Via
格里格厅	Grieg Hall
工厂火车站	Fabryczna
共和国广场	Prokurative
公园丘	Park Hill
古代雕塑展览馆	Glypothek
古代史博物馆	Antiken-sammlungen
国家流行音乐中心	National Centre for Popular Music
国立博物馆	Rijksmuseum
国王广场（慕尼黑）	Konigsplatz
国王十字中心	King’s Cross Central
国王塔	Kungstornen

H

哈德斯菲尔德	Huddersfield
哈尔科夫	Kharkiv
哈吉杜克	Hajduk
哈克曼与郭大楼	Khakman & Ko Building
哈姆扎·贝清真寺	Hamza Bey Mosque
海达尔·帕夏清真寺	Haydar Pasha Mosque
海德公园一号	One Hyde Park
海港大道	Hafenstrasse
海塞尔	Heysel
海牙市立博物馆	Gemeente Museum
汉玛比湖滨城	Hammarby Sjöstad
汉普斯特德	Hampstead
航运大楼	Scheepvaarthuis

加亚	Gaia
贾尔镇	Jarrestadt
贾斯图斯·范·艾芬建筑群	Justus van Effen complex
教士教堂	Clerigos Church
杰米·奥利佛	Jamie Oliver
金斯顿大楼	Kingston House
金斯林	King's Lynn
救世主大教堂	Cathedral of Christ the Saviour

K

卡尔施泰特商场	Karstadt
卡累利阿保险公司	Karjala Insurance Company
卡累利阿地峡	Karelian isthmus
卡累利阿苏维埃共和国	Soviet Republic of Karelia
卡罗琳斯卡医院	Karolinska Hospital
卡普运动纪念碑	Monument to the March Dead
卡斯蒂利亚大道	Paseo de la Castellana
凯里尼亚山	Kyrenia mountains
康森大楼	Konsum building
康托豪斯区	Kontorhausviertel
柯斯丘什科街	Kościuszko Street
科盖尔博格大教堂	Koekelberg Basilica
科隆塔	Torre Colon
科诺普尼卡宅第	Konopnica House
克林荷姆岛	Kreenholm Island
克卢日	Cluj
克罗伊茨贝格	Kreuzberg
科文特花园	Covent Garden
肯尼迪塔	Tour Kennedy

L

拉格大厦	The Largo
拉纳卡	Larnaca
拉斯班塔斯斗牛场	Las Ventas bull ring
拉特兰广场	Rutland Square
拉维莱特	Le Villette
拉韦纳	Ravenna
莱布尼茨区域地理研究所	Leibniz Institute for Regional Geography
莱奇沃思	Letchworth
兰斯塔德	Randstad
劳合社大楼	Lloyd’s
老城	Gamla Stan
勒夫科萨	Lefkosa
勒夫科西亚	Lefkosia
勒托利酒店	Hotel Le Tolli
勒沃夫	Lvov
里克咖啡馆	Riquet café
利茨曼斯塔德	Litzmannstadt
利菲河	Liffey
利马索尔	Limassol
联邦议会	Bundestag
列宁格勒州	Leningrad Olast
列日	Liege
列日吉耶曼火车站	Liege-Guillemins station
林班区	Lijnbaan
林肯大教堂	Lincoln Cathedral
卢布林	Lublin
卢顿	Luton
鲁乌夫	Lwów

路德维希街	Ludwigstrasse
路德维希论坛	Ludwig Forum
鹿特丹艺术厅	Rotterdam Kunsthal
罗莫斯塔德	Romerstadt
罗讷河	Rhône
罗塞尼亚	Ruthenia
罗森克兰茨塔	Rosenkrantz Tower
罗斯广场	Rossplatz
罗斯托克	Rostock
罗特曼区	Rotermann Quarter
罗兹卡里斯卡	Łódź Kaliska
洛泽内茨区	Lozenets district
伦贝格	Lemberg
绿谷	Gröndal

M

马德勒通道	Madler Passage
马德里塔	Torre de Madrid
马尔盖拉	Marghera
马尔罗博物馆	Musee Malraux
马焦雷广场	Piazza Maggiore
马可尼区	Marconi district
马克西米连大街	Maximilian-strasse
马鲁比乌站	Marrubiu
马斯特里赫特	Maastricht
玛黑区	Marais
玛丽勒本	Marylebone
玛利亚・皮亚大桥	Maria Pia Bridge
玛利亚广场	Marienplatz
码头顶	Pier Head

码头区（伦敦）	Docklands
码头浴场	Bains des Docks
梅斯特雷	Mestre
蒙乔伊广场	Mountjoy Square
米尔班克	Millbank
米尔顿凯恩斯	Milton Keynes
米拉多尔公寓	Mirador apartments
摩斯出版社大楼	Mossehaus
莫伦贝克	Molenbeek
莫纳斯蒂拉基地铁站	Monastiraki Metro Station
莫纳斯提尔会堂	Monastir Synagogue
莫尼 - 拉扎里斯顿医院	Moni Lazariston Hospital
墨尼尔蒙当	Menilmontant
墨索里尼亚	Mussolinia

N

纳尔瓦	Narva
纳尔瓦河	Narva river
纳科芬大厦	Narkomfin building
那普良	Nafplio
南安普顿湾	Southampton Water
南城（阿姆斯特丹）	Zuidas
南区（斯德哥尔摩）	Sodermalm
南站—索姆罗代	Södra Station-Området
楠泰尔	Nanterre
内图诺广场	Piazza Nettuno
纽兰兹大街	Newlands Avenue
诺布山	Nob Hill
女王花园（赫尔）	Queen’s Garden

O

欧罗巴大楼	Europahaus
欧洲酒店	Hotel de l’Europe
欧洲门	Puerta de Europa

P

帕拉贡拱廊街	Paragon Arcade
帕拉贡换乘站	Paragon Interchange
帕勒泰恩礼拜堂	Palatine Chapel
帕洛梅拉斯	Palomeras
帕内尔广场	Parnell Square
帕伊米奥疗养院	Paimio Sanatorium
彭奇	Penge
皮奥特科夫斯卡大街	Piotrkowska
皮尔斯广场	Pearse Square
漂浮港	Floating Harbour
普拉多艺术馆	Prado
普拉姆斯特德清真寺	Plumstead Mosque
普利玛百货公司	Prima
普罗拉	Prora
普瑞米尔酒店	Premier Inn
菩提树下大街	Unter den Linden

Q

企业街	Corporation Street

R

人民堂	Maison du Peuple

S

萨包迪亚	Sabaudia

萨里码头	Surrey Quays
萨洛尼卡	Salonika
萨洛尼克	Salonik
萨塞洛尼基	Thessaloniki
塞迪卡站	Serdika
塞拉维斯当代美术馆	Serralves Museum of Contemporary Art
桑德特百货公司	Sundt department store
桑德维肯	Sandviken
瑟勒豪森区	Sellerhausen
瑟里米耶清真寺	Selimiye Mosque
瑟罗克	Thurrock
瑟罗西亚	Celosia
森林山庄（柏林）	Waldsiedlung
沙夫茨伯里大街	Shaftesbury Avenue
沙克拉斯塔	Shacolas Tower
商品交易会大楼	Messeturm
商业水塘	Bassin du Commerce
摄影博物馆	Museum of Cinematography
摄政街	Regent Street
“神父工厂”	Ksiezy Mlyn
神迹创造者圣尼古拉教堂	St Nicholas the Miracle Maker
绳索街	Reeperbahn
圣安德鲁斯教堂	St Andrew’s
圣保罗教堂（汉堡）	St Pauli
圣本托车站	São Bento
圣彼得教堂（慕尼黑）	Peterskirche
圣迪米特里奥斯教堂	Hagios Demetrios
圣弗里安教堂	Saint-Follian
圣内德利亚	St Nedelya
圣潘捷列伊蒙教堂	St Panteleimon

圣潘克拉斯	St Pancras
圣齐纳罗	Sanchinarro
圣若昂大桥	Ponte de Sao Joao
圣三一教堂	Holy Trinity church
圣史蒂芬购物中心	St Stephen's Shopping Centre
圣索菲亚大教堂	Hagia Sophia
圣约翰·路德教堂	St John Lutheran Church
圣詹姆斯	St James's
施罗德住宅	Schröder House
史基浦	Schiphol
士麦那 / 伊兹密尔	Smyrna/İzmir
司法宫（布鲁塞尔）	Palais de Justice
司法宫（波尔图）	Palace of Justice
斯哈尔贝克	Schaerbeek
斯大林巷	Stalinallee
斯摩棱斯克	Smolensk
斯潘根	Spangen
斯潘住宅	Span Housing
斯泰德博物馆	Staedel Museum
斯坦利	Stanley
斯特拉特福	Stratford
斯维尔特威特酒店	Hotel Światowit
索得脱恩大学	Södertörn University
索恩河	Saône
索尔福德	Salford
索尔福德码头	Salford Quay
索尔克研究所	Salk Institute
索非亚制药公司	Sopharma
索伦	Solun
索伦特海峡	Solent

索罗那	Salona

T

塔赫乐斯	Tacheles
太阳海岸	Costa del Sol
太阳门	Puerta del Sol
泰特美术馆	Tate
泰特现代美术馆开关间	Tate Modern Switch House
泰晤士米德镇	Thamesmead
唐卡斯特	Doncaster
唐·路易斯一世大桥	Dom Luis I Bridge
特拉布宗	Trabzon
特拉克剧院	Truck Theatre
特蕾莎广场	Theresienwiese
提赛德	Teeside
天主教圣三一教堂	Catholic Holy Trinity Church
铁道街	Eisen-bahnstrasse
托斯卡尼	Tuscany
托斯特斯	Toxteth

W

瓦达河	River Vardar
瓦勒加斯	Vallecas
瓦伦西亚塔	Torre de Valencia
瓦山	Tile Hill
瓦斯宫	Palazzo de Gas
瓦西尔·列夫斯基体育场	Vasil Levski Stadium
瓦西里岛	Vasilievsky Island
威尔伯福斯柱	Wilberforce Column
威森肖	Wythenshawe

威斯敏斯特宫	Westminster Palace
维堡	Vyborg
维堡储蓄有限公司	Viipurin Panttilaitos Oy
维多利亚女王广场	Queen Victoria Square
维捷布斯克	Vitebsk
维克多普里兰	Victorieplein
维托沙山	Mount Vitosha
维托沙新奥塔尼酒店	Vitosha New Otani Hotel
维伊普里	Viipuri
维灵比	Vällingby
韦林花园城	Welwyn Garden City
韦斯滕德大街 1 号	Westendstrasse 1
温德安庭	Wyndham Court
翁布里亚	Umbria
沃邦水塘	Bassin Vauban
沃达丰	Vodafone
沃达丰太阳站	Vodafone Sol
沃尔坎	Le Volcan
乌比斯	Urbis
伍里奇	Woolwich
伍里奇谷仓	Woolwich Granada
伍麦叶	Omayyad

X

西班牙大厦	Edifico Espana
西班牙电信大楼	Telefonia building
西班牙广场	Plaza de Espana
西班牙商业银行文化中心	Caixa Forum
西班牙石油公司大楼	Torre Cepsa
西班牙塔	Torre Espacio

西布罗米奇	West Bromwich
西米德兰	West Midlands
西姆农塔	Tour Simenon
希尔弗瑟姆	Hilversum
锡玛塔广场	Syntagma Square
锡耶纳	Siena
下诺夫哥罗德	Nizhny Novgorod
下西里西亚	Lower Silesia
现代国会大楼	Moderne Capitol
现代绘画陈列馆	Pinakothek der Moderne
现代美术馆（纽约）	MOMA
现代艺术博物馆	Stedeljik Museum
新变化一号	One New Change
新精神阁	Esprit Nouveau pavilion
新马克斯堡	New Maxburg
休姆新月街	Hulme Crescents
许斯比	Husby

Y

亚博利亚	Arborea
亚琛	Aachen
亚里士多德广场	Aristotelous Square
亚历山大·涅夫斯基大教堂	Alexander Nevsky Cathedral
伊丽莎白女王大厅	Queen Elizabeth Hall
伊萨尔河	River Isar
伊萨菲厄泽	Isafjord
伊万·弗兰科公园	Ivan Franko Park
伊万哥罗德	Ivangorod
伊万诺沃	Ivanovo
议会大厦（瑞典）	Riksdag

艺术圈大楼	Circle of Fine Arts
易北爱乐厅	Elbphilharmonie
音乐厅（杜塞尔多夫）	Tonhalle
音乐厅站（波尔图）	Casa da Musica station
银禧线	Jubilee Line
英吉利花园	Englischer Garten
元首行宫	Fuhrerbau
圆环	Rundling
约尔丹	Jordaan
约克郡西区	West Riding of Yorkshire

约瑟夫·蒙特维拉 - 米雷基耶戈小区
Osiedle im. Józefa Montwiłła-Mireckiego

Z

泽斯塔拉基斯清真寺	Tzistarakis Mosque
詹姆斯·布尔奇耶站	James Bourcheir
智利大楼	Chilehaus
中心区（柏林）	Mitte
中央纺织业博物馆	Central Textile Museum
中央汽车站（都柏林）	Busaras
中央圣马丁	Central St Martin’s
洲际银行大楼	Bankinter offices
主显节教堂	Uppenbarelsenkyrkan
自由大厅	Liberty Hall
自由广场	Freedom Square
祖姆百货公司	Tzum

致　　谢

许许多多的人帮助我理解某个地点，或者邀请我到他们那里去。以下列出了我还没忘记的那些人的名字——对于我已经忘记名字的，我表示抱歉，当然，这并非暗示他们应当对我书写的内容负责。本书一切内容由本人负责，尤其是正文中有可能出现的错误。我要感谢 Martina Angelotti, Yiannis Baboulias, Aisling O' Beirn, Michel Chevalier, Valeria Costa-Kostritsky, Amanda De Frumerie, Brian Dillon, Vladimir Deskov, Mary Douglas, Robert Doyle, Jools Duane, Maxim Edwards, Alfonso Everlet, Tom Gann, Iskra Geshoska, Leo Hollis, Goran Janev, Daniel Jewesbury, Adrian Jones, Emilia Kaleva, Maros Krivy, Tor Lindstrand, Declan Long, Rikke Luther, Patrick Lynch, Chris Matthews, Will Mawhood, Jonathan Meades, Robin Monotti, Douglas Murphy, Daniel Muzyczuk, Natalia Neshevets, Lora Nicolaou, Christian Victor Palmer, Cigi Danica Pavlovska, Mark Price, Tihana Pupovac, Oleksiy Radynski, Helen Runting, Biljana Savic, Joakim Skajaa, Dubravka Sekulic, Niki Seth-Smith, Matt Tempest, Jacques Testard,

Francesco Tenaglia, Lydia Thompson, Noam Toran, Daniel Trilling, Elena Trubina, Aneta Vasileva, Mait Väljas, Tim Verlaan, Christian Wertschulte, Tom Wilkinson。我要特别感谢 Agata Pyzik，在这本非线性的书中，我与之一起完成了大部分早期的旅行，其关于“欧洲”及欧洲构建的观点，自始至终都无比珍贵。我也要感谢我的父亲，我很享受与他一起参加的第一次欧洲顶级城市小游。

波尔图、莱比锡、罗兹、维堡、奥尔胡斯、卑尔根、兰斯塔德和赫尔都是专为本书写的，但本书本质上还是一本选集。关于布鲁塞尔和汉堡的更早版本，最早发表在博客“坐下吧人啊，你是一场血腥的灾难”(Sit Down Man, You’are A Bloody Tragedy) 上。关于斯普利特、博洛尼亚、萨塞洛尼基、索非亚、勒阿弗尔、慕尼黑、默斯河－莱茵河、尼科西亚、马德里、斯德哥尔摩和纳尔瓦的章节，最初发表在《建筑师杂志》的一个专栏上，名字很可怕，叫“欧洲远见”(Eurovisionaries)，收入本书时略作修改。那是 Rory Olcayto 的想法，因此本书的想法也归功于他，我也对他致以最深的感谢。斯科普里的一版发表在《卫报 · 城市版》(*Guardian Cities*) 上，感谢 Chris Michael 和 Mike Herd；利沃夫发表在《卡尔弗特杂志》(*Calvert Journal*) 上，感谢 Arthur House；都柏林篇发表在《危机堵塞》(*Crisis Jam*) 上，感谢 Angela Nagle；亚博里亚篇发表在《墙纸》(*Wallpaper*) 上，感谢 Ellie Stathaki。

还有 Tom Penn，我一直都很感谢他，他提供了很好的建议。我也对 CW 表示感激，不过此人不想被感谢。